朗朗书房 · 音乐坊

# 路易·阿姆斯特朗画传

## BIOGRAPHIE ILLUSTRÉE DE LOUIS ARMSTRONG

[法] 让－马里·勒迪克 等 著
张华 牛竞凡 译

中国人民大学出版社

# Contents 目录

# 阳光般光辉的存在

路易·阿姆斯特朗在第一部音乐剧《空中小屋》(*Cabin in the Sky*)摄制间歇中，1943年，Minelli。好莱坞以单一的、片面的眼光，来看待阿姆斯特朗的才华，觉得他只是逗乐的人，小丑而已。这张小号家兼歌手的电影目录就反映出这种误解。(Gilles Pétard 系列)

20世纪上半叶，美国的黑人音乐震惊了众多的欧洲传统音乐人。在巴黎、维也纳，现代艺术经历着各种冒险，音乐和绘画领域中的印象主义、俄罗斯芭蕾舞、野兽派、无调主义、表现派蜂拥而至，而随后这些艺术常常形成某种先锋体系。第一波现代性的自由风尚洗礼之后，更为理性化和形式化的艺术革新，诸如十二音体系、抽象画派的革新，同时也突现出了沉闷且故步自封的危险，这无疑危及了欧洲的艺术发展。

将近1930年的时候，很多伟大的作曲家——甚至是那些拒绝偏移学院派艺术的——一致认为美国的爵士乐激发了欧洲音乐创作的灵感，给欧洲音乐的节奏、旋律与音响带来了一种新的鲜活的生命养分。在斯特拉文斯基、米约、拉威尔、韦尔那里，爵士乐的影响是自觉的、显著的。拉威尔在其作品（G大调协奏曲、左手协奏曲、小提琴与钢琴奏鸣曲）中，米约在他的《创世记》中，借用了布鲁斯音阶；而节奏的影响则体现在拉威尔的《儿童和魔法》的狐步舞曲、斯特拉文斯基的《11乐器拉格泰姆》，或者是《钢琴拉格乐》中。"听爵士音乐的时候，当一位舞者或是独奏音乐家强调不规则的重音时，哪怕是那些从来没有体验过那种近似眩晕的愉悦感的人，也无法不将他们习惯于规律节奏的耳朵，转向这种音乐"，斯特拉文斯基在他的《音乐的诗意》中这样写到。

美国接过了现代艺术历险的火炬，在一个更加自由的音区里尝试创新。"与此同时，从某种意义上来说，西方音乐元素滋养了黑人民歌，使其发生了改变。人文历史中的现代概念强调圣母和圣子之父这一几乎普遍的神话的深刻真实性。爵士乐的诞生可能更好地说明了这一点。这是布鲁斯和军队进行曲的冲击，正如M. 汤因比（M. Toynbee）所说的，掀起了'一场从阴转向阳的过渡'，将几乎是一成不变的民间音乐变成了可以向多种方向衍进的艺术。蓝调（blue notes）赋予了爵士乐极大部分的旋律原创性。四拍子节奏的运用产生了我们称之为摇摆乐（swing）的新事物。"[安德烈·霍德尔：《爵士乐相关人物及问题》]

乔治·格什温梦想着将古典交响乐精神与音乐剧结合在一

起；他关注爵士乐，在1924年创作了著名的《蓝色狂想曲》。他的主要作品《F大调协奏曲》（1925年）、《一个美国人在巴黎》（1928年）、《波吉与贝斯》（1935年），在音乐和主题的内容上，都散发着强烈的美国黑人音乐的气息。但尽管黑人音乐吸引着这些作曲家，不过我们必须注意到他们并不能吸收这种音乐的所有方面。他们尝试以爵士乐的风格来创作乐曲，却发现摇摆乐无法用音符记录，无法“写下来”，爵士乐以一种独特的体验节奏的方式流动，同时也依靠技术。如果说爵士乐从欧洲音乐元素中得到了滋养，并且将之融入到自

唱片　阿姆斯特朗精选集

唱片　阿姆斯特朗精选集

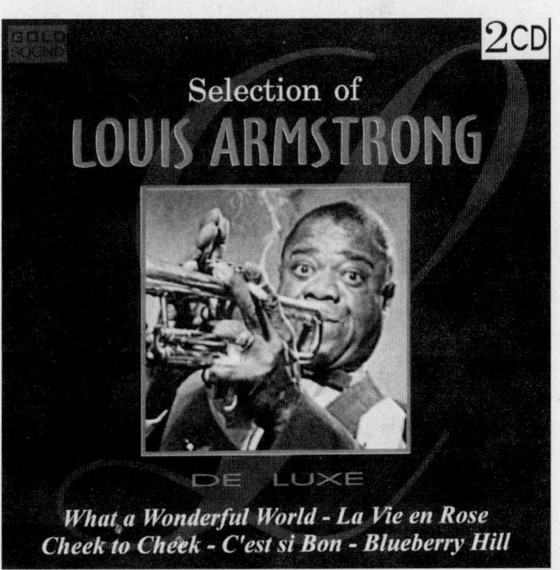

身，而反之，欧洲的音乐只能以非常有限的方式表现出爵士乐的某些元素来。

路易·阿姆斯特朗与20世纪、与爵士乐同时诞生。这个“做爵士”的人在全世界发出的强有力的歌声，带着幽默色彩，有时他的声音也含有悲剧的力量，却总是那么简洁而感人。这位爵士乐的头号人物忠实于自我，他知道怎样赢得白人的喜爱，正如他知道如何获取黑人的爱戴一样，他知道怎样彻底地感动公众，这一切得归功于他的舞台天赋、超凡的魅力和音乐天分：阿姆斯特朗为他人表演音乐。与抽象研究不同的是，他热情、乐观，充满着人文关怀，为我们树立了一个光辉的典范，并以此满足了人们某种深层隐秘的需要。

如果说路易·阿姆斯特朗引领了他的时代，这也是因为他“超前于”他的时代。他的音质色彩，他的分句演奏感、节奏感与和谐感，完全相异于先前的表演方式。布袋嘴怀着最大限度的自然纯真，使他用音乐表达的一切都呈现出了一种新的风貌。他的个性使爵士乐回归了音乐本身。

路易拥有与生俱来的天赋，他懂得用欢愉为生命重新涂色。这个人完全不符合“痛苦是艺术源泉”的论断；这个看似常人的革命者是一个超凡的存在，他采摘过去是为了让过去在未来盛开。理论家卡尔·巴特（Karl Barth）说了这样一段话，是关于莫扎特的，而用在阿姆斯特朗身上也恰如其分：“不存在任何莫扎特玄学。他只是在自然界与精神世界的结合点上，寻找并且找到了做音乐的契机。”

路易·阿姆斯特朗，以及随后在40年代崛起的查理·帕克，

路易·阿姆斯特朗

都成为爵士乐历史上关键的转折点。天赋的自信使他们的主张具有说服力。迈尔斯·戴维斯用这样的字眼将他们连在一起："爵士乐？就是四个词：路易—阿姆斯特朗—查理—帕克(Louis-Armstrong-Charlie-Parker)。"这是不言而喻的。迈尔斯后来又解释道："即兴创作，就是表演超出我们知识范围的东西。"

路易·阿姆斯特朗让音乐的源泉向着无尽的丰富性流淌而去。他提出的音乐主张，超出了所有人的知识限度。

# 新奥尔良

路易·丹尼尔·阿姆斯特朗出生在新奥尔良的贫民区。在他的第二本自传《我在新奥尔良的生活》中，他带着某种诙谐甚至不无怀念的口吻讲述道，他的童年和少年时代都是在新奥尔良四个区之一的后奥镇（Back O' Town）中心度过的。虽然这座城市的种族隔离制度比其他地方更加严厉，但是在1920年迎来自己的辉煌时刻以前，对离开这个密西西比河所形成的巨大月牙、离开这儿相对较好的财运这个问题，“小路易”整整犹豫了两年。那里有“河流之父”形成的巨大三角洲、世界上最大的河流、众多的水渠河湾、丰饶的植物、他所酷爱的忍冬、由黑人带来的并且重新扎根于此的非洲黑人文化与法国种植

新奥尔良：堤坝与港口。

园殖民地文化、老城区里三种风格的建筑（法国式、安的列斯式和西班牙式），还有非常温和的气候，所有这些给予阿姆斯特朗一种无与伦比的感官享受，他认为这样的享受在其他任何地方都是难以获得的。

在阿姆斯特朗的自传《我在新奥尔良的生活》中，他断言自己童年住的那条街叫做詹姆斯街James Alley而不是简恩街 Jane Alley（有人这么认为）。但是几年以后，爵士乐历史的追溯研究证明事实正与此相反。后来路易在 1969 年写他年轻时代的回忆录（《黑人邻里》）时，最终做了更正，这一次他重新用大写字母写的是简恩街。

## 贫民区的“战场”

建于1717年的新奥尔良是路易安那州的首府，这个曾经是法国属地的州之所以如此命名，是为了表示对法国“太阳王”路易十四的敬畏。1760年它曾经一度落到西班牙人手里，后来法国又将之夺回，而最终在1803年被美利坚合众国总统托马斯·杰斐逊从波拿巴特手中购得。

1747年的时候，新奥尔良有9000居民，包括西班牙人、法国人、希腊人、印度人、加勒比人、美洲人，已经有3000个服从于黑人法则的黑奴；奴隶们种植棉花、烟草和甘蔗，而与此同时这些种植园也在吞噬着周围的沼泽地，而种不出作物的土地又会被副热带动物、植物侵占。路易的外祖父、母都是奴隶。他们的祖先来自非洲的黄金海岸，就是今天被称做加纳的地方。

小路易出生在简恩街(Jane Alley)，这是城里全木质结构的街道之一，位于格拉维尔街（Gravier Street）与巴尔德诺街（Perdido Street）之间。这里人口密集、小孩过剩，人们给它起了个外号叫“战场”，因为城里的顽固分子都将这儿作为他们的老巢，动不动就拿出刀子、手枪、剃须刀的冲突事件司空见惯。

他的母亲玛亚（玛丽·艾尔伯特，Marie Albert）在很小的时候就离开了距新奥尔良西边100公里左右的、90号公路附近的布特甘蔗园，去一户白人家里做工。她结识了一个年轻的农业工人，并且在15岁的时候与他结为夫妻。这场不成功的婚姻给她带来了两个孩子：路易和贝阿特丽斯。玛亚于某一个7月4日夜晚生下了路易，正好是美国的国庆日，那时她刚满16岁；阿姆斯特朗在他的《我在新奥尔良的生活》中正式地写着他生于1900年，而大量的作品和词典却对这个日子提出了质疑。爵士乐历史上第一位伟大的打击乐家祖迪·辛格雷顿曾在20年代与路易一起工作过，他认为路易应该是出生在

1898年。美国记者加里·吉丁斯决定对此进行重新调查。他向该市所有的教区和教堂写信，结果找出一份由天主教圣心耶稣堂开具、C·理查·诺维尔神父签名的洗礼证明书，上面提到有个私生子生于1901年8月4日，随后在8月25日受洗。

路易对他的父亲知之甚少。这位叫做威利的普通工，在一家松节油加工厂负责照看锅炉，后来还当上了工头。“我的父亲从没时间教我些什么，他忙着找妓女还来不及呢……”威利于1933年去世。

他的母亲，正如他自己所写的那样，除了给人家当洗衣女佣外，还卖淫。路易最初的记忆，就是大朵大朵白色花儿的景象。每到春天，路易安那到处盛开着白玉兰花，空气中总是弥漫着它的芳香。

在我四五岁的时候，我还穿着连衫裙。我与妈妈住在叫做“砖排屋”的地方，有许多用水泥建的带着家具出租的房子，就像汽车旅馆似的。在这些建筑当中，巴尔德诺街上，坐落着方可·巴特礼堂，是古老的砖石结构建筑，墙上有着一些巨大的裂缝。星期六晚上，妈妈总是找不到我们，因为我们要跑去听音乐。舞会开始以前，乐队在外面演奏半个小时。我们这帮小孩子就会随着音乐跳舞。然后我们就透过墙缝儿朝里面瞧……晚会的最后，场子里会跳起方阵舞。如果前面没有发生斗殴事件的话，那可真是个美妙的场面！

在他五岁的时候，父母亲分居了；路易由他的做洗衣工的祖母约瑟芬(Joséphine）抚养。这位家庭主妇可以“让做出来的菜肴和蛋糕都能和着节奏摇摆”；路易和白人小孩们玩捉迷藏的时候，总会躲在祖母的筒裙下面；约瑟芬把他送到名声不太好的菲斯科学校念书，还让他的曾祖母带着他去教堂学唱黑人的福音颂歌。他一直是虔诚的基督徒，但不属于什么教派，他脖子上带着一颗大卫之星，周围的人对此都感到有些奇怪。阿姆斯特朗一生都坚持以贫民区人们的方式在每次吃饭前念诵饭前经：

> 上帝，请赐福于我们房屋吧，请赐福于我们吃的食物吧，请赐福于我们亲爱的邻人吧，但请不要让他们在我们吃完饭之前来！

## 巴尔德诺，斯托瑞维尔

1906年小路易回到母亲身边，这时候家里的第二个孩子贝阿特丽斯出生了，玛亚需要帮助。再说，她的厨艺很精湛：

> 啊，玛亚的克里奥尔式的“浓汤”！至少照我看来是世界第一流的。还有米饭拌甘蓝！如果我们吃完还有剩余的话，就留到第二天当早饭吃。至于红豆饭，不用多说，大家都知道，这就是我的标志。

路易一生中，大部分个人信件上都签着“你的红豆饭”（Red-beans and rice-ly yours）的名字！

阿姆斯特朗家位于巴尔德诺街（Perdido Street）/ 利伯蒂（Liberty）地段（属于新奥尔良第三区），正处于“黑色的斯托瑞维尔（Storyville）”当中。这个地区贫穷而保守，有着简陋的房屋、破旧的舞厅，还有廉价的妓院，获准休假的水手会去那里消遣。1898年以后这里成为南方第一批合法卖淫地。“黑色的斯托瑞维尔”与富人区隔了三个楼群，那里住的是些有钱的白人和克里奥尔人，他们家的女仆也一律是白人和克里奥尔人。众所周知，“黑色的斯托瑞维尔”就是专供黑人妓女和黑人、白人嫖客聚居的地方，大家对此都心照不宣；人们把这个贫困的贫民区称为“上城”(Uptown，上边的区)，就算它称不上是爵士乐的诞生地，至少也算是爵士乐的发源地之一吧。音乐家们应妓女和她们的皮条客的要求，演奏一种“热乐”，即一种狂热的布鲁斯，踩着slow drags（慢拖步舞）的节奏，真正的擦脐舞，“就像垂直方向的交欢”。

路易·阿姆斯特朗和她的妈妈（玛亚）以及妹妹贝阿特丽斯（玛玛·露西）。“我想我有一个了不起的妈妈。我很想念年老的玛亚。我惟一一次流眼泪是她在芝加哥下葬，就在合上棺材的那一刻。她劳碌了一辈子。”(《我在新奥尔良的生活》)

我成长的地方周围有点儿像红灯区，只是更为廉价罢了。标致的黑人姑娘们打扮一番后，坐在家门口。我小时候和一群男孩子，把红砖碾成粉末，周六早上把这些红砖粉以50美分或70美分卖给妓女们。她们把小便抹在楼梯的台阶上，将砖粉撒在门前人行道上，如此一来就可以给她们整个星期六晚上带来好运，这是她们的迷信。[路易·阿姆斯特朗：《我在新奥尔良的生活》，1966年，译文刊登在《爵士杂志》第180期]

路易早年生活很贫困，但也过得很快活。这样的生活锻炼出他坚强的性格、温和的脾气，并让他懂得生活的乐趣：

> 我没有钱买鞋，就打着赤脚，我已经习惯了。一件新衬衫一条新短裤，这就是我最体面的打扮了。

小路易再也没有时间经常上学了。他是在街上学会如何生活的：

> 我观察一切和一切人。我爱这些人，他们也爱我。这种情况在我一生中都未曾改变。无论好人还是坏人，大家都认为小路易OK。我有我的活法，我尊重所有的人，我不是惹人讨厌的人。玛亚和我的祖母将我教育成为这样的人。

他头脑清楚、善于应变、自然轻松，和别人相处应付自如，总是讨人家喜欢。

五岁的时候，路易在有轨电车上真正感受到了种族歧视。他被叫做“黑人”、“黑鬼”，于是他与社会的关系发生了变化，从而形成了他的社会性格：感情丰富、为人宽厚，却又内向谨慎而现实。

美国作家亨利·米勒（Henry Miller）非常热爱阿姆斯特朗，在他的《玛洛西的大石像》（*The Colossus of Maroussi*）一书中，他以自己的方式讲述了这样的情节："曾经有一个布基伍基乐的小伙子，名叫阿伽门农……过了一段时间，他有了两个儿子，一个叫伊巴米农达，一个叫路易·阿姆斯特朗，别名是'手臂肌肉发达的人'。伊巴米农达拥护战争与文明……而路易支持和平与快乐。他每天都唱道，'和平多么美好啊！'。很快，路易就发现世界分成了两部分：一个是黑人的，一个是白人的，而且黑白如此分明，让人难过。他梦想着把一切都变成金色的，不是盾牌或圣像的金色，而是成熟的玉米或是黄花那样金灿灿的颜色，是所有人都看得见摸得着且能够沉醉于其中的金色。"

路易变成一个独立的小好人，他在"上城"的青年中是个领头人物。他很有礼貌且很聪明，他一般都愿意大家相安无事，尽管他也精通街头武器的用法：建筑工地上的砖头。他七岁的时候，曾组织过一个四人演唱队，叫做"Singing Fools"（"傻子演唱组"），成员是那些和他一起游泳的小伙伴：小马克、快乐的红头发波尔顿，还有可笑的大鼻子西德尼。他们会在街道角落，或沿着莱姆帕特街，或钻到游行队伍里，或跟在铜管乐队后面扮小丑，跳舞，唱黑人福音歌、拉格泰姆曲子和流行歌。

> 我们穿着长裤在街区里行进。赌场的常客和皮条客叫我们唱歌，我有一个男高音的尖细嗓门，我常常吹着口哨，做着拉伸长号伸缩管的动作，就像在吹长号。我们的开场曲是"我的巴西美人在亚马逊河畔/我的宝贝就去了那里/去了，去了，去了"。在当时，我甚至还不晓得有个地方叫做巴西。我五岁的时候，还不会吹小号——当然不会了，但

是乐器里的某些东西把我给迷住了。当我在教堂的时候，当我尾随着游行方队的时候，已经可以用耳朵辨别出不同的乐器、演奏的乐曲片断，并评论乐手们演奏得怎么样。

那时候，路易经常步行去马索尼可大厅听布迪·博尔登乐队的演奏。乐队的大鼓令他分外着迷。

## 竹鼓舞与爵士乐

20世纪初，音乐在新奥尔良占据着举足轻重的地位，它体现了该城混杂多样而又充满生机的文化特征。但此时的新奥尔良已经开始出现了某种危机：铁路运输正在逐渐替代水运。这座全美最为放荡充满诱惑力的南部城市以各种享乐而闻名：菜肴、美酒、赌场、“爱的宫殿”，以及奶油色皮肤的姑娘；新奥尔良拥有600家酒吧和夜总会，以及150家妓院。因而它也有个绰号叫“The Big Easy”（“特别容易上手的胖女人”）。

布迪·博尔登（Buddy Bolden）在其短号手生涯之初所拍摄的照片。

音乐无处不在，每件私人的或公共的事情都有音乐参与。“那个时代的人们离不开音乐——休假、丧葬、喜事，全都在音乐中举行，因为音乐可以表达一切。”［西德尼·贝克特：《音乐，就是我的生命》］奥尔良的白人中产阶级和有钱的克里奥尔人都以他们自己的交响乐团、室内乐队

"果冻卷"莫尔登。"他是首批令华丽而限制重重的拉格泰姆音乐在钢琴上绽放出光彩的音乐家之一。"——雅克·雷达(Jacques Réda)

以及高水平的法国式歌剧为荣。不那么富有的克里奥尔人都喜欢演奏本地流行的通俗音乐；就像美国南部的黑人迷恋拉丁美洲音乐一样，他们热爱探戈、"哈芭内拉"("habanera")、法国四对舞、单簧管、军乐以及街区的管乐队和铜管乐队。

而黑人呢，自从在美洲定居下来，起先将非洲带来的音乐节奏采用了他们新教或天主教堂的所谓"黑人灵魂乐"("negro spirituals")形式（宗教歌曲，取材于《新约》和《旧约》，是他们的精神寄托和慰藉，音乐时而陷入冥想，时而充满律动），这是美洲黑人群体所熟悉的、而且有组织的、最初的一种音乐展现；或者还有在附近种植园工作时唱的"劳动号子"("work-songs")；随后出现了最早的歌唱乡村布鲁斯或城市布鲁斯，这是他们在从田间归来的路上唱起的暮色赞美歌。在马哈利亚·杰克逊的自传中，他提到了在新奥尔良民间社区中布鲁斯所占的重要地位："当你经过黑人住的房子，就会听见布鲁斯。你若是听不到——那几乎是不可能的，它穿过房子薄薄的墙壁，穿过洞开的窗户……各个黑人社区所有的街道，大家都在演唱布鲁斯。"

19世纪末，一种来自黑人

民间音乐的新的音乐类型，越来越受到人们的喜爱：拉格泰姆（“ragtime”），字面上的意思就是“破碎的节拍”，这种写下来的钢琴音乐开始是在小酒店的舞场里演奏的，让人同时想起古典小步舞曲和军队进行曲！这是一种具有爆发性的音乐的混合体，节奏切分清晰、有力而强烈，混合了维也纳华尔兹、波尔卡以及波罗乃兹舞曲等等。费迪南德·约瑟夫·拉·蒙特，又叫做“果冻卷”莫尔登，在他的名片上宣称他就是爵士乐的创造者。但即使是他将即兴创作与拉格泰姆结合起来的传统传播到芝加哥，继而到加利福尼亚，他这样说也未免显得过于自命不凡了。人们俗称的“拉格泰姆”（“rag”）这一叫法，启发了作曲家斯科特·乔普林（即*Mapple Leaf Rag*的作者）的创作，并且从19世纪末期开始为小乐队和新奥尔良的铜管乐队提供了大量的音乐主题。

20世纪初的黑人流行音乐完美地表现了黑人少数民族的生活历程。从1865年在政治上被认可以来，尽管黑人的生活仍很艰辛，但是他们越来越为人们所了解。通过他们的音乐，背井离乡的黑人在异地重新创造了一种文化。

新奥尔良周日总有集会。直到1880年，奴隶的后裔们就在这座城市西北边的空地一个名为“刚果平原”的地方举行集会，他们在非洲鼓的敲击声中举行宗教礼拜仪式，后来他们渐渐就将此作为娱乐活动了。其中的一种鼓是用竹子做的，所以人们就把用这种鼓伴奏的舞蹈叫做“la bamboula”（“竹鼓舞”）。刚果平原先是改名为刚果广场，后来又被叫做美丽目光广场，1980年4月，它被正式更名为路易·阿姆斯特朗公园。今天这座公园占地15公顷，穿越了法语区的莱姆帕特街；那里的人们受到了克里奥尔和卡真［卡真（cajun），移居美国路易安那州的法国人后裔。——译者注］两种文化的滋养。在Preservation大厅，阿姆斯特朗永久展馆里陈列着一尊高约3.5米的雕塑，它还带着一只90厘米长的小号，这让人们想起了那个咧着大嘴笑的“Satchmo”（“布袋嘴”），表达了人们对这座城市里最负盛名的孩子的敬意。

每周日奴隶的后裔们聚集在“刚果平原”上，他们像孩子般尽情地手舞足蹈，但是他们的这种天性要受到绰号为“吉米·克劳”的种族主义者的严密监控。他们用降低半度的变音五度音程方式表演，这时候已经有了典型的布鲁斯的色彩，实际上这种风格是西洋古典音乐中所没有的。

## 铜管乐队

60年代曾与路易·阿姆斯特朗一起录过音的大卫·布鲁贝克，将爵士乐定义为一种受非洲和西方音乐影响的美国式的融合体，从中人们可以辨别出来自非洲的节奏、韵律、力度与鼓

克里奥尔爵士乐队由乔·“国王”奥利弗于20年代在芝加哥组建；阿姆斯特朗于1922年至1924年间在该乐队里任第二小号手。

点，一种继承了白人传统的调性结构以及器乐演奏法。爵士乐并非诞生在新奥尔良的高档妓院里，这一点恰恰与人们原先所接受的观点相反。那些直到今天还会被人们津津乐道的神话般的豪宅，例如坐落于巴桑街235号的、八分之一混血儿露露·怀特（人称“巴桑街的王后”）那传奇的马霍尼卡大厅，威利·皮阿扎的“伯爵夫人”，或者约瑟·阿灵顿的全大理石建筑，几乎只有白人、富商、欧洲古典音乐爱好者（例如《维也纳森林的故事》之类的音乐），以及喜欢歌剧的人光临。除了钢琴师以外，这里几乎碰不见任何一个黑人或者其他有色人种。钢琴师被人们称做“教授”，因为他们知道所有的流行老歌，并且能够应客人们的要求演奏，甚至用放荡的风格改编原作。

黑人可以自由出入的场所只是那些低级夜总会honky-tonks（大众舞厅、赌场、下等酒店），以及那些“墙上的洞”（holes on a wall，即贫困的妓院）。姑娘们在遮掩起来的长长的走廊尽头接客。1880年至1900年间，那里的乐队所表演的音乐，融合了布鲁斯与拉格泰姆的音乐元素，它经历了大跳跃式的发展，并趋向于爵士乐的风格，同时逐渐偏离了它的音乐源头，正因为与布鲁斯和拉格泰姆的不同而自成一派。这一时期爵士乐被称为“热力”（“hot”），演奏起来热情似火、绚丽多彩，而且更多的是一种即兴创作；乐器都是军乐器或铜管乐器，其中小号的声音最为响亮，它常常被用来演奏旋律。

比莉·哈乐黛（她了解她所说的事实，因为她13岁就和别人同居了）解释道：“许多白人是在诸如‘阿丽斯家’[比莉·哈乐黛曾经受雇工作的妓院，她负责为“小姐们”做些事情，换些小费]这样的地方第一次听到了爵士乐，并且将之称为‘妓院的音乐’……妓院差不多成了黑人和白人能够正常结识的惟一的场所。上帝啊，因为他们根本无法在教堂里相遇!”

在路易安那州的首府，那些娱乐场所越来越多地雇用能使小酒馆红火的乐队。多年之后，就是在巴尔的摩的“阿丽斯家”，比莉·哈乐黛第一次见到

唱片
《滑动》
西德尼·贝克特

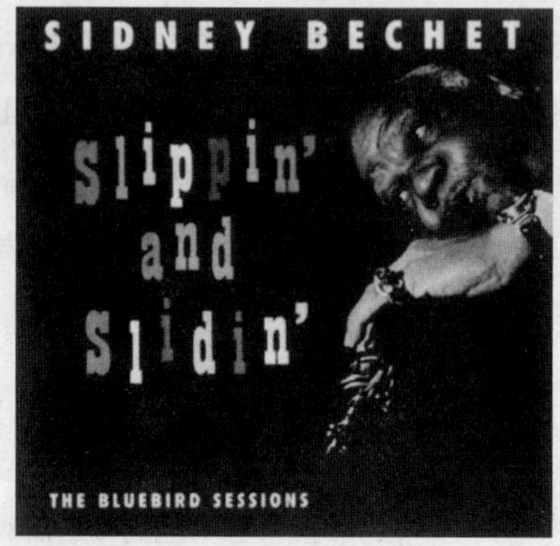


了令她震惊不已的路易·阿姆斯特朗，并听到了他的《伦敦西区布鲁斯》（*West End Blues*）。

最初奥尔良的爵士乐主要还是一种即兴创作的街头表演，就像在南方其他所有城市一样。大众社会生活中的重大事件和娱乐活动，主要通过街头游行队伍和铜管乐队以一种狂放的"热力"音乐的形式展现出来。乐队边行进边演奏，同时互相竞赛。"这就是一场军号合奏之间的战斗，"西德尼·贝克特解释说，"后面的铜管乐队超过前面的乐队，趾高气扬地表演一圈，尽可能演奏得更炽热更响亮。而原先在前面的那支乐队也不甘示弱地回应，凭着它的热情与活力企图'压倒对方'……就这样，两支乐队一轮一轮地比赛下去，直到分出个胜负……人群跑向获胜的那支乐队，并给他们送上食品和饮料慰劳他们。人们要求乐队接着演奏下去，好像永远都听不够似的……人们自娱且有自娱的权利。这种音乐的本质是非常美好且了不起的。它的存在是为了给人们带来欢愉，这完全是一种精神状态。"[以上摘自西德尼·贝克特：《音乐，就是我的生命》]

18世纪从欧洲传来了狂欢节，随后在19世纪里，狂欢节的最后一天［Mardi gras，（天主教）封斋前的星期二（狂欢节的最后一天）。——译者注］成了新奥尔良一个盛大的节日，整个狂欢节要持续热闹喧哗好几天。在这个具有特殊的多元文化的城市里，有些人特别喜欢举办私人的野餐会，从而为演奏“热力”音乐提供了很多机会。这种勃勃的生机和丰富的音乐在“凉爽”的夜里是如此光彩夺目，当时所有南方的城市都是这样的情形。在1966年《生活》杂志的一则采访中，路易·阿姆斯特朗回忆了那些难忘的夜晚：

> 夜晚，白人和黑人在他们的草坪上举行晚会，房子前面摆着汽水、三明治、油炸童子鸡和火腿。一支乐队在大门前面演奏，人们跳着舞，到处弥漫着音乐。做蜂糕的小伙子们在军号声中热烈地摇摆，而做水果馅饼的小伙子们吹着口哨。旧货商有一种通常在圣诞节用的白铁皮长哨，此时它则被用来演奏布鲁斯音乐。

正如1935年钢琴家“果冻卷”莫尔顿所说的那样，“爵士乐诞生在新奥尔良”，20世纪末的我们仍然可以这么认为。当然，堪萨斯城、波士顿和纽约的音乐历史研究者的最新研究表明，这些城市与美国其他不太著名的城市(特别是许多美国南部的一些城市如圣安东尼、休斯顿等等）一样，在19世纪和20世纪之交，出现了某种特别强烈的音乐渴望，这种渴望已经不满足于“拉格泰姆”和现存的音乐形式了。新奥尔良可真是一座“化装舞会和狂欢节的城市”，在它的大街小巷、草坪公园里，处处涌动着原创的音乐形式和大量还在孕育中的音乐湍流。在新奥尔良，诸如斯托瑞维尔、其他热闹的街区、近郊游览区——庞塔萨尔特的火山湖、阿勒吉尔、米勒伯尔、维斯特安德等等——产生的爵士乐成了风行一时的舞蹈音乐，而且主要由黑人音乐家演奏。

人们所说的爵士乐(直到1920年在芝加哥，这个词才真正被人们所使用）是一种特殊的音乐形式，由两种或者更多的乐器即兴演奏，旋律以二拍子或者四拍子为基础，切分感强烈。爵士乐富有肉感的、狂热的，甚至“危险的”色彩，就好像在“The Big Easy”（“容易上手的胖姑娘”，新奥尔良的绰号）中律动的活力。起初，上了年纪的黑人对这种与忧伤的布鲁斯大相径庭的、极具爆发力的音乐满心疑惑，然而正像美国所有的大城市一样，爵士乐赋予了新奥尔良以能量，而这种能量正日益疯长起来。

爵士乐搅得整条大街都摇动起来，也激发了每个人内心的舞蹈冲动。它为一大批业余音乐家提供了工作机会。他们都是奴隶的后裔，而几十年前他们的父辈常常在鞭子、霍乱和私刑处死中倒下。不过，新奥尔良的一支白人乐队“原创迪克西兰爵士乐队”（Original Dixieland Jazz Band），在1917年2月26日为胜利公司（Victor）录制的唱片，被认为是历史上的第一张爵士乐唱片。一家名为“马克斯·哈特”（Max Hart）的招聘公司，被这种新音乐所吸引，邀请乐队来纽约的录音棚。这张唱片获得了极大的成功，它将爵士乐传播到全国各地。

很多年以后，阿姆斯特朗在《让音乐摇摆起来》（他的第一本自传）中写到，其实爵士乐和他诞生在同一个时代。我们应该考虑到唱片的巨大作用，是它使得新音乐在全美国乃至全世界流行起来。

## 在第二编队里

那时，路易·阿姆斯特朗在军号队“第二编队”中非常引人注目；这支队伍穿越整个新奥尔良演奏，专心进行激烈的露天音乐大战。军号队以“克里奥尔”方式演奏，并且随着法国军队遗留下的军乐节奏，极富声色地移动着方队。在整个行列中，“正式成员”的后面跟着一群拥护者和小伙伴，从而形成了一支“第二编队”，他们喜形于色、指手画脚，在不知何时会出现的警察的监视下招摇过市。路易从来没有错失过任何一次这样的机会。

祖祖辈辈给路易留下的是根据不同场合、不同事件的着装打扮，例如他们的衬衫、长裤以及由头发长度而定的螺旋型的鬈发。他穿着这样的衣服就可以出入俱乐部和夜总会，在那里他训练出了一双灵敏的耳朵，也为挣点儿

**先锋阿姆斯特朗**

阿姆斯特朗是西方音乐史上一个了不起的天才。他的音乐最贴切地表现出了典型的美国文化特征。这就是艺术的意图：诉说艺术家出身的那个群体的真实。阿姆斯特朗用音乐叙述了他的经历。他用一种响亮的、壮丽的且崇高的音响表达着。从一般人的角度来看，就是每个人都能够理解的东西；而从音乐的技艺和专业方面来看，阿姆斯特朗已经达到了炉火纯青的境界。他耳朵灵敏，表演精湛，且富有天生的节奏感和速度感。实际上，是他通过一定的结构、形式、组织和音乐高潮部分等等，发明了即兴独奏的概念。人们不会忘记他用小号给我们带来了什么：高音域时庄严、美妙的音色，为修饰节奏力量时运用自如的多重音区……在他以前还从未有人这样演奏过。小号没有相同的声音。而他关于音乐中自由的观念也同样举足轻重：自由能使平淡无奇的歌谣成为不朽的杰作。人们在他的音乐中又找到了先锋者独有的自由精神。

——摘自：温顿·马萨利斯，《爵士杂志》，1989年1月，第378期

小钱唱唱歌。也就是在这个时期，他得到一些早期的绰号："Dippermouth"（"长勺嘴巴"）、"Dipper"（"舀水勺"）、"Little Dipper"（"小水勺"）、"Dip"或者"Gatemouth"（"门口"），可能是因为他长了一个特别大的嘴巴，当然也因为他经常灿烂地微笑。

人们很难理解为什么路易·阿姆斯特朗一生总是要援引他童年时代在新奥尔良的生活经历；他所经历的在声响之中永不间断的浸润，决定了他体验音乐的方式。路易后来离开了他"美丽的老城"，而老城却从未离开过路易。与温顿·马萨利斯同样出生于新奥尔良的哈里·小康尼克（Harry Connick）曾在1993年断言，凡是出生于这个城市的音乐家从本质上就与众不同："我来自这样一座城市，每个人都在唱歌、欢笑、跳舞或者用脚打着节拍！"

曾有一段时间，小路易常常混进一家名叫"达格·托尼之家"（Gago Tony's）的蹩脚音乐咖啡馆，他躲在钢琴后面，听邦克·约翰逊表演。邦克是印第安人和黑人混血儿，是演奏新奥尔良正宗风格的最优秀的短号手兼小号手之一。有时小路易在等待艺术家来临的时候睡着了，然而只要演出一开始，他就能保持异常兴奋的状态直至演出结束，在那一小时当中其他的孩子早已睡下了。就是这样，路易掌握了邦克·约翰逊的短号吹奏技巧的基本原理，以及新奥尔良乐队和声协调的观念。正像他所写的，他"明白"了爵士乐诞生时的三个当地的音乐名家之间的区别：于1898年成名的新奥尔良第一个爵士之王——布迪·博尔登，在1910年被大众认可的乔·"国王"奥利弗，还有邦克·约翰逊。路易很热爱邦克·约翰逊（“一个天才，他演奏了许多美妙的布鲁斯”），敬重充满传奇色彩的查理·布迪·博尔登（“事实上，他是一个大音乐家。我发现他吹奏时换气有点毛病。此外，他还是个不折不扣的疯子。你们自己可以得出这个结论”）。然而，他早就以乔·奥利弗为师了。

> 直到今天，人们似乎还相信是邦克教我吹小号的，因为我们有着相似的音质，但这是我们惟一的共同点。依我看，乔·奥利弗的小号同样非常美妙。他的技艺、他的灵魂，还有他在创作上的大气是多么了不起啊！……他只有一个竞争对手，那就是邦克，后者在音色上与他较劲儿，但是在耐力以及献身的热情上，乔是无可比拟的……我敢肯定地说，如果没有这位伟大的老师，就不会有那么多的音乐道路展现在我们面前。今天你们听到的那些特别有名的曲子都应该归功于爸爸乔·奥利弗，我向您保证。与此相反，布迪·博尔登很突兀，他不曾打动过我的心灵。

1911年底，阿姆斯特朗在玛亚的雪松木老箱子里，找到一枝他某位后父的9毫米口径的左轮手枪。1913年，他拿着这枝枪在莱姆帕特街上为庆祝新年而朝天射击。结果他以“扰乱公共治安”的罪名被逮捕，在一家不良少年的管教所即专门拘禁有色人种的“流浪儿之家”（Waif 's Home）里待了一年半。这家少管所由音乐爱好者约瑟夫·约翰尼“上尉”负责掌管，还有一支由优秀的教师皮特·戴维斯指挥的乐队。皮特注意到了路易以及他对音乐的兴趣。

> 当乐队在戴维斯先生（他是一个特别出色的老师）的指挥下练习演奏时，我竖起耳朵倾听，然而尽管我羡慕至极，可还是不敢靠近。

六个月后，皮特·戴维斯——孩子们都称他为“老爸”(Pops)，后来路易对任何人都不吝惜这个称呼——让他敲铃板。在乐打击乐器组中，路易总是有惊人的表现，他天生的节奏感使得古典乐《动物舞会》令人耳目一新。

他学习吹军号：

> 我为自己吹军号感到格外自豪。当我径直把乐器放到我的唇边无拘无束地吹奏时，立刻就有一阵美妙悦耳的声音荡漾开来，整个楼房里的气氛都会为之改变。

路易从吹奏起床号、弥撒曲开始，不久他就在所有日常生活中的大大小小事件里担任演奏了。

他从皮特·戴维斯那儿接受了正规音乐概念，他吹奏的乐器起先换成长号，然后又吹直升活塞式短号——这是一种廉价的乐器，因而随处可见；他吹奏的第一首曲子是《家噢，甜蜜的家》(*Home*, *Sweet Home*)，然后是街头音乐——铜管乐进行曲、酒吧里的拉格泰姆以及古典爱情歌曲。在少管所的乐队里，他成了乐队中的小头头。如果得到少管所负责人的许可，他就会带领着二十来个男孩子列队表演，或者为野餐表演助兴，因而他也懂得了乐队组织的一般规则，就是在这个时候，路易·阿姆斯特朗得到了他的绰号“Satchelmouth”(“布袋嘴”)，他嘴唇的形状就像个小布袋，后来人们干脆顺口叫他“Satchmo”。

“路易·阿姆斯特朗从未进过新奥尔良的音乐学院，但却用他在那个时代找到的乐器，创造并发展了他的音乐。说唱音乐（Rap）和阿姆斯特朗的音乐在同一个环境中出现。年轻的说唱艺人没有乐队、乐器，没有在音乐学校里学过，只能采取边缘方式，表达他们喷薄的创造力”。这是40年代中期比波普（be-bop）音乐的先锋人物马科斯·洛奇在1993年发表的看法。

## 下等夜总会与送葬队

14岁那年，路易离开“流浪儿之家”以后与他的父亲生活了一段时间，从那时起他便开始在附近的小酒馆里吹号。他再也没有重返学校（“我对此感到非常遗憾”），不过却学会了掷骰子，玩“21点”，并追随着弗瑞蒂·凯帕尔德的克里奥尔乐队。这个乐队翻唱了一些感伤的曲子和歌剧（例如*Paillasse*《草垫》），而且创造了一种风格辛辣的音乐，以至于1916年曾有人建议这支乐队去录音。这一建议本来可以使该乐队成为爵士乐和黑人爵士乐唱片的始创者，然而却遭到了凯帕尔德的断然拒绝。

路易又参加了“燕尾服铜管乐队”（Tuxedo Brass Band），专门为葬礼伴奏。在向墓地的行进中，乐队演奏一种冥思的音乐（渐慢！），就像悲伤的进行曲《让我主向你靠近》（*Nearer my God to Thee*）那样，失去亲人的家庭也随之陷入悲痛之中。然而在返回途中沿着洛基大厅走的时候，乐队又重新奏响唤起整个世界生机的乐曲，歌颂长流不息的生命。当阿姆斯特朗有一次奏响《他不是在漫步么？》（*Didn't He Ramble*）（哦，正如他此时所享受着的漫步）或者《圣人何时走进来》（*When the Saints Go Marching in*）的时候，这南方城市特有的仪式，已经在阿姆斯特朗的号声中定格为永恒了。

路易写到，小的时候，对我来说，葬礼是我吹小号的惟一机会。战争已经开始了，气氛是那样地凝重：人们关闭了舞厅、戏院乃至所有的娱乐场所。

“布袋嘴”又回到母亲身边，揽点小活儿维持生计。他卖起了报纸，因为黑人没有在街上卖报纸的权利，他竟然因此得到了意外的赏赐，第二次进了“流浪儿之家”，并且在那里待了三个月。在工地上做工的时候，他曾经遇见过伟大的长号演奏家吉德·奥瑞——可见时事有多么艰难啊！他还为科洛维亚戴尔奶牛场送过牛奶，随后他找到了一份特别适合自己的工作：送煤，特别是为那些卖淫女人送煤。他从早上七点干到下午五点，送一回15美分（就是因为干这个活儿才使他创作出了《煤车布鲁斯》*Coal Cart Blues*）。不送煤的时候，他就抽空半生不熟地玩起了骰子、打牌、清扫坟墓或者为香蕉船卸货。这些工作并不妨碍他在亨利·邦斯（Henry Ponce）小酒馆里演奏到凌晨五点钟。

枪击的时候，我们的乐队就在靠近大门的地方……不知怎么，我竟然一点也没有被子弹碰到！可能是我的死期还未到吧。小酒吧里常常有警察突击搜查，店门要关闭19天。我只能靠清扫集市维持生活……在这段时间里，我与妈妈住在一起，彼此说说心里话。她是一个坚强的黑人女性，有很好的表达能力和善良的心灵。她反复教导我说，邻居有什么东西你不要眼红。由于这一点大家都爱她，因为就算是邻居拥有了整个世界，她也能泰然处之。

对我们这个时代的大多数音乐家来说都欠缺的幽默感，在阿姆斯特朗那里却是毫不缺乏的……他个人对音乐的贡献是巨大的——可是大概他还没有得到准确的评价。

——桑拉（Sun Râ）

路易在《我在新奥尔良的生活》中，以某种幽默的口气讲述了这样一件事情：有一天在捡垃圾的时候，他发现了一只巨大的火鸡，“它什么气味都有，就是没有火鸡本身的味道……玛亚把火鸡浸在肉汤里，足够煮半只火鸡用的了”。尽管最后用醋处理过了这只火鸡，可是当路易把它卖给圣查尔斯街上高档饭店里的老板时，老板还是戳穿了他的把戏，还威胁说要叫警察来抓他。路易为养家糊口而四处奔忙。

我没有一份工作，我们被迫在白天打打零工来维持生计……我们到处捡垃圾，挣扎着活下去。

新奥尔良的另一个大名鼎鼎的人物西德尼·贝克特曾经在他的自传里毫不掩饰地说，“傻子演唱组”时期的路易·阿姆斯特朗特别使他着迷。有一天，在街上听完路易乐队的演奏，他与路易交谈并邀请他共进晚餐。西德尼希望他的家人也听一听“傻子演唱组”。路易犹豫了一会儿，说不能去，因为他脚上穿的那双破烂的鞋子，已经走不到他家了；于是西德尼给了他50美分，让他去手工制靴匠的父亲那里修理一下。可是后来路易没有露面，大概是路易拿这点钱另有急用吧！

西德尼·贝克特

唱片 路易·阿姆斯特朗和“国王”奥利弗

## 一位父亲和老师

路易16岁时，乔·奥利弗发现了他。奥利弗凭借一首布鲁斯 *low-down* 击败了他的对手们，已然成为新奥尔良音乐之王。乔为他个别授课，而路易则以给乔的太太打杂儿作为上课的交换。“爸爸乔”并不平易近人，甚至有些沉默寡言，不过他却洞察到了小路易非同寻常的资质。在乔的指导下，小路易渐渐掌握了那个时代爵士乐的很多诀窍。

路易和他的一个朋友——打击乐手“小乔”林德赛——组建了一支乐队，奥利弗听了他们的表演：乐队里的乐器是一只短号、一支单簧管、一只长号、一把吉他、一把提琴贝司以及一组打击乐器；六个少年组成的乐队就像吉德·奥瑞和乔·奥利弗的爵士乐队一样令人震撼，他们开始与专业的音乐家竞争了。“布袋嘴”仅仅想拥有一件属于自己的乐器，但总是筹不到钱，每次登台他只好去租借。后来他在昂克勒·杰克的杂志上找到一个抵押物品的出租商，然后他用10美元购得了一只已经凹凸不平的短号，喇叭口上布满了小洞。这只短号是唐克兄弟牌的，不过，他从未听说过这个牌子。

路易说：“‘国王’奥利弗是个杰出的演奏家，他在两三个月的时间里就会吹坏一只短号，因为他是如此用力，他就是我音乐生命的原动力。”

这是我碰到的感情最充沛的音乐家。认识他的时候我还是个一无所有的毛孩子，他最初对我说过的那些话，比后来最有名的音乐家对我说的所有的话都更令我感动。

路易经常反复地说，"国王"奥利弗和他的乐手们，特别是吉米·努恩、朱·罗伯特森、布迪·克里斯琴，在1910年与1917年之间组建的"热力"乐队是新奥尔良最好的乐队。

17岁时，路易在一间小酒吧里得到了自己第一份真正的工作：在位于富兰克林和巴尔德诺交汇的街角的一家名叫马特安戈的店里演奏。对他而言，这就像是他的卡内基大厅。

每天太阳升起时的密西西比河两岸

那时我在亨利·马特安戈的小酒吧里表演，乔·奥利弗习惯于在皮特·拉拉（Pete Lala）关了店门以后来。他对我说："那只破得不能再用的短号，我实在是看不下去了，我买一只送给你吧。"然后，有一天晚上，他送给我一只他用过的约克牌短号。我感动得有些语无伦次了。"谢谢爸爸乔，谢谢乔先生。"我知道，倘若说我在这个行当里有了机遇的话，那得归功于爸爸乔，而不是其他任何人……我上了爸爸乔的课，还组建了我们的小二重奏。乔反复跟我说，演奏旋律就是为了让人们知道我在干什么。我真是疯了，曾经心血来潮，搞过一段时间今天人们称之为"波普（bop）"的音乐，付出了不少的心力。

路易一直将"爸爸乔"送给他的这只旧短号保留到生命的最后，而且在他买得起新的短号之前很长的时间里，一直都使用着它。有时候他和奥利弗一起在葬礼上演奏，很多年后他曾对莱昂内尔·汉普顿回忆了一段往事：

有一天，我们在新奥尔良的一个葬礼上演奏，队伍经过一个棒球场。"国王"奥利弗是如此无法抗拒，以至于听到他演奏的人把比赛抛到了九霄云外，他们扔掉了手套、球棒，追随着"国王"和他的乐队。

提起这段往事，路易又绽放出灿烂的笑容，整个脸上显得神采奕奕。

## 沿着密西西比河溯流而上

1917年11月14日，美国海军关闭了斯托瑞维尔。在第一次世界大战期间，海军国务秘书办公室为了保持现役部队的操行和士气，从此规定在整个方圆十几公里的驻扎营地区一切卖淫行为都是违法的。这个决定被广泛地认为是美国爵士乐得以在全国迅猛发展的一个主要因素。因为诈骗成风这一不光彩的历史，在斯托瑞维尔禁止任何音乐演出已经有两年了。乔·奥利弗的打击乐手泽诺（Zeno）逝世时，他的葬礼特别隆重，这是其他爵士音乐家从未有过的殊荣。自从音乐禁演和泽诺的葬礼之后，斯托瑞维尔就处于危机之中。好多水手被杀害。十多年来人们纷纷移居别处，而此时斯托瑞维尔城区的关闭又大大加速了迁移的进程。

的确，爵士乐，这种长期以来被认为是不登大雅之堂的音乐，越来越多地在新奥尔良的大音乐厅里露脸了——老伙伴舞厅（Old Fellower Hall）、爱与仁慈舞厅（Love and charity Hall）、来清静舞厅（Come Clean Hall）、逍遥地舞厅（Big Easy Hall）、经济舞厅（Economy Hall）、燕尾舞厅（Tuxedo Hall）、弗朗兹米舞厅（Fron-Zi-Me Hall）等等，但实际上，很多致力于“热力”音乐的艺术家，和除斯托瑞维尔城之外记录在册的106支乐队，都陷入了失业的危机。“看到这群人离开他们的城市，像是被驱逐的难民队伍，这并非是件有趣的事情……看看他们的眼泪，还有他们的包袱！”路易说道。这些音乐家、歌手同他们之前的布鲁斯兄弟们一样，从密西西比河的源头出发，沿着河流溯流而上前往明尼苏达州：“向北走，年轻人。”他们背负着爵士乐，沿着这条映满了美国众生百态的河流，寻觅其他的城市，寻求更能接纳他们的地区，希望在那里，他们的音乐能大放光彩，并且按着当地人们的理解和需求演化，希望那里的人们会满怀兴趣甚至战栗的心情，间接地领略到这种在南方被

> 像巴赫一样，路易·阿姆斯特朗超越了时代，他有着形式上和谐的美感、尊贵从容的气度、强烈且持久的灵感冲动，如此卓绝的特点使他的艺术日臻完美。
>
> ——安德烈·霍德尔

禁止的音乐的魅力。乔·奥利弗也是他们中的一分子。和他的音乐同胞们一样，这位“新奥尔良的国王”也跟着这一场真正的黑人迁移，从南向北走。从内战结束就开始的“黑人大逃离”，在1910年前后向北、向西出现了新的激增，这涉及美国南方的“非裔美国人”，也包括黑人牛仔！通常是男人们出走，把他们不知所措的家人和妻子留在这个几乎是封建的社会里；他们的痛苦境遇，在一首标准古典爵士乐——《暴风雪天气》(*Stormy Weather*)——中，完美地呈现了出来。这次集体大逃离中有向北方去的伟大的爵士乐手，例如邦克·约翰逊（至1905年）、“果冻卷”莫尔顿、弗瑞蒂·凯帕尔德和其他不太出名的乐手。这次大迁移在第一次世界大战期间又有所加速，美国急于为它的兵工厂招募劳动力，于是美国白人就以没有种族隔离、悠闲的生活引诱黑人去北方工作，这可是南方棉花采摘者梦寐以求的事呀。

1919年仲夏，“大门嘴”送乔·奥利弗去火车站；乔和单簧管吹奏家西德尼·贝克特一样出发前往芝加哥。在底特律、克利夫兰、明尼阿波利斯这样的城市看来，芝加哥——这座密西西比河尽头的北方大都会——在工业和音乐上有着充分的发展空间。因此，芝加哥成了容易谋生的象征。这些城市的街道上彻夜灯火通明，即使是最没用的人也能通过为白人擦皮鞋赚上一笔绿花花的美钞。“国王”奥利弗与很多的南方黑人一样，渴望改变自己的命运，在那儿找到财运和星运；在那个疯狂年代里，在芝加哥金钱如潮般的涌动中，城市主张的宽容政策，使爵士乐慢慢地渗透了整座城市。

所有乐队里的音乐家都站在月台上，黯然神伤。火车开动了，正当“小路易”离开伊利诺伊中心火车站，准备重新开始送煤的时候，吉德·奥瑞叫住了他，并且问他是不是还一直演奏短号。奥瑞选择了“布袋嘴”来顶替最好的港口乐队里最棒的音乐家的位置（即“国王”奥利弗的位子）。路易除了展现出他过人的天赋以外，还渐渐跻身于一流乐手之林，生活逐渐有了保证，经济也宽裕起来了；他成为专业乐手，而且迅速走红。

> 我和吉德·奥瑞一起演奏的第一个夜晚，他们好像都惊呆了，都停下来听我的吹奏，我兴奋极了。我一点也不怯场。我重现一切，按照我所听过的奥利弗的演奏来表演，至少我在做着这样的尝试。我甚至在脖子上围了一条大毛巾，就像我看到爸爸乔在经济舞厅、合作舞厅（Cooperative Hall）以及在克勒夫人（Madame Cole）露天舞会演奏时的那样。

爱德华·“吉德”·奥瑞是新奥尔良长号手中的开山之人，他掌握了表达音乐语言的技能，这几乎是出于本能，除此以外也没有更多的天分。他吹奏的音质热烈而诙谐，带着强劲的滑音，为小号手和单簧管手的演奏做着强有力的铺垫。奥瑞是“后挡板”之王，他坐在运输车或者小型卡车后面表演，双脚荡来荡去（卡车后面的挡板撤掉了），带着无拘无束甚至显得有些漫不经心的味道。奥瑞明亮的演奏风格在缓慢的布鲁斯中是很突出的，他庄重的分句演奏往往出奇制胜。他的这一“长号手演奏方式”使得整体过渡变得完美无瑕。对路易而言，这一合作阶段也给他的音乐生涯铺就了一条起飞跑道。

1918年与1922年之间，路易与吉德·奥瑞一起演奏了16个月的时间，他们的乐队是第一支录音的奥尔良黑人乐队：

> 吉德·奥瑞的乐队不是在这儿就是在那儿演出晚会，我们在白天还有一份别的活儿。战争期间，国家的口号“工作或者战斗”。至于战斗嘛，我还太年轻，我继续往车上装煤。除了音乐以外，这也是一件我比较偏爱的工作，可能因为我在那里可以遇见我所有出色的老伙伴吧。

1918年11月11日停战这一天，路易·阿姆斯特朗决定再也不穿他那双旧的女士拖鞋了。关于未来他有太多的设想，以至于有些茫然不知所措。他给自己买了一台电唱机，这算是一件大事情了。从他买来的第一批唱片，可以看出他对各种音乐的好奇，以及对各种声音的喜好：

> 我的大部分唱片都是原创的迪克西兰乐队的，兰瑞·施尔兹和他的乐队的……我也有卡鲁索和亨利·伯尔的唱片，戴特尼兹是我的最爱；此外，爱尔兰的男高音马克科尔麦克特别棒的分句演奏也令我十分着迷。

同一时期，因为那些美国和加拿大的士兵在传播爵士乐方面起到的媒介作用，使得古典的欧洲也发现了爵士乐。瑞士交响乐团的指挥、斯特拉文斯基的好朋友——欧内斯特·安泽尔梅特，在南方交响乐团注意到了杰出的小号手西德尼·贝克特。他为《罗曼杂志》（*Revue romande*）写了一篇著名的文章《关于一支黑人乐队》：“与这个黑人男孩相遇真是件激动人心的事情。他有着白白的牙齿、窄窄的前额，他很高兴我们喜欢他所做的音乐，但他并不知道如何来描述自己的艺术，只是坚持着‘自己的道路’，而这条‘自己的道路’，或许就是明天人们将会蜂拥而至的大道！”

从1919年11月开始，阿姆斯特朗加入了钢琴演奏家法特·马哈布勒(Fate Marable)的乐队；这个人带领乐队在S.S.Sydney号船上做巡回表演。这是一艘木质的、有轮子的远行航船，即“riverboat”，演奏着路易安那的复调音乐，顺密西西比河（即“Old Man River”）航行，中途停靠在巴吞鲁日、孟菲斯、开罗、圣路易和圣保罗。这个时期是“观光船”时代的开始。这些游船给观众提供戏剧、交响乐、舞蹈等演出。

> 当法特·马哈布勒邀请我加入他们的乐队时，我高兴得跳了起来。凭着我的理性判断，我断定我的音乐生涯又将走向一个新的阶段。

接下来的两年当中，每晚八点到午夜，路易就在马哈布勒的Jazz-E-Sazz乐队里演奏。这支乐队有12名乐手，都是由乐队负责人精心挑选出来的，他们开玩笑似的自称是12只“猫”[英语“cat”（猫）在俚语中指青年爵士乐手、爵士乐迷。——译者注]，而当时迪克西兰乐队只有5名乐手，吉德·奥瑞和“国王”·奥利弗的乐队也才不过7个人。正是在这里，路易学习了视唱技能和音乐理论。

法特的乐手们都演奏最新的乐曲，只要能弄到乐谱就行，这样他们的演奏曲目更为宽泛。然而，奥瑞的乐手们都有一双灵敏的耳朵，可以非常快地“捕捉”乐谱；一旦他们抓住了曲调，世上任何人都难以超越他们。对我来说，我已经能够凭借耳朵听谱演奏了，我希望在这支看谱即奏的乐队中能够抓住我的分谱。当我们开始表演时，就充满了无限的创造力。

在法特·马哈布勒的乐队里，路易成为一个领头人物，乐队包括打击乐器手巴比·多兹、“狗窝”（当时我们就是这样称低音提琴的）中的乔治·“波普斯”·福斯特、班卓琴和吉他手约翰·A·圣－赛尔、美乐号［美乐号，mellophone，一种类似法国号的中音萨克号。——译者注］和萨克斯风演奏者戴维·约翰尼、摇摆小提琴手博伊·阿特金斯、钢琴家法特、第一小号手乔·霍华德。“这是一支顶级的乐队，我很荣幸成为其中一员。这也是第一支我可以在其中演奏自己写的曲子的乐队。”

跟着S.S.Sydney观光船，路易发现了另一个美国——“密西西比河的的上游世界”。“黎明时分，”鼓手及日后路易的合作伙伴杰克·蒂伽尔登回忆道，“我和我的一位朋友在新奥尔良码头散步。我突然听到远处传来小号的声音。我什么都看不见，除了一艘在雾中滑向港口的远行船。随后旋律更为清晰了，尽管船还在远处，但我已经能够识别出，在船头，一个黑人站在风中，小号对着天空，吹奏出我以前从未听过的最美妙的音符。这就是爵士乐，整个晚上我都如此期望听到它。我已经记不起是*Tiger Rag*还是*Panama*，但我记得那是路易·阿姆斯特朗，他像一个神从天而降。我待在原地，一动不动地听着，直到抛锚停船。”

“老爸”在法特·马哈布勒乐队里懂得了许多事情，之后他一直坚持认为，法特和他的乐队为打破密西西比河沿岸种族隔阂作出了非常大的贡献。当时美国白人只发现了南方的"黑人小子"的狂热音乐，即他们通常称之为的"迪克西兰爵士乐"。迪克西兰，从诗语和民间用语上指美国的南部；迪克西兰爵士乐实际上是白人对新奥尔良爵士乐最早的且最夸张的模仿形式，它于1895年随着"老爸"杰克·莱那的"拉格泰姆乐队"而出现，我们认为，它是最早模仿黑人街头乐队的组合。最早的爵士唱片也为迪克西兰爵士乐的风靡起到了积极作用；这些唱片的长度不过三分钟，所以为了能够完整地录制他们的作品，乐手们不得不加快演奏速度，并且要演奏得更加用力才行。迪克西兰爵士乐先后在芝加哥和百老汇大获成功，继而消融在了爵士乐的潮流中；40年代它又卷土重来，不过，之后它成为一种游客音乐，在布

在S.S.Sydney观光船上，法特·马哈布勒乐队的组成(1919年)。从左向右分别是：巴比·多兹、比尔·瑞德雷、乔·霍华德、路易·阿姆斯特朗、法特·马拉布勒、戴维·琼斯、船长斯特科福斯、船主(戴着帽子的那一位)、约翰尼·多兹、约翰·圣－西尔、"波普斯"·福斯特。

尔本街（Bourbon Street）上的演绎近乎无可指摘。

"布袋嘴"正日渐成功，他是如此快乐，以至于几乎不在意音乐圈中的嫉妒、竞争、嘲讽以及黑社会团伙。他总是准备好与大家一起演奏并且享受着自己那不可动摇的地位。迈尔斯·戴维斯对这种态度的解释是："路易傻傻的微笑是为了得到欠他的债！"实际上路易从来不去冒险，只有在他演奏短号的时候才可能会不顾一切。

> 我在圣路易的中心大酒店特别受欢迎，我最年轻而且是惟一一个外加进来的乐手，我在女招待这边得到了很多宠爱。我把自己当成一个坏小孩的头头，当我听到她们为我而争吵的时候，甚至还会有些幸灾乐祸呢，她们嚷嚷道："他是我的男人。不，是我第一个要定他的"，等等。然而我沉迷于我的音乐，只是一心想着如何演奏出我想要的东西，在她们
> 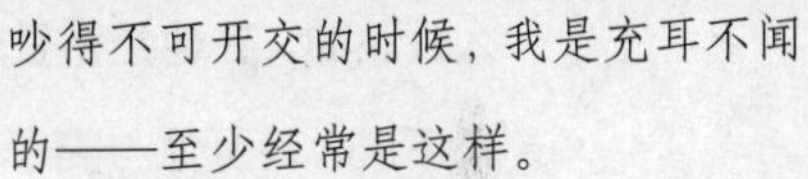
> 吵得不可开交的时候，我是充耳不闻的——至少经常是这样。

事实上，在路易离开"流浪儿之家"以后，他曾经跟随过新奥尔良所有的大音乐家，而且和所有顶尖乐队有过合作。然而小号手普莱斯顿·杰克逊却宣称，"从来没有人听到有人这样演奏小号"，1931年期间他曾与路易合作过（参考 *You Rascal You*）。

路易18岁的时候，有一天晚上在路易安那一家最破旧的小酒馆之一格

里特纳的“砖房子”（the brick house）里演奏时，认识了一个名叫戴西·帕克（Daisy Parker）的妓女，她立刻迷上了路易。而路易的妈妈一点儿也不喜欢她。她既不会读书也不会写字，还有很强的忌妒心，她总是将剃刀放在手提包里，故意割破路易那些约翰·B·斯坦森牌子的昂贵帽子。后来他们两人甚至发展到用砖头打架的程度。她21岁，而路易只有18岁。他们共同生活的“四年当中充满了折磨与激情”，如暴风雨般地猛烈而短暂。

很显然，作为一个地地道道的黑人贫民窟的孩子，路易的道德标准与优越感十足的白人社会的大相径庭，这一点从他特别的生活快乐中就可见一斑了。美国的传记作家詹姆斯·林肯·克利尔（James Lincoln Collier）写道：“对路易来说，坐牢没什么丢脸的，在他经常登台的俱乐部被警察突击搜查后他还是照去不误，甚至他与妻子打架之类的事情也算不了什么。对他来说，卖淫并不是一种罪恶……喝醉酒也并不可耻：这是一种完全合法的方式，能够让他忘记一些吉米·克劳的存在。”那时候，“黑人是美丽的”这一口号还没有那么流行，然而这一观念是必须执行且坚持下去的。

1920年夏天，当“小路易”所在的船停靠在圣路易时，乔·奥利弗特地去听他的演奏。“布袋嘴”狂喜不已。当他1921年返回新奥尔良的时候，汤姆·安德森——斯托瑞维尔的几个大房产业主之一，雇用路易在“真相咖啡馆”演奏。在那里，路易与几个大人物进行了交锋，例如“克里奥尔”单簧管手巴尔那·比卡德、阿尔伯特·尼古拉斯以及路易·鲁塞尔。“我青年时代，在新奥尔良的这帮坏男孩了不得的一点是，他们能品味得出好音乐来。”

1922年8月8日，在路易安那的阿尔及尔斯，路易和燕尾服乐队（Tuxedo Band）正在一个葬礼上演奏的时候，收到了一封“爸爸乔”打来的电报，召唤他去北方，最后路易决定前往芝加哥。他在去伊利诺伊州的火车上颠簸了19个小时，在他的行李箱里只放着一块鳟鱼三明治和一条防寒用的长衬裤。

# 芝加哥，纽约



路易说，到芝加哥火车站的时候，我看到的是上百万熙熙攘攘的人群，而没有见到奥利弗先生，对我周围的人，我也并不以为然。我以前从没有见过这么大的城市，也没有见过这样的高楼！我还以为它们都是大学。我并不认为芝加哥是座多么美好的城市。我甚至都准备乘上最早一班去新奥尔良的火车回家去。

被誉为“风城”（windy city）的芝加哥即将成为美国第二大城市，也变成了北上迁移的黑人的避难所。于是这座城市的人口迅速增长（1920年以后有250万黑人）。人们对当地流行的一种说法深信不疑：“如果你在芝加哥找不到工作的话，那么你在其他任何地方都不会找到工作了。”南方的黑人来这里寻找工作机会，就是执信于此，他们想像自己在那里也能够成为“某某人”。在路易安那的爵士乐手看来，芝加哥就像是一座“金钱的城市”，而且具有一定程度的自由。“在1920年的芝加哥，黑人可以拥有比其他任何地方更多的政治权利……1920年，伊利诺伊州通过了一项新的法案，其中包括了一个特别清楚明确的民法条文。”［詹姆斯·L·克利尔著：《路易·阿姆斯特朗，一个美国天才》］然而，白人的眼睛里却不一定容得下那些侵占了他们地盘的黑人，1919年芝加哥就曾发生了一起造成大量死亡的种族骚乱。

芝加哥气候严寒，与南方的气候很不同；它地处美国东西南北物流的十字要道，是一个充满无限活力的商业中心。与南方的城市相比，这里的生活完全是另一幅景象、另一种节奏。没有游行队伍，没有露天的节日，路易安

“国王”奥利弗和可与他匹敌的弟子路易·阿姆斯特朗在芝加哥重聚（1922）。“当我到林肯公园的时候，‘国王’奥利弗、约翰尼·多兹、霍诺尔·杜特雷、丽莲·哈丁、巴比·多兹、比尔·约翰逊正着手创作一种摇摆乐风格的乐曲，这种曲子是如此异乎寻常以至于我禁不住地自问，我是应该加入到他们中去呢，还是乘上最早一班火车回新奥尔良去？事实上，这音乐甚为绝妙，以至于我都怀疑自己是否有资格加入到这支乐队中去。”(路易·阿姆斯特朗，《我在新奥尔良的生活》)

那的音乐应该在芝加哥确立新的立足之地：“当那里的人们听到新奥尔良的雄壮而欢快的军队进行曲从‘国王’奥利弗的小号中迸发出来的时候，当他们听到令人心醉的布鲁斯歌曲像一串串金色的音符被一支大型乐队演奏出来的时候，他们就发出一阵阵热情的叫喊。”“皇家公园”（Royal Gardens）、“梦乡”（Dreamland）、“精英之家”(Elite)，以及城市“南边”（South Side）的其他下等酒馆和歌舞厅，在顿足爵士舞乐曲，以及奥利弗、凯帕尔德、多兹、贝克特、佩尔兹和圣赛尔等人的布鲁斯乐中轻轻地摇摆起来。”[阿兰·罗马克斯：《“果冻卷”先生》] 经由乔·奥利弗、西德尼·贝克特、“果冻卷”莫尔顿以及红辣椒热力乐队的传播，新奥尔良传统的爵士乐传统响彻了20年代的芝加哥。战后这段时期，节日和爵士打破了当地先前清教徒似的秩序。

直到20年代末，以及之后的好多次，芝加哥总是散发出它与众不同的音乐魅力。从1928年起，布鲁斯乐手们开始录制唱片，他们音乐的城市化和现代化，使保留曲目呈现出一种新的色彩：那就是芝加哥的布鲁斯，粗野而绝望。后来，Big Bill Broonzy、Sonny Boy Williamson、Washboard Sam、Muddy Waters、Howlin’Wolf这些乐队的音乐当中体现了这种色彩。

没有一个人能够说20年代芝加哥爵士乐的风格不算是新奥尔良爵士乐在

"一名好的爵士乐手应该能够摆脱乐谱和知识的束缚，演奏到某一刻，或者更确切地说，他全凭着感觉，就知道什么时候离开乐谱，什么时候又该回到乐谱。"（路易·阿姆斯特朗，《让音乐摇摆起来》）

美学上的一个发展，只是它属于另一种类型。原则上说，没有一种创作是自发产生的，那么确切说来，产生于路易家乡的艺术形式确实在芝加哥繁盛了起来。然而这种充分的发展是在另一种非常不同的环境里完成的：原本自由创作的、街头露天演奏的音乐都市化了。由原创作者移植到芝加哥的爵士乐，适应了新的环境——俱乐部、音乐会、舞会、都市生活，但是音乐中也透出了些新信息，反映了北方大城市中艰辛的生活。

芝加哥黑帮横行，他们几乎控制了所有的俱乐部、音乐会及演出，不通过他们就什么事都别想做成。音乐家们面临着最严厉的禁酒时期——从1919年起（一直到1933年），一条法律禁止生产和出售酒。而事实上，它却助长了黑帮的猖獗行为。人们亲眼目睹了非法售酒处（speakeasy）的诞生，这是背着警察开的地下酒吧。后来成为路易·阿姆斯特朗的搭档的钢琴手厄尔·海因斯回忆道："1928年的时候，我们开了一家俱乐部，叫大阳台（Grand Terrace），钱滚滚而来。阿尔·卡波尼（Al Capone）经常来光顾。一天晚上，他走到我身边对我说：'我的小老爹，我不喜欢你的手帕。'于是我拿掉手帕，却发现里面放了100块钱。又有一次，他来了对我说：'今晚过得怎么样？'说着，他将200元的钞票塞到我手里。甚至，他走进来让人关上门，说道：'我不希望这里有任何人。'他

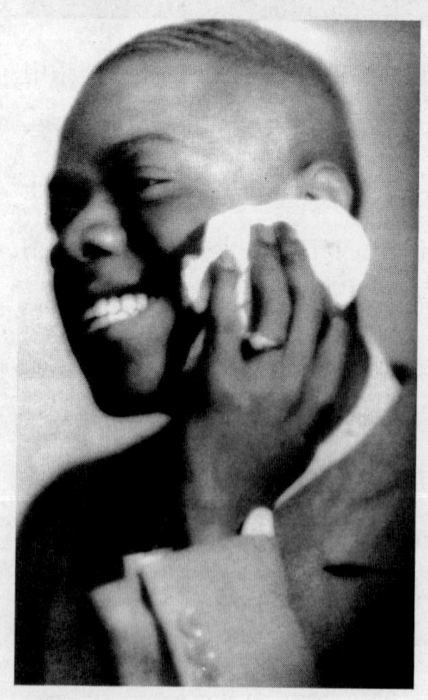

如果说摇摆乐与我是在新奥尔良肩并肩地成长，又一起溯密西西比而上，那么在1922年，我们一同在芝加哥认识了北方，同时我们也得到了北方的认可，这一切可以说都是一种巧合吧。

——路易·阿姆斯特朗，《让音乐摇摆起来》

给了老板2000元美金，‘再来上一段，和我们喝一杯。’好几个黑帮团伙就这样比阔。有些晚上，他们一下子就挥霍掉四五千块钱，把钱扔出窗外。那个时期，芝加哥很有钱。我们乐队很多人都有不动产投资，在城市各处都有。”小号手马蒂·马尔萨拉补充道：“卡波尼经常到我们工作的地方来，他带着七八个人一起来。他一进来他们就把门关上。任何人不准进来也不准离开。他有好多百元大钞，由他的保镖负责把这些钱发给周围的表演者。大家仅仅演奏他所喜欢的曲子、那些感伤的玩意儿，就能赚到不少钱。”[纳特·沙皮罗、纳特·汉托夫：《听我对你诉说》]

## 克里奥尔爵士乐队

青年路易又一次加入了老师“国王”奥利弗的乐队。有一天，路易不是说过这样的话么？——“我决不离开新奥尔良，除非是为了爸爸乔。”当时乔的乐队在芝加哥很走红，他们在林肯公园表演，乐队成员有单簧管乐手约翰尼·多兹、长号手霍诺尔·杜特雷、鼓手巴比·多兹（约翰尼的兄弟）、低音提琴手比尔·约翰逊、以及钢琴师巴尔塔·冈苏林——他后来由丽莲·哈丁代替。

我到芝加哥不久，一天晚上表演结束后，“爸爸乔”对我说：“路易，你想见丽莲么？她这时候正在梦乡俱乐部演奏呢。”我知道这话的意思。前一年的冬天，我还在新奥尔良的时候，“国王”奥利弗给我寄来一张他们乐队的照片；钢琴师是一位迷人的年轻女子，她有着棕色的皮肤，名字叫丽莲·哈丁。我在随后的回信中写道：“请对哈丁小姐说，我喜欢她。”她当时是，现在也是当地最好的女钢琴师之一。“国王”奥利弗给我们彼此作了介绍。当时我不知道，他给我介绍了我的第二任妻子，可能他是有意这样做的。[路易·阿姆斯特朗：《让音乐摇摆起来》]

为了给他的朋友们写信，一安顿好，“老爸”路易就给自己买了一台打字机；从此他总是把打字机带在身边。那些大量的书信充满了形象的表达，与他平时说话一样，爵士乐手们纷纷仿效这样的语言风格，成为一种时尚。

很快，路易到来的消息就在芝加哥的乐手之间传开了。并不是因为路易的名字引人注意（他那时候尚未出名），而是因为“国王”奥利弗邀请这个初来乍到的小子加入乐队做了第二小号手。人们对此感到十分诧异，都跑来听他的演奏。

我们的音乐是如此受欢迎，很快，白人乐手们在市中心表演完以后，都习惯来听我们的演奏，一直待到关门为止。有时候他们还参与我们的演奏……

好奇的人们发现了一种他们前所未闻的音乐。令他们惊讶的不是短号二重奏的想法，而是乔·奥利弗与他的弟子“布袋嘴”使整个二重奏焕发出了生命的活力。芝加哥最“火热”的乐队就数克里奥尔爵士乐队了，一个年轻、本色的乐手的加盟，使得整个乐队如虎添翼、激情四射。尽管他的良师（“国王”奥利弗）已经有两年没听过他的演奏了，然而，路易的表现一点没让老师失望。

这支乐队取得成功的一个关键就在于“父亲”和“儿子”之间真正的默契合作。很多人都见证了这一点。鼓手乔治·韦特林由衷地说：“奥利弗和阿姆斯特朗合奏了几个‘破碎’音，我从未听过如此默契的合作。我不知道他们当时如何设想未来的，但是，他们所演奏的‘破碎’从来没有失败过。”[马科斯·琼斯和约翰·切尔顿：《路易》]

“路易的出现震惊了芝加哥的上上下下。伊沙姆·琼斯的大乐队里所有的乐手都来林肯公园听乔的乐队，特别是路易的演奏……‘国王’奥利弗和路易是两位最伟大的小号手，我从来没听过合作得这么完美的演奏。”单簧管演奏家布斯特·贝利如此说道。

也许很少有人真正懂得这种音乐所蕴涵的精神实质，但是大家都一致称赞，毫无保留地喜欢它。林肯公园坐落在黑人贫民区，即“南边”，每天晚上演奏场地都是座无虚席。各社会阶层的观众都赶去听这位音乐奇才吹小号。

奥利弗在和他的伙伴演奏那些著名的“破碎”音之前，会有意给对方设下几条乐曲的线索。他会对对方吹下面的音符，或者给一个暗示，而这一切又都被巧妙地掩饰在他所演奏的旋律的空隙中。或者还有更妙的，他凑近对方，在演奏到相关音符时，通过按小号活塞时的脸部表情，给对方传递一个信号。阿姆斯特朗全神贯注于他的暗示，不放过任何一处细节。这样一个过程，只有在两位演奏者达到高度默契的情况下才能够实现，他们要有完美的听觉、很强的记忆力、灵活性、品味，以及……相互之间的信任。

1923年时，“国王”奥利弗爵士乐队（克里奥尔爵士乐队）进入它的辉煌时代，吸引了大量观众和音乐家争先恐后地到林肯公园去听他们表演。他们演奏新奥尔良音乐，这种音乐具有一种独特的结构，摆脱了传统铜管乐队笨拙的演奏形式。图中从左到右依次是：霍诺尔·杜特雷、巴比·多兹、阿姆斯特朗（站在后台吹着小号，事实上，他从来不会在后台吹奏的），乔·奥利弗、丽莲·哈丁、比尔·约翰逊和约翰尼·多兹（坐在钢琴上）。

尽管路易·阿姆斯特朗是第二短号手，跟在奥利弗后面演奏，但是他越来越能够让观众听到他的声音了。有人甚至还说，他比老师演奏得还好。“只有等乔·奥利弗生病了，我们才能真正了解路易的天赋……相信我，路易真正是在演奏，他可以把体会到的一切倾尽全力地表达出来……听路易跟在奥利弗后面演奏，路易似乎更强有力。”（托米·布鲁金斯，Tommy Brookings）城里散布出某些流言飞语，说他们之间是一种竞争关系，乔·奥利弗嫉妒这位新人。不过凭着他们的为人、“爸爸乔”对他的“竞争对手”的喜爱，以及“儿子”对“爸爸”的无限尊敬，都让人不得不怀疑这一说法。

毫无疑问，乔·奥利弗的存在在路易的生活中占有非常重要的地位。“爸爸乔”指导他，教诲他，宽慰他。阿姆斯特朗始终在寻找这位“父亲的替代者”；在接下来的几十年里，有很多人都相继扮演了这一角色。而当时，这个角色由一位女性担当——丽莲·哈丁，未来的阿姆斯特朗夫人。这位颇有雄心的钢琴师很快看出了路易的天才，并且在路易之前就预感到这种潜力必须得到发挥。路易和丽莲于1924年5月在芝加哥结婚。

## 首批录音唱片

克里奥尔爵士乐队在林肯公园一直表演到1923年2月，然后吸收了一位班卓琴演奏者巴德·斯科特，完成了在美国中西部的一场巡回表演（伊利诺伊州、俄亥俄州、印第安纳州），在印第安纳州的里士满，录制了乐队最早的一批唱片，同时也是路易·阿姆斯特朗最早的唱片。

1923年4月6日，克里奥尔爵士乐队为Gennett公司录制了九首歌，其中包括*Just Gone*、*Canal Street Blues*、*Mandy Lee Blues*、*Dippermouth Blues*（《大嘴巴的布鲁斯》，借用了阿姆斯特朗的一个绰号："大汤勺似的嘴巴"）、*Froggie Moore*、*Weather Bird rag*，以及具有历史意义的*Chimes Blues*。乔·奥利弗的音乐继承了新奥尔良的传统，是一种四重奏的复调音乐（首席短号和第二短号，单簧管和长号）。毫无独奏，乐队中没有人特别明显，也没有人被丢弃在一边，只充当简单的伴奏者。奥利弗是位风格的大师，所有这个时代的见证人都一致认为，克里奥尔爵士乐队以最好的方式、最高的水准展示了这种以后注定要消失的演奏形式。乐队的演奏强劲而和谐，将新奥尔良的复调音乐以及团体表演发挥到了最高的水平。如果说这种音乐还只是让人们瞥见了一些最早的变化特征，那么一些大胆的人已经开始尝试了。在《大嘴巴的布鲁斯》这首歌中，有三段主旋律，38岁的奥利弗摆脱了集体演奏的概念，已经隐隐约约地尝试起个人的即兴发挥了。与此同时，路易12小节的演奏，宣告了当时正在酝酿中的革新，乐队即将按照一种不同于以往的程式来组织演奏：独奏+伴奏。

凭借着他与生俱来的令人舒适的节奏基础，“国王”奥利弗这位无可比拟的领导者，使他的乐队成为20年代初众多喧闹的夜晚和舞会中最具吸引力的乐队，而在那些疯狂的岁月中，爵士乐正反映了出了那个时代的狂热。

路易必须在遵循既定秩序的同时，寻找自己的位置，在奥利弗的时代他一直都是这样做的。然而，个性突出的小号手很难抑制住自己的天分，他渐渐地不由自主地冒出了头：当他录制唱片起步时，人们要求路易远离其他的乐手，更确切地说是远离乔·奥利弗，因为他强烈的音响已经盖过了奥利弗！那个时代唱片（音响效果）不太好，录制的时候，周围只有一个麦克风，就放在乐队前面或乐队中间。

那时，这位天才的年轻人以他在*Chimes Blues*中的表现，使他的第一段独奏成为一种不朽。将独奏记录下来，排练——奥利弗是这样工作的，这透露出“布袋嘴”演奏中的某些品质：平衡感，以及某些被称做不得不说的东西。他那些在*Froggie Moore*、*Tears*、*Riverside Blues*、*Mabel's Dream*中的创新给人不少启示。

乔·奥利弗的乐队录制了37首歌；而阿姆斯特朗从1923年4月到1926年11月，在他还没有名声鹊起之前就录制了150首曲子。1923年6月15日，他去德雷克酒店（Drake Hotel）时，一位新闻记者第一次提到了他。他那时候还默默无闻，而这位社会新闻栏编辑特别指出，这个“长着青蛙般大嘴巴的小号手”，演奏精湛至极。

一结婚，阿姆斯特朗夫人（丽莲·哈丁）就不停地劝说她的丈夫离开“国王”奥利弗。可是路易下不了决心，因为他觉得自己的一切都是奥利弗带来的。丽莲激励他应该表达和发展自己的音乐语言。得益于扎实的古典文化，丽莲让路易入门于这种音乐。直到1924年6月末，丽莲·阿姆斯特朗终于胜利了：她的丈夫离开了乔·奥利弗。

## 纽　约

路易与歌手奥利·帕瓦尔在芝加哥的“梦乡俱乐部”同台演出，同年9月他收到一封来自弗莱彻·亨德森发来的电报，他邀请路易到纽约去加入他的乐队。早在1922年路易还在新奥尔良的时候，亨德森就注意到了他，并向他提出了相同的邀请，但是被路易拒绝了，因为路易“离不开他的打击乐手（祖迪·辛格雷顿）”！而这一次时机似乎已到：路易已经对这件两年前毫无把握的事情做好了准备。在芝加哥得到认可之后，他向纽约进发了，纽约这只大苹果在向他召唤……

1924年9月29日，“布袋嘴”成为当时最好的一支黑人歌舞乐队里的第三小号手，这是一支享誉美国的最大的黑人乐队。30年代，乐手们的梦想是成为艾灵顿公爵乐队里的一员，而在20年代，独奏乐手以能够同弗莱彻·亨德森合作为荣。亨德森是学化学出身的，特别擅长于定量艺术；他也是精纯的乐曲改编

唱片《潮流》弗莱彻·亨德森

**现代的声音**

这不是今天的声音，无论是在广播里、电视上或者唱片里放出来的声音，无论如何都不能再现路易。他与这个世纪其他富于创新精神的伟大艺术家并驾齐驱——斯特拉文斯基、毕加索、勋伯格、詹姆斯·乔伊斯……而他是其中惟一一个美国人。没有阿姆斯特朗，爵士乐也许就不会存在——没有爵士乐，也许就不会有现代的流行音乐以及摇滚乐。今天我们所听到的这些声音，如果没有了“布袋嘴”将会是另一番景象了；再说它们也不会是……

——1972年，阿姆斯特朗逝世以后，在一个纪念他的电视专题节目中，乔切姆－厄斯特·贝兰德（Joachim-Ernst Berendt）如是说。

者（迈尔斯·戴维斯最偏爱的），他后来为本尼·古德曼的大乐队工作，成绩斐然，而且对30年代的白人乐队产生了深远的影响。

一般来说，美国的艺术家要想得到全社会的认可就必须先在纽约出名，这一点已经被大量的事实所证明。对阿姆斯特朗而言也不例外。在芝加哥有了知名度以后，阿姆斯特朗继而转向纽约寻求发展，首先在音乐人圈子里，他很快就引人注目了。“阿姆斯特朗在纽约取得了巨大的成功。全世界都为他如醉如狂，我是首当其冲的一个。我对他的言行举止简直亦步亦趋，学他那样说话，学他那样吃饭，学他那样睡觉。那时候，他习惯脚登一双警察穿的大靴子，我也买了一模一样的一双；我在他在弗莱彻·亨德森乐队中（1926年），路易改造了纽约的爵士乐。图中从左到右依次为：凯塞尔·马歇尔（打击乐器）、查理·格林（长号）、科尔曼·霍金斯（次中音萨克斯管）、霍华德·斯科特（小号）、布斯特·贝利（单簧管，中音萨克斯）、路易·阿姆斯特朗（短号）、唐·雷德曼（中音萨克斯，负责乐曲的改编）、艾尔莫·查伯尔（小号）、查理·迪克森（班卓琴）、鲍勃·埃斯库德罗（大号）、弗莱彻·亨德森（钢琴）

住的大楼门口等他出来，一等就是几个小时，只为有机会见他一面。”短号手雷克斯·斯图尔特坦言道［纳特·沙皮罗，纳特·汉托夫：《听我向你诉说》］。“小伙子们从来没有听到过这样的音乐，那情景简直无法形容。”艾灵顿公爵说。

尽管路易·阿姆斯特朗跟妻子丽莲·哈丁在读谱上下过一番工夫，但他有时候仍旧被弗莱彻古板的配器弄得晕头转向，乐队的分谱必须仔细阅读，其数量比新奥尔良传统乐队的乐谱多得多，形式上接近大乐队。他不习惯。乐队里的某些乐手有点瞧不起路易。弗莱彻·亨德森解释道：“一开始大家对这位新人有所偏见，乐队的气氛有些紧张。”路易·阿姆斯特朗刚来的时候，总是得反复重新再来。不过情况很快就有所改观。“面对爱尔兰华尔兹舞曲新的编排，他总有点摸不着头脑。乐谱上做着各种灵活的记号。例如，某个地方标上fff（表示极强地），然后是渐弱，直至pp（表示极轻地）。乐队根据这些

保罗·惠特曼

记号演奏得越来越轻，而路易却把他的分谱演奏得特别响。我让乐队停下来，问路易为什么不按照乐谱的要求演奏。他回答我说：‘哦，我以为这里表示要pound plenty（全力出击）。’于是原先乐队里的紧张气氛消失了，冰冻化解了！”在这支乐队的乐手中，路易发现了科尔曼·霍金斯、唐·雷德曼、凯塞尔·马歇尔、隆·格林、埃斯库德罗……不久，他就在乐队中找到了家的归属感。

弗莱彻·亨德森录制的第一批唱片带有商业色彩，使他得到一个不怎么算是恭维的绰号“黑人保罗·惠特曼”[小提琴演奏家、作曲家和乐队指挥，他被某些纯粹主义者看做糖浆爵士乐的制作者；他在1924年指挥由乔治·格什温（George Gershwin）作曲的《蓝色狂想曲》（*la Rhapsody in Blue*）：爵士交响乐由此产生]，也可能是因为他表现出偏好时尚的趋向。然而他仍旧称得上是爵士大乐队之父，在其配乐人唐·雷德曼的帮助下，他将新奥尔良音乐人的成果移植过来，创造了一种大乐队集体即兴演奏的形式。在他的乐队行列里，各个分区（section）渐渐形成，把类似的乐器组合在一起（铜管乐器……），后来，这些分部成为经典爵士大乐队的特征。

弗莱彻·亨德森邀请路易·阿姆斯特朗来纽约，是想为他的乐队注入一种新的气息。他明白当时公众喜欢听“热力”音乐。在短短几个月之内，乐队果然就改变了色彩；路易在其中发挥了很大的作用。很快人们就听出他对弗莱彻·亨德森的乐师们的影响（科尔曼·霍金斯、唐·雷德曼等人）。路易的冲击力使纽约爵士舞台发生了变化。他的出现加速了由科尔曼·霍金斯演奏的次中音萨克斯管表演的发展，例如，在演奏*Naughty Man*时，霍金斯在“布袋嘴”之前演奏，他似乎寻找着一种属于自己的平衡形式，即乐感，力图让自己的独奏脱颖而出。节奏本身发展很大，路易的演奏带有一种全新的轻松感和精确性。在整个乐队的支持下，他所演奏的音符在节拍上几乎有点“过时”，这种独特的展现节奏的方式，只是独属于阿姆斯特朗（作品*Mandy*、*Make up your Mind*就是很好的例证）。在阿姆斯特朗的引荐下，布斯特·贝利也在

迈尔斯·戴维斯(Miles Davis)。"他是个小号诗人，我们从一开始就知道了；他是个爵士乐的预言家，我们知道这也很久了。但，他还是一个伟大的音乐思想者。"——罗朗·居尼(Laurent Cugny)

纽约加入了弗莱彻·亨德森的乐队，他见证了新的速度意识，他说："当我到纽约后，我问起路易乐队里其他成员的情况。他对我说起了大查理·格林和一个次中音萨克斯管手霍金斯。他说这帮小伙子真正是在摇摆。这是我第一次听到以这样的方式使用这个词，当时我不知道这是什么意思。路易试图向我解释。他说：'伙计，就是摇摆，就是那种好像要跳出这个世界的摇摆！'我知道了它的含义，因为那天晚上一开始演奏，我就听到了霍金斯奏出的声音。我怎么给它下个定义呢？摇摆。这是一种……我总是不得不用摇摆这个词。我想说的是，这种音乐形式有着一种速度——某一种重音、某一种冲击力。"

路易演奏技艺在"阿尔班法（Arban)"（吹奏小号的方法）帮助下日渐完善。他提高了他的高音（*When You're Smiling*），并在一位来自金博音乐厅（Kimball Hall）的德国教授指导下练习运气，以确保他对音乐完美的诠释和演艺天才的发挥。这位艺术家不仅天资聪颖，而且极其勤奋，以后的他也不会改变。在弗莱彻·亨德森的乐队里，他初试歌喉，录制了他的第一张歌唱曲：*Everybody Loves My Baby*（参见歌手路易的章节）。

如果说他真实的个性在纽约时代表现出来了，如果说他的存在为弗莱彻·亨德森的乐队作出了很多贡献，那么对他而言，他感觉在弗莱彻那儿，他的天赋还没有得到淋漓尽致的发挥。他觉得节奏太僵硬，配器对小号的束缚太多。我们仔细听那个时期（1924年）他与在纽约乐坛占有一席之地的新奥尔良的钢琴师克拉伦斯·威廉姆斯一起录制的作品，就可以捕捉到他所说的那种不自在感。独奏家（阿姆斯特朗）的自主性与表现力要求自我展现所必需的空间。以克拉伦斯·威廉姆斯为中心形成的两个录音乐队——Red Onion Jazz Babies（"红色洋葱爵士宝贝"，在丽莲·哈丁的带头下成立的乐队）和Blues Five（"五人布鲁斯"）——从来不会在音乐会上演出，但是它们灌制的两首曲子都很成功：*Of All The Wrongs', You've Done to Me*，尤其是*Everybody Loves My Baby*。它产生了极大的轰动效应，很快就在哈莱姆区［哈莱姆区（Harlem），美国纽约市的一个区，居民大都为黑人。位于曼哈顿北部，傍倚哈莱姆河和东河。1658年，彼得·斯图佛逊在此建立起荷兰人寄居地——新哈莱姆区。自1910年以来，迅速增加的黑人居民使该地成为美国最大的黑人聚居地，20世纪20年代黑人艺术及文学的兴起被称为哈莱姆文艺复兴，第二次世界大战后，许多西班牙人定居在东（或西班牙）哈莱姆区。——译者注］流传开来。布袋嘴在曲中充分展现了他的才华，演绎了几段既不重复也不落俗套的主旋律，这依靠的是他的灵感和知识的支撑，而这种灵感经过构建，也混合着和谐的直觉感受。

这个时期另一件重要的事情是：路易碰见了来自新奥尔良的西德尼·贝克特，二人一见如故，仿佛久已熟识的老朋友。他们两人的演奏热情似火，天

"在美国，哈莱姆区是一个充满矛盾的城区。这是一个位于纽约市中心的孤立的黑人城区，它就坐落在富人区的旁边，然而却是异乎寻常地贫穷。这是地位卑微与暴力横行的城区，到处都是妓院、酒吧和教堂。这里有一块地方叫做'蜜糖山'(sugar hill),聚集着城里的富人、要人、专业人士以及赌场老板。有一个地方叫做'山谷'(the valley),里面住着挨饿的人，他们勉强糊口，互相争斗。'山谷'就像是一片大鱼吃小鱼的苦海。只要你把手伸进去，就会抓出一大把断肢残片。"(切斯特·希姆斯)

衣无缝，仿佛有种魔鬼般的力量驱动着。他们携手录制了好几首曲子（如*Cake Walking Babies*）。在钢琴师和制作人亨利·雷诺德看来，"1925年两人的所作的音乐，在二十年后查理·帕克与迪兹·吉莱斯皮时代看来，同样完美且具有革命性。"

同一时期，路易·阿姆斯特朗还为一些布鲁斯女歌手伴奏。马·瑞内、玛吉·琼斯、克拉拉·史密斯（Clara Smith）、奇皮·希尔、特里克希·史密斯（Trixie Smith），还有1924年5月被"芝加哥捍卫者"（Chicago Defender）冠以"布鲁斯女皇"的最伟大的女歌手

贝茜·史密斯（Bessie Smith），经济大萧条严重地影响了贝茜·史密斯——这位布鲁斯皇后的生活。评论家约翰·哈蒙德（John Hammond）曾帮助过她。在他的帮助下，她于1933年11月录制了她的最后几张唱片，其中包括那首著名的《给我一个猪蹄》（*Gimme a Pigfoot*）。

贝茜·史密斯，阿姆斯特朗的音乐中浸润着她的风格。只要你听一听《圣路易布鲁斯》（*Saint Louis Blues*）非常了不起的那个版本就可以得出这样的结论，毫无疑问那是历史上的最美的曲子之一。感情非常饱满，短号与歌声的配合珠联璧合，表达简约而自然，音符演奏技艺恰到好处。小号手路易已然在历史上留下了他不可磨灭的印记。他为乐器—人声的二重奏艺术留下了精华，为日后比莉·哈乐黛和莱斯特·扬的默契配合奠定了基础。

## 哈莱姆区

我从小就听人讲起哈莱姆区，我一直都想知道这是个什么地方。我知道它在纽约，是“世界上最大的黑人区”。我加入了“玫瑰园乐队”（Roseland band）以后，就住在哈莱姆区，它位于中央公园（曼哈顿）北侧，这时我才了解它是什么样子的。和所有的大城市一样，这里发生着各种各样的事情，有着形形色色的人……成千上万的有色人种劳动者生活在这里，除此以外，还混杂着我们黑人当中的最有才华的人，最有天当然了，路易·阿姆斯特朗是这样一个人，当他吹奏小号的时候，能激起成千上万的小伙子的激情，想学着像他那样吹奏。他让几百万人都想学吹小号。而谁又说得清，另外又有多少百万人，曾经多么幸福地倾听着他的曲子呢？

——艾灵顿公爵，1970年

赋的音乐家、演员、诗人以及艺术家——他们从各处汇聚到哈莱姆区这个我们有色人种中大部分的天才都聚集的大城区……这里生活着查理·吉尔宾［《琼斯皇》（*Emperor Johns*）中的伟大演员］和弗罗伦斯·米勒，现在这两位都已经去世了，还有保罗·罗伯逊、艾灵顿公爵、卡布·卡罗维、奇克·韦伯，以及我们的大诗人詹姆斯·维尔登·约翰逊……［路易·阿姆斯特朗：《让音乐摇摆起来》］

在纽约，路易·阿姆斯特朗引起了人们的议论。他在（弗莱彻·亨德森）“风味”乐队（“Smack”）一年多时间里，去“玫瑰园舞厅”演奏，也在其他的剧院表演，例如“阿波罗”（Apollo）、“洛克斯”（Roxy）……如果说，这座城市的音乐生活，还没有像在芝加哥那样完全沉浸在爵士乐中，那么几年以后，在40年代初期，纽约的爵士乐最终形成大气候了。纽约的音乐丰富多彩，有拉格泰姆，尤其有哈莱姆的钢琴“stride”（根据拉格泰姆乐谱的钢琴即兴演奏），著名的表演人有詹姆斯·P·约翰逊、威

詹姆斯·P·约翰逊

威利·“狮子”史密斯

利·“狮子”史密斯、法茨·沃勒，同时也有百老汇方兴未艾的音乐剧产业、闹剧式表演和轰动一时的歌曲。

格什温在出版业集中的街区——“丁乓胡同”(Tin Pan Alley)［“丁乓胡同”(Tin Pan Alley)是个地名，位于纽约第28街（第五大道与百老汇街之间）。从19世纪末起，那里集中了很多音乐出版公司。由于那儿整天都响着钢琴声，像敲锡盘似的，于是有人戏称这个地方为“丁乒胡同”(直译为“锡盘巷”)。“丁乒胡同”不仅是流行音乐出版中心，也成为流行音乐史上一个时代的象征、一种风格的代表。它差不多延续了半个多世纪，从19世纪末直到20世纪50年代末。——译者注］——开始崭露头角。在那儿，发展起了所谓的通俗歌曲，涌现了杰罗姆·科恩、科尔·波特等音乐人……

20年代是爵士大乐队的鼎盛时期（弗莱彻·亨德森、保罗·

惠特曼、伊沙姆·杰斯、比利·弗勒尔、盖伊·龙巴尔多、艾灵顿公爵），乐队都沉醉于甜美的歌曲之中。虽然其他地区也有不少俱乐部，但是偏偏在哈莱姆区，这个聚集着众多的黑人的地方，爵士大乐队受到格外的青睐。康尼酒馆（Connie's Inn）、德卢斯俱乐部（De Luxe Club），即后来合并而成的棉花俱乐部（Cotton Club）——在142号大街和莱诺思大街（Lenox Avenue）的拐角处，于1936年冬天迁移到百老汇和第7大街之间的地方，还有萨瓦（Savoy）、萨拉托伽（Saratoga）、小天堂（Small Paradise）、巴伦斯（Barron's），以及曼露之家（Monroe's）都是当时最热闹的地方。世纪之初主要住着犹太人的哈莱姆区，后来成了最大的黑人大都会。这里充满了迷人的、活跃的、肉感的色彩，那里的居民洒脱而骄傲，显然是脱离白人的控制的。那"疯狂的年代"需要舞蹈、消遣和娱乐。美国许多大城市都异常繁荣，成为享乐生活的象征；那里的居民沉浸在这纸醉金迷的生活神话之中，即使这种神话底下掩盖了黑人残酷的日常生活的现实。哈莱姆区独特的异族风情，在20年代成为人们注意力和好奇心的焦点。1929年3月6日，画家马蒂斯来到纽约，他写道："哈莱姆区是纽约黑人的地狱，而美国人却来这里寻找天堂。"每个舞厅都安排有爵士乐队，蜂拥而至的白人在这里堕落。这场虚伪的喜剧，事实上只是一种娱乐和金钱的交易：黑人在台上表演，而白人公众在舞池里享乐。

我通过乐器表达我自己……我爱上了它，而它也爱上了我……我们演奏的是生活，是某种自然的东西……这都是因为乐趣，我们即使是在后台排练的时候也是这样。

——路易·阿姆斯特朗，爱德华·罗·莫罗（Edward R.Murrow）的电影《伟大的布袋嘴》（*Satchmo the Great*）声带盘上的一段话

艾灵顿公爵

长期的尖锐的种族矛盾激起了人们的反抗，哈莱姆区的黑人群体渐渐地组织了起来，投入到反种族歧视的斗争中。人们将目光投向新的英雄，例如牙买加记者马库斯·卡尔威（Marcus Gavey），他预言黑人弥赛亚就要降临。在反抗种族制度的同时，社会中也并存着安于现状的妥协行为。约瑟芬·贝克（Joséphine Baker）于1925年在法国登台亮相，在香榭丽舍剧院举办了“黑人歌舞表演”。她那香蕉做的腰带、短短的头发，以及裸露的胸部，使她一跃成为“巴黎的女王”，法国首都领略到了爵士乐、查尔斯顿舞曲、波士顿舞、狐步舞以及黑底舞（Black bottom）的味道。巴黎的“红磨坊”和赌场都竞相邀请她，她唱的《我爱巴黎》，尽显黑人女性、黑人音乐家的万种风情。于是，巴黎开始为爵士乐而疯狂。

艾灵顿公爵回忆哈莱姆区的沸腾年代时，用了这样的语句：“夜晚来临的时候，大家习惯带上自己的乐器跑到街上，只要有钢琴师在的地方，我们就能看到一些小伙子围在他身边吹奏，‘即兴表演’。一个钢琴师，一个鼓手，大约六个不同的短号手；大家都争强好胜，想把别人比下去。”原先就呈竞争态势的那些新奥尔良的乐师在哈莱姆区竞争更激烈了。在那些激烈的竞争中（“Cutting Contests”），夹杂着竞争的天性，也有演奏、相遇、发现的愉悦，我们可以看到演奏家之间以及乐队之间的互相对抗。

## 重回芝加哥

丽莲·哈丁－阿姆斯特朗与她的丈夫相聚了几个月后，又回到芝加哥，在那里她大发雷霆……因为阿姆斯特朗的名字没有像她所希望的那样挂在海报的上方。她一封接一封地给路易写信，催促他赶快来芝加哥，最终，她给丈夫发出了一道最后通牒：要么马上回来，要么就永远别回来！ 1925 年 11 月

路易和他的伙伴们在芝加哥的日落咖啡馆演奏（1927年），那时“布袋嘴”在乐队中担任首席演奏，直到由卡罗尔·迪克森担任乐队指挥。图中从左到右分别是：厄尔·海因斯（音乐指导）、皮特·布里格、霍诺尔·杜特雷、阿姆斯特朗、比尔·威尔逊、图比·霍尔、阿瑟·“Rip”巴赛特、博伊德·阿尔金、乔·沃克、阿尔·华盛顿、韦拉德·哈姆雷。

初，路易离开了弗莱彻·亨德森的乐队。“过了一年，弗莱彻乐队里的乐师们开始自暴自弃，他们酗酒，打架。然而我对待我的音乐一直都是很严肃的……”

在丽莲的努力下，梦乡俱乐部老板终于把一支乐队交付给她，于是她让人宣传梦乡爵士乐队拥有世界上最伟大的短号手(the world’s greatest jazz cornetist)。阿姆斯特朗太太希望丈夫成名的野心可见一斑。可以很有意思地看到，她是怎样掌控丈夫的事业的，而路易一方面很坚毅，拥有超强的（本能的）艺术自信，另一方面在他的私人或职业生涯中又缺乏决断能力。

当然，芝加哥早就准备着迎接从纽约赢得光环的路易了。犯罪在“南边”司空见惯。然而这个音乐城区却集中了全城大部分的俱乐部。不管怎样说，这个地方向爵士乐手敞开大门，听众是那些有一定支付能力的黑人以及抱着入门的兴趣来听演奏的白人。路易旺盛的音乐生命重又和阿尔·卡波尼与禁酒令掌握中的芝加哥结合在一起了。

## 白人爵士乐

新奥尔良有色人种的光辉业绩也启发了白人，一个白人音乐家流派“芝加哥年代”(les Chicagoans) 诞生了。萨克斯风手布德·弗里曼在《爵士杂志》上说：“黑人没有权利到我们中间来，但是当我们去他们那儿时，他们对待我们简直是没说的。在那里，我意识到与其说是一种新的艺术方式，倒不如说是一种新的生活方式诞生了。那个时代，黑人有比白人更加自由的精神——是教育改变了这一切。我们一点不害怕。黑人为他们自己演奏，如果白人来听也没有任何问题。”这些年轻人发掘了爵士乐的激情。他们大部分人来自富裕的阶层，在“奥斯丁高中派”(Austin High Gang）的名义下聚集在一起，以他们的中学“奥斯丁高中”命名组织乐队。这个新生群体对爵士乐简直到了如火般疯狂的地步，他们中有比克斯·贝德贝克、皮·维·鲁赛尔、弗兰

比克斯·贝德贝克（Bix Beiderbecke）与唐·默里(Don Murray，单簧管，左)和汤米·多尔赛（Tommy Dorsey，长号，右)。里士满，印第安纳，1925年1月26日。

克·蒂切马舍、埃迪·康登、玛吉斯·斯贝尼尔、乔·苏利文、乔治·维特林、布德·弗里曼、本尼·古德曼……尽管受到他们的黑人英雄的启发，但“芝加哥年代”的小伙子们受古典音乐的影响更多，他们努力寻找一种恰切的配器法与和声法。这是第一支和黑人同行表达同一种情绪的白人音乐流派，其中萨克斯手的数量也比较突出，而这却成为未来的一个征兆：在爵士乐领域里萨克斯的重要性正在不断增加，以至于萨克斯常常

比克斯·贝德贝克

被视为爵士乐的标志。

我第一次听比克斯（贝德贝克）的时候，我思量着：这个人对音乐很严肃，与我一样……比克斯是那么全神贯注地吹奏短号……假如您听一个和比克斯一样有着纯粹声音的人，那么不管别人演奏得有多么响亮，你总是能听见他富有穿透力的短号或小号声……［纳特·沙皮罗，纳特·汉托夫：《听我对你诉说》，路易·阿姆斯特朗语］

1927年的路易·阿姆斯特朗。"我注意到弗莱彻（亨德森）没有把他的乐手的名字登在广告上，除了他自己的。我对自己说这不应该是路易所处的地位。我只想着让他知道一个'名字'。于是，我就返回芝加哥，以后与比尔·波特姆商量，让他给我一支乐队，在梦乡咖啡厅演奏。弗莱彻每周付给路易55美元，而我为他从波特姆那儿争取来每周75美元的酬金。"（诺勒·巴林，《爵士奥德赛》，丽莲·哈丁语）

路易经常去听这位浪漫主义音乐家的演奏，他给爵士乐的世界带来一种全新的感受力。“路易·阿姆斯特朗是比克斯的偶像……虽然他的‘破碎’音演奏得没有路易那么野性十足，但是也够热烈的，而且他会用心地筛选演奏每一个音符。他向我

“黑人社群借用了一些在占统治地位的西方文化中被黑人天才激活的不协调因素，形成了自己独特的表达方式。在这样一个时代中成长的路易·阿姆斯特朗就像其他的艺术奇才，例如路易·彭斯(Louis Pons)、波德斯塔(Podesta)、奥赞达（Ozenda）等人一样，在欧洲或者美国盎格鲁－撒克逊白人美学领域外异军突起。直至第二次世界大战，这位爵士音乐家在他的同胞中，既是行吟诗人又是小丑。西方总是摈弃这种矛盾的身份，且过多地以这种眼光来看待艺术家。这种不安对他作品的影响贯穿其一生，力图摆脱的焦虑思绪和路易流行的演绎始终不可分离，这是一个被‘塑造’出来的平凡化的创造者形象。”（安德烈·法内利，《热力爵士》第481期）

证明的是，爵士乐可以和‘热乐’一样，具有音乐性，又优美，”作曲家、钢琴家、演唱家豪吉·卡米歇尔（Hoagy Carmichael）这样评价道（他曾作曲*Georgia on my Mind*）。深受路易个人和音乐风格的影响的比克斯惊呼：“为什么，是啊，为什么这个世界上竟然还有人不听路易的演奏呢？”

芝加哥虽然后来渐渐被纽约取代，然而在20年代中期却是爵士乐如日中天的中心城市。谁也料想不到，即使是阿姆斯特朗也不会想到，20年代末的白人爵士，会给爵士乐历史镶上一颗白色的宝石。路易在“梦乡”咖啡厅演奏，不久又兼任厄斯金·塔特乐队里的乐师，这是一支小型交响乐队（由15名乐师组成的弦乐队）。乐队常在旺多姆剧院（Vendome Theatre）演出“序曲以及那些为无声电影配乐的曲子”。就是在这个时期，路易正式使用小号演奏，因为它的声音比短号更加响亮圆润。

1926年4月初，路易·阿姆斯特朗加入了卡罗尔·迪克森的乐队，去“日落”咖啡厅演奏，同时他还继续为厄斯金·塔特乐队伴奏。

> 与泰德的乐队在一起，我们演奏很难的乐谱，这个乐队读谱读得很好……在厄斯金·塔特的指导下，我学到了很多东西，我们演奏各种类型的音乐……我在舞台上独奏，我的拿手好戏是*Cavalleria Rusticana*。[马科斯·琼斯和约翰·切尔顿：《路易》，路易·阿姆斯特朗语]

厄斯金·塔特与阿姆斯特朗所做的很不同。泰德要求十分严格，他以一种托斯卡尼尼（Toscanini）式的坚定来指挥交响乐队。他的乐队不仅为演出伴奏，还在一些最好的乐师的支持下，演奏自己的选曲，范围广泛，从古典乐到爵士乐无所不包。在这种情况下，路易有了诠释歌剧咏叹调的机会。

## 自然的力量

“布袋嘴”处于他的巅峰时期。他充满了热情与创造力，他甚至一个晚上可以演奏八个小时！如此充沛的体力固然是出自自然的力量，也有一些东西促使他发挥到极致。路易·阿姆斯特朗与厄尔·海因斯、舍雷·克莱、皮特·布里格、图比·霍尔、霍诺尔·杜特雷一起演奏……乔·格拉泽是日落咖啡厅的老板，也是路易后来的经理人，他已经看出了路易的天才，于是在1927年初让他担任乐队的领导者，而此前这个职位是由卡罗尔·迪克森担任的。路易·阿姆斯特朗和他的伙伴们，以及他的第一流的乐队很快就出名了。我们很少有机会看到路易做领导者，但是当这种情况出现时，往往并不是他本人所决定的。“布袋嘴”只想演奏、创作他自己的音乐。对于其他的一些事情，例如乐队领导人所要做的决定等等，他一点都不感兴趣。后来，乔·格拉泽在阿姆斯特朗的职业生涯中扮演了非常重要的角色。他与黑帮人物有往来，也知道怎样斡旋其中。当路易离开新奥尔良准备和“国王”奥利弗会合的时候，他的朋友斯里皮尔（Slippers）劝他找一个白人做靠山，当他遇到麻烦的时候，这个人可以拍拍他的肩膀对人说：“不要碰他，这个黑人是我的。”乔·格拉泽后来就是这样一个白人。万事俱备，路易是一个有福星庇护的人。

# 热力五人组，热力七人组



1926年到20世纪30年代初是作为音乐革新者的路易·阿姆斯特朗最辉煌的时期。布袋嘴用本色演奏，凭着无与伦比的天才，不仅将新奥尔良风格发展到了极致，而且使爵士乐的历史潮流全然改观。音乐因为遇到了这位绝世的王子，而不禁欣喜若狂；至今，人们还对20年代才华横溢的他以及他的乐队记忆犹新！

1925年11月12日，路易周围聚集了四位音乐家，当时的条件很不正规，

路易·阿姆斯特朗于1925年，在芝加哥组建了他的第一支"热力五人组"。那时候布袋嘴已经具备了一种自然流畅的惊人技艺，建立起了他本人独有的音乐世界，从而改变了20世纪流行音乐的潮流。图中从左到右依次是：阿姆斯特朗（小号）、约翰·圣－西尔（班卓琴）、约翰尼·多兹（单簧管）、吉德·奥瑞（长号）、丽莲·哈丁(钢琴)。

只有几美元的酬金而没有合同，小号手却开始在芝加哥欧凯(Okeh)公司的录音室里录制唱片了。这一幕标志着“热力五人组”/“热力七人组”系列的诞生，录音一直持续到1928年，总共用了25个工作日。路易·阿姆斯特朗（短号和歌唱部分)、约翰尼·多兹（单簧管和萨克斯风)、吉德·奥瑞·(长号)、丽莲·阿姆斯特朗(钢琴)、约翰·圣－西尔（班卓琴）以及外加的梅·阿里克斯(歌唱部分)，他们聚在一起，“只是为了演奏的快乐”。

这些以及之后的一系列录音（以“热力五人组”或者“热力七人组”命名）被后人视为传奇，收进了经典唱片的目录，在后来几十年中一直不断再版，而哥伦比亚公司竟然不用付出一分钱的版税。早在1925年谁会料想到这一点呢？音乐家们想不到，参与此项“冒险”的录音师们想不到，毫无疑问就连理查德·M·琼斯（欧凯公司的这些录音唱片的策划人）也没有如此远见啊！

> 我的工作刚开始时很辛苦，我每天晚上七点去“旺多姆”，有时去“日落”，一直要演奏到次日凌晨三四点钟，排练、编配新的乐曲以及做各种各样的事情。我组织了一个小型的乐队，叫做“路易·阿姆斯特朗的热力五人组”，我们开始录制唱片。我都不知道自己是怎么坚持下来的。我根本没有时间待在家里，除了几小时的睡眠以外。我不停地到处奔波。[路易·阿姆斯特朗:《让音乐摇摆起来》]

1925年11月12日至1928年12月，阿姆斯特朗总共录制了60首曲目，包括和他自己的演奏组与厄斯金·塔特的乐队、卡罗尔·迪克森的乐队，以及丽莲·阿姆斯特朗的“热击”（Hot Shots）乐队的合作。

## 四拍子

阿姆斯特朗的第一个“革命”在于促使复调音乐风格过渡到了独奏的形式。1900年前不久出现的新奥尔良风格建立在一种所谓平均主义的集体即兴演奏基础上；查尔斯·德劳内称之为自发性的复调音乐，这种说法是恰如其分的，它的集大成者就是乔·奥利弗。单声部爵士乐的出现，摆脱了一切束缚，创造出了更大的表达空间。“如同17世纪末欧洲音乐那样，在阿姆斯特朗的飞跃发展之前，人们就已经预感到独奏将会出现，在1925年前不久，独奏与路易一起大获成功。还是和欧洲音乐一样，单声部音乐时代即将在爵士乐中扎根，并闪射出耀眼的创造力，”鲁西安·马尔松（Lucien Malson）说。

查理·帕克

第二个革命是在节奏方面。最初的爵士乐，其节奏来源于两拍子的军队进

**平　衡**

路易一如既往地创造着主旋律的平衡，不仅是在每一个乐句的结构上，而且在连接它们的力度上也力求保持平衡。他的演奏总是渐强式的。主题和开头的独奏精细讲究，为旋律的展开做好充分铺垫；在中间段落和结尾部分，他的演奏总是能释放出活跃的力量，以鲜明的节奏打动人心，在高音音区上吹奏出明媚的颤音和清晰流畅的乐符。

——雷蒙·姆利（Roymond Mouly），1958年

行曲，不适合摇摆音乐。在进行曲中引入了波尔卡的对位后，黑人们又使音乐迈进了一大步；从此他们就表现出对切分的强烈愿望——来源于美国黑人与生俱来且恒久不变的把握节奏的天分。直到20年代，更为流畅且更适于舞蹈的四拍替代了二拍，节奏才有了真正的突破。打击乐手们渐渐习惯于用同样的方式加强四拍节奏，这种规则的脉动显然有利于表现分句的灵活性，并由此产生了摇摆音乐的概念。在“国王”奥利弗尤其是路易·阿姆斯特朗的革新后，爵士乐的节奏更为灵活了，可容纳变化的音乐道路也从此打开了。

## 最早的热力五人组，最早的独奏者

与热力五人组录音的时候，路易·阿姆斯特朗的创新其实很简单：他就是主人，他完全可以自由表达，没有任何约束，不

用听任何人指挥。从这个意义上说，从最早的热力五人组开始，布袋嘴的音乐就成为先锋派了。安德烈·霍德尔把路易·阿姆斯特朗与查理·帕克做了比较，他这样认为："在各自不同的具体情况下，他们两人都打破常规，对爵士乐进行了变革：阿姆斯特朗揭示出了爵士乐真正的丰富内涵，帕克则以他新的杰作给爵士乐提供了存在的理由。"[《爵士乐相关人物及问题》]

热力五人组和热力七人组录制的系列唱片可划分为四个时期。

1925年11月12日到1926年11月27日，前面所提过的最早的五人乐队录制了他们的第一批曲目，其中包括：*My Heart*，*Yes! I'm in the Barell*、*Come back Sweet Papa*、*Big Fat Ma and Skinny Pa*、*Big Butter and Egg Man*、*Heebie Jeebies*、*Cornet Shop Suey*，以及 *Muskrat Ramble*，这是阿姆斯特朗最早的成就（*n°8*，1926年录制）。节奏乐器组（低音打击乐器）的缺席可能让如今的听众感到惊讶，要知道当时的录音效果还很糟糕（直到1926年才出现电子录音技术）。

这批唱片整体上接近新奥尔良风格，展现了这种风格的优势。人们已经感觉到某种阿姆斯特朗式的艺术精神蕴涵在其中：个性化表达的成功、即兴旋律的长足发展，使节奏获得了真正的新生。

路易·阿姆斯特朗无可争议地成为爵士乐历史上第一位伟大的独奏乐手。他的前辈西德尼·贝克特，本来是可以超过他的；"国王"奥利弗尽管也在他的乐队里运用了独奏，但是与热力五人组录音时的路易·阿姆斯特朗所带来的成就与影响相比，已经无法望其项背了。路易所创立的爵士乐中的独奏，为他赢得了持久的声誉，也造就了真正意义上的独奏音乐家。

*Big Butter and Egg Man* 乐曲中包含了一段青年"布袋嘴"非常著名的小号主旋律演奏，毫无疑问，这是能够体现其作品的完美结构的早期作品之一：前奏，主题高潮，尾声。路易的独奏是旋律的逻辑，也是他对音乐的直觉感

受，他的自主性贯穿作品内部。他将音乐主题归为已有，在尽量接近先前的音乐轮廓的基础上大胆开拓改编艺术，使原本平庸的旋律焕然一新。在保留了一些音符的同时，加强了乐曲的色彩和活力，且从未遗忘内在和谐的脉络，为后来所有的爵士乐手提供了一例真正的典范。

1926年2月录制的*Cornet Shop Suey*因其连续演奏“破碎音”而令同时代的音乐家目瞪口呆。曲子的结构很精彩，各部分之间的关联结构是人们前所未闻的。中心的“破碎音”分成两部分，每部分八个小节，路易把各种音乐元素都紧密地组织起来。此种情形，用爵士乐手们习惯的说法就是，在讲述一个故事（It tells a story）。弗兰克·德诺（Frank Ténor）说道：“*Cornet Shop Suey*这首曲子是巴赫式的；特别是在约翰尼·多兹和吉德·奥瑞这些在妓女酒吧里表演的乐手之中，阿姆斯特朗居然就在1925年创作出这样精致的作品，简直令人匪夷所思。如果你是狂热的信徒，你会说这是上帝的杰作；如果你是唯物论者，你会说这是多种文化的叠加效应。”20世纪30年代，这首曲子曾被法国批评家、制作人于格·巴纳西（Hugues Panassié）作为预告曲引用在他的“爵士万象”专题节目中。

热力五人组的创新性的第三个例子，是*Heebie Jeebies*（1926年2月）。阿姆斯特朗的演唱第一次——至少从唱片角度而言——运用了拟声的技巧。当时这张唱片引起了很大的反响，在很短的时间里就卖掉了四万多张，相当于今天的一首流行排行榜的上榜歌曲。路易·阿姆斯特朗刚刚开始演唱就展示出了他的第二个同样杰出的天赋，那来源于他个人的节奏感：“当用嘶哑的声音演唱时，他把歌词的字音剥离开来，只保留主要音节，歌声含玩自如，铿锵顿挫，他在为爱情和快乐而呼唤，在人们听来那是他创造的独一无二的语言，是直接从身体到嘴唇吐露出的心声。”［贝纳尔德·沃维勒曼（Bernard Heuvelmans）：《热力爵士》］对他而言，只要开口吐字就可以使一首不可模仿的摇摆乐的歌词活起来。

## 放　松

凭着热力五人组系列的首批唱片，在音乐表达力方面，路易·阿姆斯特朗把那些还停留在过去的同辈音乐家抛在了身后。在弗莱彻·亨德森乐队表

演时，他就在节奏中注入一种放松感，而现在他将这种放松感推得更远了。“‘国王’奥利弗的演奏强调节拍，显得明确干脆，而路易用自己的节拍来吹奏音符，几乎有些滞后，好像是让人拖着走的，他引入了放松的概念，并在后来将它发挥到了极致。”——小号手艾拉克里德是这样解释的。显而易见，阿姆斯特朗个性的发展得不到满足，受到当时严格的节奏限制，他更是无法施展自己的才能，于是他本能地找到了一些可能走得更远的方式。当然，当时录制的并不意味着这些做法完美无缺。路易比他的时代超前了二十年，而那些与他搭档的伙伴却与时代保持着同步。于是由他一个人主导着音乐，其他人就只有跟着受罪的份儿了。安德烈·霍德尔讲得更过火：“他与其他乐手根本不是在演奏同样的曲子。演奏中音符之间有明确的间隙。这让人们想起了查理·帕克与爱乐乐团表演爵士（Jazz at the Philharmonic）的情形”。1948 年，小提琴演奏家斯蒂凡尼·格拉皮利用下面这段话表达了他的看法：“里斯（M.Rees）批评那些由阿姆斯特朗选来的合作乐手，他批评得很在理。这是一个我绝不会原谅的错误。”［波伊斯·维安，报刊评论摘要，《热力爵士》，1948年5月号］格拉皮利的批评得到了印证。不过他部分否定了天才艺术家的历史，脱离了阿姆斯特朗的时代背景。试想，他怎么可能遇到已经领会这种本身正在创作中的音乐的精神的合作伙伴呢？我们只好假想一下首批热力五人组是协调的：约翰尼·多兹没有犯节奏上的错误，不那么笨拙、僵硬；梅·阿里克斯没有发出灾难性的声音；丽莲·哈丁能带上一点儿摇摆乐的风格。我们不难想像出，路易·阿姆斯特朗将会从合作中得到多大的幸福体验啊！好在1928年，他终于找到了与他平分秋色的合作伙伴：厄尔·海因斯和祖迪·辛格雷顿。

## 匪　帮

路易工作非常勤奋，他可以挑选演出合同，生活境况也越来越好。“从他不断增加的薪酬就可以说明问题。刚开始他每天从晚上演奏到天亮，8个小时才能赚到1.25美元，而那时候对他来说已经是‘很不错了’。——这是在新奥尔良的情况。20年代初在芝加哥‘国王’奥利弗的乐队里，他一周能赚到52美元。他离开奥利弗去附近另外一个酒吧演奏时，每周工资又多加了10块钱。到30年代末，他开始抱怨每晚上赚75美元太少了……”［弗朗索瓦·比拉尔德：《50年代以前美国爵士乐手的日常生活》］

1926年4月至1929年的前几个月，阿姆斯特朗每晚跑两个场子，在不同的乐队里交替演奏：他与卡罗尔·迪克森的乐队合作在日落咖啡馆长期演出，

禁酒时期出现了一批“speakeasies”，即地下酒吧，在那里人们饮用官方禁止制造和出售的酒精饮料。禁酒令于1919年颁布，1933年废除。最初禁酒起因于城市里抢劫的横行肆虐，阿尔·卡波尼是头目，他经常宣称：“我卖的酒，就是违禁品。而我的顾客在他们‘湖边公寓’(Lake Shore Drive)的阳台上，用它们来招待客人，这又叫做殷勤好客。”

然后与厄斯金·塔特的乐队在萨瓦舞厅（在1928年3月）演奏，有时候与克拉伦斯·琼斯的乐队合作（去大都会剧院演出）。除此以外还有人请他独奏，或是去外地演出。那些年演出事业发展得非常快，从那时起，布袋嘴再也不会没有工作了。

这一时期，路易·阿姆斯特朗遇到了他的音乐生命的一些关键人物：钢琴师厄尔·海因斯——他与迪克森的乐队在日落咖啡馆演出，乔·格拉泽——路易未来的经纪人，也是日落咖啡馆的老板。厄尔·海因斯是位与众不同的乐师，对路易来说，他是值得怀念的伙伴。"一天晚上，我走进一家餐馆，我惊奇地听到这种特殊的4/4拍。演奏者就是路易·阿姆斯特朗。我们有着相似的风格，尽管他吹的是小号而我弹奏的是钢琴。过了一段时间，人们开始谈论起我们了。有些公司找上门来请我们合作。我们就一直坚持演奏，毫不怀疑我们会成为爵士乐历史的一部分。"阿姆斯特朗、海因斯、辛格雷顿三人曾在1927年尝试开了一家自己的俱乐部，不过以失败告终。

前景不断乐观起来，在"南边"的俱乐部里，他度过了一段美好的时光。"布袋嘴"回忆说：

> 星期五晚上，在"日落咖啡馆"举办查尔斯顿舞的比赛，除非你早点儿去，否则就找不着位子了。这真是一场盛宴。我曾经和巴克·巴布勒（Buck' n' Bubbles）的乐队、雷克多和库伯乐队（Rector and Cooper）、埃德斯·斯班塞（Edith Spencer）、梅·阿里克斯（Mae Alix，我最喜欢的艺术家）以及另外一支乐队合作过——其成员如今都是有名

的大明星。每次我们演奏接近尾声时，总是一次又一次加奏，因为热烈的气氛让我们无法结束。

他后来总是跟人说，在芝加哥他度过了他的青年时代和那些“最美好的时光”。竞争无时不在，周围的气氛总是那么热烈而激动人心。就夜生活而言，芝加哥可是西方世界城市中的头号。强盗和普通人会在俱乐部里相遇，跳舞、取乐、喝烈酒，一派声色犬马的景象。人们寻欢作乐，追求强烈的感官享受，违规的快乐则更为刺激……禁酒运动在爵士乐的生命中扮演了重要的角色，它促进了爵士乐的流行与普及。其实匪帮也推进了某些爵士人士音乐生涯的发展，否则，他们不可能成功，或者说非常艰难，这种情况并不罕见。作家阿兰·戈尔伯（Alain Gerber）为我们生动地描绘出这样的场面：“在芝加哥，爵士乐手们是在黑帮之间的清算火并中即兴演奏的，有时候，因为枪弹走火而毁坏了低音提琴或乐鼓，还要乐手们自己来承担损失。”

那时候日落咖啡厅是当时最有名的俱乐部之一，它的老板乔·格拉泽网罗了一大批黑人演艺业的大人物为他工作：“路易同一支十六七人组成的乐队在日落咖啡厅里演出。我们那里从来没有小乐队。此外，我们还有12个跳舞的年轻姑娘、12个表演的姑娘，以及世界上最有名的艺人。这里有600多个座位，我们还拥有上流社会的观众——最好的观众。”

## 热力七人组

1927年，两本收集了路易最好的歌曲和“破碎音”乐谱集问世了［《路易·阿姆斯特朗50首热力短号主旋律》（*Louis Armstrong's 50 hot choruses for cornet*）、《路易·阿姆斯特朗125首爵士短号破碎音》（*Louis Armstrong's 125 jazz breaks for cornet*）］，这足以显示他已然成为一颗不断上升的耀眼明星了。

同年，为了录制第二个系列的唱片，路易的乐队工作室又扩充进来两个新成员：巴比·多兹（打击乐器）和皮特·布里格（大号），于是热力五人组就变成了热力七人组。吉德·奥瑞

"我想起路易·阿姆斯特朗每一个唱纹段对我们都是分句演奏的生动一课，这让我们不禁自问：他是怎样把精确性和懒散不羁结合在一起的呢？……我想到华尔街的'黑色星期四'，它在爵士史上起到的分水岭的作用，和对西方世界的影响一样大，因为这天正巧是路易·阿姆斯特朗去纽约的日子，并选择了带领乐队（就像我们办一份杂志一样），选择从过去挖掘灵感，即新奥尔良风格。40年代，他又复兴了这种风格。"——安德烈·霍德尔

被约翰·托马斯代替。由于科技的进步，电子录音诞生了；阿姆斯特朗利用新技术扩大了乐队，这样能更好地体现出节奏效果。这一年中，演奏组特别灌制了*Willie the Weeper*、*Alligator Crawl*、*Gully Low Blues*、*Twelfth Street Rag*、*Potato Head Blues*、*Wild Man Blues*、*Melancholy Blues*。

*Potato Head Blues* 开头的独奏在乐曲结构方面（继 *Cornet Shop Suey* 之后）提供了又一个完美范例。乐曲主题包括了一段他非常著名的破碎音，在节奏乐器组的衬托下，显示出了无与伦比的娴熟，使人难以破解其中的奥秘。*Wild Man Blues* 中的独奏突出了乐手的演变过程。阿姆斯特朗展开了一系列变化曲折的分句演奏，运用了大量的半音。从中，人们已经预见到未来独奏的走向：坚实而自由。艺术家用一种我们前所未闻的强度演奏，他的身体和乐器合而为一。热力七人组的节奏感更令人满意了，增加的两样乐器弥补了先前的某些不足。然而，我们从头到尾听到的都是路易那极富表现力且独具魅力的演奏。其他人被他的光芒遮得黯然失色，只好充当伴奏的角色了。

这一系列录音的第三阶段（1927年12月）以乐队又回到原来热力五人组的形式为标志：吉德·奥瑞、约翰尼·多兹、丽莲·哈丁、约翰·圣－西尔以及罗尼·约翰逊（演奏吉他）。有三首曲子值得一提：*Struttin' with some Barbecue*、*Hotter Than that* 和 *Savoy Blues*。乐队整体的表演非常精彩，旋律也相当丰富，其演奏也更加细腻。好像在短短几个月的时间里，小号手以一种惊人的速度，显示出了自己的实力——无论从技术层面还是艺术层面来说。*Hotter Than that* 以一段如火如荼的热烈独奏开始，洋溢着欢乐的情绪，之后在主旋律中加入了同样纵情恣意的拟声。最令人惊叹的地方在于主旋律的第二部分，运用了不可思议的多重节奏（在这个时代是不可思议的）。一方面，歌手在二分音符的二连音（3/4拍）基础上结构乐句，而另一方面，节奏又在不断错开的四拍子的之上演进。这种叠加给人一种空灵感，就是在二十年后

也还是爵士乐手们竞相模仿的前卫的节奏效果。*Savoy Blues* 中的独奏成为阿姆斯特朗始终追求的充满表现力风格的标志。他的分句演奏分寸掌握得非常到位，长时值和短时值的交替用法，使得摇摆乐轻盈灵活，对比效果尤为细腻。另一方面，在节奏慢速和中慢速的处理上，他似乎还吸收了双重性的技巧。这让人们听上去感觉是两种节拍的乐曲，而实际上只用了一种节拍在演奏。这种方法有利于组织一个摇摆乐句的结构。后来，爵士乐手们大量地推进和运用了这一构思体系。

## 趋向大乐队

弗莱彻·亨德森开创的爵士大乐队的历史是和真正意义上的个人独奏同时发展的。大型爵士交响乐队象征着集体演奏与个人独奏的结合，体现出了爵士乐的自然本性。

如果我没有成为我自己——一个摇摆乐小号手，也没有明白人们应该给你空间，让你自由地按照自己的方式演奏的话，我就不可能给予小伙子们的表演以足够的自由，而且还会扼杀他们的风格…… [路易·阿姆斯特朗：《让音乐摇摆起来》]

如果你听到摇摆乐，但是你并不知道有什么不同，那么你就应该认真地去听一支“正规的”大乐队，到处都可以听到的……然后，特别要仔细听听本尼·古德曼的摇摆乐队或者吉米·多尔赛的卡萨·洛马乐队(Casa Loma)，以及路易·阿姆斯特朗的乐队。不久你就会开始注意到所有“正规的”乐队里的乐手，在一种固定的节奏里都演奏得很好，中规中矩，随后旋律不知不觉地接近尾声……可是，当你听一支摇摆乐队的演奏时，你会发现在整个演奏过程中，那些乐器的组织有些松散、不一致，你会捕捉到一些新的音符和不熟悉的节奏……那些追随着迪克西兰五人组乐队（Dixieland Five）大部分的好乐手或是爵士乐队，都选择走轻松的捷径——能赚钱的那条，如果人们站在他们身后看，也很难指责他们什么……有些小伙子就停留在那个层次……另外一些小伙子，没学过识谱，却学着去爱摇摆乐，并开始用这种方式演奏……那些持骑墙态度的人最聪明，他们对摇摆乐作出的贡献比任何人都大。他们走向商业化，加入了传统乐队的队伍，按通常的需要演奏和赚钱。他们是那样地热爱摇摆乐，当晚上的工作结束之后，他们会在即兴演奏会上生龙活虎地摇摆过一把瘾。

## 第二支热力五人组

除了公众活动，路易·阿姆斯特朗继续和他的热力五人组录制唱片。毫无疑问，第四次组队最为成功，所录制的唱片是这一系列唱片中最出色的。我们知道，1928年路易更新了热力五人组的成员，请来了厄尔·海因斯（钢琴）、吉米·斯特朗（单簧管）、弗雷德·鲁宾逊（长号）、曼希·卡拉（班卓琴）、祖迪·辛格雷顿（打击乐器）。弗雷德·鲁宾逊是一流长号手，比吉德·奥瑞水平更高；至于祖迪·辛格雷顿，他为节奏组带来了一种崭新的生命力和精准性。乐队开拓出了从未达到过的可能性——甚至之前的热力五人组和七人组都没有达到。

除了“布袋嘴”最近几年所取得的成就以外，最突出的一点在于他与海因斯的合作。后者演奏的丰富性给小号手铺开了一张和谐的图景，激活了他的创造力：伴奏越好，独奏家就可以走得越远。有人说海因斯创造出了一种小号钢琴式的风格——一种钢琴演奏的技巧，把小号使用的效果转移到钢琴上，从而加强了后者的表现力——在与阿姆斯特朗合作的影响下：变音成为倚音、八度颤音或者震音……几年以后，在米歇尔·布如和莫里斯·古尔格做的一次访谈中，这位钢琴家坦言了自己先前的一些想法：“在扩音器出现之前的年代里，这是使小号的声音不至于被整个乐队淹没的惟一可能的风格，只有这个办法才能让观众听见……其实我更渴望吹奏短号，可是当时没有建立起减弱气柱压力的装置。演奏者必须像迪兹·吉莱斯皮那样，鼓足了气吹，这样使我的耳朵后面很痛。失望之余，我只

厄尔·海因斯

好选择弹钢琴了。一旦我能够按照自己所希望的方式弹奏，我开始用吹小号的方法弹钢琴……”就这样，厄尔·“Fatha”·海因斯与当时的钢琴传统决裂了，开创出新的演奏风格。他用左手弹奏切分节奏，用右手划出动人的旋律，传达出丰富的含义，显然，他已经把那些刻板的同行抛在了身后。对布袋嘴来说，这是一次非常理想的遇合；他们两人可以互相交流，彼此都很确信能从对方那里得到创造性的、启发式的聪敏回应。

## 伦敦西区布鲁斯

第二个热力五人组录制了*Firewoks*、*A Monday Date*、*Skip the Gutter*、*West End Blues*、*Sugar Foot Strut*、*Two Deuces*、

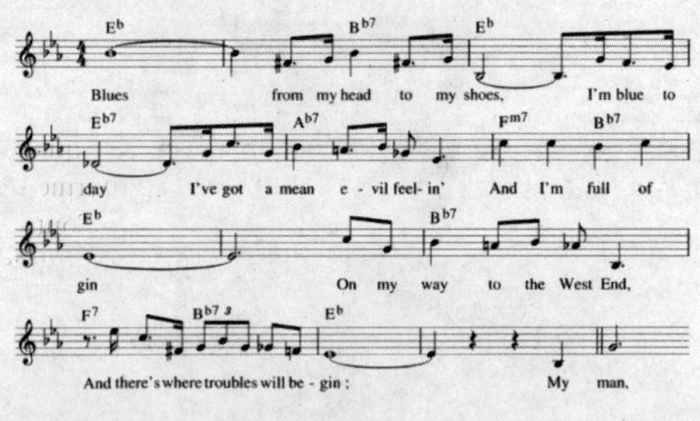


= ca. 88

《伦敦西区布鲁斯》（*West End Blues*），乔·奥利弗与威廉姆斯创作的原始主题，以及阿姆斯特朗对此主题所作的阐发。

*Squeeze Me*。*A Monday Date* 是一支欢快的曲子；在 *Skip the Gutter* 中，阿姆斯特朗—海因斯的“对话”证明他们之间的配合极为默契。那时路易与丽莲离婚了，他的妈妈又刚刚去世，所以在后来录制的一些唱片里，他音质中带着忧郁的味道，好像把海因斯作为自己有力的支撑似的。

《伦敦西区布鲁斯》(*West End Blues*) 一曲（由克拉伦斯·威廉姆斯和乔·奥利弗作曲)，体现了路易高度的创作灵感。关于这一点，在大都会歌剧院担任法国号独奏的冈瑟·舒勒这样解释：“《伦敦西区布鲁斯》的引子虽然只有两个乐句，但它完全涵盖了路易·阿姆斯特朗的个人风格和他对爵士乐语言的独特贡献。开头四个音符的力度和活力使第一个乐句是那么激动人心。我们立刻就可以感觉到它所表达出来的摇摆的味道，虽然这不是用切分节拍演奏的，虽然没有其他任何的节奏可以给我们一个参照，因为路易·阿姆斯特朗没有伴奏。应该让他们听听这四个音符——那些不理解爵士乐和其他音乐形式区别的人，或者那些对摇摆作为具有独特性的音乐元素心存怀疑的人。路易·阿姆斯特朗演奏这些音符的方式可以说是关于摇摆本质的最生动的课程。他吹奏每个音符的方式、每个音符的音质和精确的时值，以及他结束每一个音符的方法、衡定与下一个音符之间最微小的休止长度——换言之，他所创造的声乐模式，简略地展现了爵士造型艺术所有重要的特征。”

一种温柔的表达在整体的演奏中突现出来。作品的引子的曲调开始上升，

> 我很喜欢《伦敦西区布鲁斯》这首曲子，我总是在心里问自己为什么“老爸”不唱呢？……我一到纽约，就去拉法耶特剧院听他的演奏。他没有演奏我的布鲁斯，于是我就跑到后台和他说话。
>
> ——比莉·哈乐黛

然后下降，好像是发出的一声召唤，然后主题的一系列简洁表达中不时穿插着出人意料的效果，比如，单簧管和歌声之间的转化，灵动活泼且动人心弦，清澈的钢琴独奏则使整部作品一气呵成。

在最后的主旋律中，阿姆斯特朗增强了原先主题的忧伤情绪。开头的第三个音符（低音si）延续时间长达三个多小节，造成一种粗拙的延留效果，紧接着节奏加速，但又逐渐趋向沉寂。这段乐曲出乎人们的意料，却有一种震撼人心的纯净。在1944年美国对发烧友的调查中，这首曲子被公认为阿姆斯特朗的代表杰作。

除了这个系列，阿姆斯特朗和厄尔·海因斯还录制了一首小号—钢琴的二重奏，即*Weather Bird*（是一支老的拉格泰姆

的改编曲)，也值得我们格外关注。这是爵士乐历史上第一首小号—钢琴二重奏录音，洋溢着摇摆的风情，充满动感，极富感染力。海因斯用左手在琴键上大幅度地移动（stride）（一个低音，一个和弦，一个低音，一个和弦……），他的右手好像在飞舞，布袋嘴则用他流畅的节奏和旋律为乐曲着色，他幸福地表演着，他在飞翔。他们的音乐是内在的、自然的、人性的，没有丝毫僵硬的痕迹，爵士乐是无拘无束的。“*Weather Bird* 概括了 20 年代的爵士乐的风貌。这首曲子无可比拟，可谓前无古人。它是典型的爵士乐，没有低音号也没有打击乐器，它就是爵士乐而不是别的什么。”钢琴家兼制作人亨利·雷诺德解释道。

*Save it Pretty Mama* 标志着阿姆斯特朗演唱风格的一个转折。他对歌声

**自然天赋**

无论是器乐演奏还是歌唱，路易都不同凡响，令人难以置信！即使分开看，每一个音符都“唱着歌”，都有生命力……每一个音符本身都有其意味……当然，所有的这些音符，所有的这些声响，都这样自然质朴、一气呵成，我们能做的只有仰慕……这种钦佩之情的产生，远远早于分析的尝试。如果我们试着对唱片上的独奏部分进行分析（这是不可能的任务……时值、变音、转调后的音高，休止的真正时值，音质的强弱、柔美或圆润……怎样才能把这些用图表记录，怎样书写呢？但是……总还是要承认我们还是能够做到的，尽管是片面的或是不完美的……)哦……人们为他高超技艺和自然天赋惊愕不已！

——莫里斯·安德烈（Maurice André），《爵士》，由安德烈·弗朗斯（André Francis）创办，Le Seuil

表现出了特别的关注，好像他不再将声音视为用来点缀的“附属品”了。

## 查尔斯顿舞的年代

录音的最后阶段，配乐家（萨克斯管一单簧管演奏家）唐·雷德曼加盟了路易的乐队。由阿姆斯特朗和雷德曼创作的*Hear Me Talkin' to Ya*，突出了小号的精湛技巧。他一点都没有忽视分句法演奏的表现力，而且在技巧上更上一层楼。*Tight like this*，作为第二个热力五人组录制的最后一部作品，为我们带来了一种真正的优美感。它和*West End Blues*都是路易·阿姆斯特朗热力五人组录制的最美的曲子。在表达上，布袋嘴的演奏趋向朴素、优雅、稳重，这些在他悲怆感人的歌声中也能体会得到。这首小调乐曲，用中慢速娓娓道来，忧郁而令人心醉。路易和他的合作伙伴赋予主题一种明亮的伤感色调，但并无绝望

位于中间的是唐·雷德曼，“编曲”职业的缔造者。在他身旁的是两位音乐巨人：电吉他的革命者查理·克里斯琴，他奠定了bebop音乐革命的基础；贝茜伯爵，艾灵顿公爵情同手足的对手。

的情绪。作品结构醒目、纯净，似乎只受着表达的逻辑的引导。唐·雷德曼一开始就嘱咐他说“Tight like this，路易”，于是路易立刻做出了回应。

1925年到1928年之间录制的音乐反映出查尔斯顿舞年代的乐观主义精神，路易创作了一些重要的曲子：*I Wish I Could Shimmy like my Sister Kate*（以50美元卖给出版商）、*Cornet Shop Suey*、*Muskrat Ramble*（受到吉德·奥瑞的影响而创作的）、*Don' t Forget to Mess around*、*Wild Man Blues*、*Struttin' with some Barbecue*（丽莲·哈丁认为应该归她所有）、Weather Bird……爵士乐的出现是必然的，它使人们用身体作为表达的语言，使人们相遇，也使气氛更加开放。“今天人们难以想像，这种音乐对当时的年轻人来说，代表了什么。这是一场真正的冲击，是使整整几代人以不同的方式相遇的大震荡。在爵士乐出现以前，人们说结婚就结婚了，因为那多多少少是约定俗成的事。而自从爵士乐出现以后，人们结合是因为人与人要为自己选择一个伴侣。这是拉近了人与人之间距离的音乐，尤其是促使人们互相了解靠近的音乐。”[1993年7月托尼·莫里森（Tori Morrison）在接受《新观察家》的采访时如是说。小说家托尼·莫里森，1993年获得诺贝尔文学奖，《爵士乐》一书的作者，该书于1993年由巴黎Bourgois出版社出版]

那个时代的音乐家异口同声地说，没有人能摆脱布袋嘴的影响：比尔·科尔曼（Bill Coleman）、罗伊·埃尔德瑞奇（Roy Eldridge）、雷克斯·斯图尔特（Rex Stewart）、玛格斯·斯帕尼尔（Muggsy Spanier）、里普斯·佩奇（Lips Page）、马科斯·卡明斯基（Max Kaminsky）、吉德·霍华德（Kid Howard）、雷克斯·阿伦（Rex Allen）等等。路易解放了音乐，使爵士乐手获得了自由。杰克·蒂伽尔登（Jack Teagarden）这样说道：“记得我听的第一张路易的唱片是*Cold in Hand Blues*。我在得克萨斯州，几乎所有的乐手都在一遍又一遍地听他的音乐。我猜想其他地方也一样，乐手们都听路易的唱片。”比尔·科尔曼补充说：“*Knee Drop* 是我所喜欢的路易20年代录制的歌曲中的一首……

罗伊·埃尔德瑞奇（Roy Eldridge）。“他的热情，他的敏捷，他宽广的音域，他令人惊讶的从低音到高音的自如转换，以及他起音时的气势，都使他当之无愧地成为摇摆音乐时期首屈一指的小号演奏家。”——格扎维埃·普雷沃（Xavier Prévost）

雷克斯·斯图尔特

我想这是我的最爱。它唤起了我一些回忆。‘老爸’演奏了好多年，我习惯于跟着他的唱片学习。即使他把一个音符吹错了，我还是照样亦步亦趋……起先我把他当成榜样。而当我试图寻找自己的方式演奏时，我却摆脱不掉他的观念的影响……”

阿姆斯特朗刚刚奠定了一种新型音乐的基础。他率先为爵士乐唱片历史带来了个人的审美意识。是因为他具有超越一般人的天赋，还是因为他表达中喷薄而出的大气，抑或是因为路易知道怎样在“集体表演中脱颖而出，表达自己的个性”呢？或者是因为他关于即兴创作的旋律和谐性的个人观念，替代了新奥尔良音乐家围绕旋律所做的简单变化？他的音乐实质是直觉的、本能的，并不是依靠“知识”的。在即兴演奏中碰到每一个“问题”，小号手总是可以找到明确的解决方法（或者更准确地说，给予“一种”可能的回答）。据行家们以及大部分小号演奏家的说法，路易的反应既符合逻辑又大胆泼辣。

冈瑟·舒勒（Gunther Schuller）认为从20年代起，路易音乐表达由四个主要因素构成：“音符选择的完美性、因此形成的完美的切分演奏、无可比拟的音质基础，以及他的摇摆感，这一切都是无可挑剔的……这可能就是他最个人化的贡献，也是对他微妙而多样化的演奏才能的总结，他的颤音和震音的技巧，使每一个平淡的音符都那么精彩。”[冈瑟·舒勒：《早期爵士乐》（*Early Jazz*）] 安德烈·霍德尔明确地指出：“当人们提到路易·阿姆斯特朗的风格时，言下之意就是指所有这些相辅相成的参数。似乎在他的音乐中，旋律只是在节奏、重音和时值中才存在的，这些都是爵士乐演奏最关键的因素，为此，路易琢磨了二十年；人人都把音符的选择看做组成旋律的要素，但人们也有理由确信，对路易而言，音质的要求对于旋律的意义，不亚于音符的选择。某一个给定的音符，常常首先是作为一个以这种或那种方式表演的颤音出现的；音符的高度不如它的分量来得重要。”

## 饱满的音质

观众在听布袋嘴演奏的时候，首先被他音质所震撼。他的声音饱满、圆润而明亮。这是组成他的风格的不可切割的部分，有着丰富的含义。

在爵士乐中，音质是一种个性化的因素——音乐的色彩与分句法的意义同样重要。路易认为音质应当服从音色变化的要求，他对音质精雕细琢，直至达到纯粹的表达效果。

布袋嘴不同凡响的天赋使他的音质形成了一种特有的模式。他的颤音，构成了音乐色彩强有力的因素，并没有被看做一种简单的装饰，而是声音的本质特征。一般而言，这种特性是“结尾”型的：小号手先吹奏这个音符，随后再吹出颤音效果（下图）。

颤音的运用成为爵士乐手惯常的表达方式——阿姆斯特朗以及随后的科尔曼·霍金斯的颤音形成了一种流派。很快，“布袋嘴”就看到了使用转调、上滑音与下滑音会产生什么样的效果。当他给某一音符注入一种特殊的节奏强度或者一种特别的音色时，这个音符就仿佛会说话。在即兴演奏中，路易革新了小号使用方法。后来，他又发现了运用超高音区的表现潜力，他在小字三组G附近吹奏，并诠释完整的乐句，这是阿姆斯特朗首开的先河。即使达到了这样的音高，小号手吹出的音符仍然饱满而有质感。他的演奏明了直接，发声清晰。相反，小号手很少运用连奏，而这种方式从30年代中期开始被广泛使用。

## 改编曲

路易是改编曲的艺术大师。后来的查理·帕克也是这样一位大师，但他在更复杂的音区上进行改编。“布袋嘴”忠实于新奥尔良大师们原作，改编总是尽量贴近原曲的旋律，这一点在他看来是演奏的核心原则，这也就是为什么，即使那些即兴发挥非常地自由，人们还是能够听出多多少少经过些改编的原主题。需要强调的是，在二、三十年代，“即兴”这个术语意味着比四、五十年代的比波普乐手们更为“明智”的自由。通过微妙的声响效果（颤音、变音……），或者节奏效果（延留音、先现音、重复切分……），路易“把一块破旧的布片改成华丽的装饰”了。从未必被看好的主题材料出发，路易转移了注意力，常常是这种声音材料的转移抓住了听众的耳朵——他完全使旋律改观。

路易·阿姆斯特朗的乐句是平衡和结构的范本，他吹奏出来的乐句结构总是能够承上启下。特别让人钦佩的是，他能够行云流水般地控制住整个演奏过程。这份举重若轻的才能可以将他刚刚产生的灵感立即付诸演奏之中。

阿姆斯特朗的音乐似乎总是受着真正的音乐思想指导，无论这种思想是有意识的还是无意识的。在他那里，一切都能体现成一种观念、一种风格。“路易走进录音棚的时候，厄尔·海因斯、曼西·卡拉、吉米·斯特朗、弗雷德·鲁宾逊、祖迪·辛格雷顿和唐·雷德曼已经聚齐了。雷德曼对路易说：‘瞧，这是这首曲子的改编曲。你来表现一下主题，海因斯弹奏一段独奏……你，之后用即兴重复段（riffs）演奏三段主旋律。’他们排练了一下，路易即兴创作了一段前奏，然后就开始录音了。阿姆斯特朗和他的伙伴们还录制了其他两段乐曲。一共用了一小时！路易口袋里揣着50美元的酬金又去忙别的了，仿佛什么也没有发生过。然而他录下来的却是一部出色的代表作，尽管有几个音吹坏了。这首曲子就是*Tight like this*。这真是了不起。他是一个正常人，不吸烟不喝酒，当时也没有其他什么大问题；我毫无保留地欣赏这位专业音乐家。”（艾拉克里·德·戴维切威）

## 摇摆乐

路易·阿姆斯特朗懂得如何吸收节奏在缓慢演变进程中的成果。那时，是他的“法则”统治着整个时代。“布袋嘴”奠定了摇摆乐的基础，这种爵士乐的常量更多地是被人感觉到的，而不是靠分析得来的。Swing（摇摆）一词有好几种解释：爱的行为中的身体动作、紧张—放松的交替、生物的节奏、“引入一点儿生命的无序”［迪迪尔·勒瓦莱（Didier Levallet）和邓尼斯－康斯坦·马丁（Denis-Constant Martin）著：《明戈斯的美国》（*L' Amérique de Mingus*），1991年巴黎POL出版］……毫无疑问，摇摆乐的感觉是对肉体的呼唤。这个词，指1935年至1945年的舞曲乐队风格，更广义上指的是一种特殊的律动，源于美国黑人感受节奏方式的律动。路易内在的节奏，超越了老式规则的节奏方式，表现的时值更为灵活，达到了前所未有的高度，远远地走在了僵化的前辈爵士乐手的前面。

对一位音乐家来说，演奏摇摆乐时身体状态的松弛是绝对必要的。“美国黑人——爵士乐的创造者——非常卓越的地方在于，很多人都能将神经—肌肉完全放松。这一点在体育场上尤其明显，黑人短跑和跳高运动员完美的放松状态，被认为是他们速度和弹力的主要原因。”［安德烈·霍德尔：《爵士乐相关人物及问题》］这种来自天赋的身体柔韧性，源于“放松”的力量的再次反弹，对演奏爵士乐很有帮助。当然，白人音乐家也可以达到这样的程度，白人爵士乐手也可以出色地演奏爵士乐，但是他们的弹性就不是那么自然天成了。

阿姆斯特朗达到了这种柔韧放松的最高点。不是有人说过他像美洲豹、像老虎吗？

与他的同时代人相比，他最能体现出“放松”概念，这一点在弗莱彻·亨德森的乐队时就已经显露无疑了。如果几年后，“放松”的元素发展到它的完美极致，那就是莱斯特·扬和冷爵士派（1948年到1955年），但当时是路易·阿姆斯特朗将这一概念引进爵士乐中，那时候在新奥尔良的乐手中，还是“紧张”的元素一统天下。渐渐地，紧张—放松持久的二元性中两种因素的比重改变了。作为爵士乐的本质特征，第二个因素即放松的观念加强了。1935年左右，二者达到了真正的摇摆平衡。

在诸多对摇摆有利的因素中，切分（先延音，置于两种节拍中，给人一

1923年棉花俱乐部由黑帮人物欧内·曼登创办（位于第142大街与雷诺斯街的拐角处），它装潢豪华，提供娱乐表演和违禁酒精饮料。黑人在台上，白人则在舞池中。直到1932年，俱乐部才第一次允许一位女性黑人舞蹈演员（先前都是雇用混血儿）上台演出，她就是露西尔·维尔森——未来的阿姆斯特朗太太（他的第四位夫人）。1936年俱乐部被迫关门，后来搬到百老汇和第7大街的交叉口。路易·阿姆斯特朗1939年在那里演出。

种错位感）是位于第一列的。尽管切分早已存在于西方音乐中，但爵士人追随着阿姆斯特朗，用一种不同的方法来使用切分。他们采用节拍三分法，这是典型的爵士演奏法（将节拍分成三个切分音符，而二分法是将每一拍分成两个切分音符），这样产生了“切分摇摆”。音符置于节拍的最后三分之一处，之后是后一拍的前三分之二。

阿姆斯特朗经常借助于一连串二分音符，在节奏的支配下，组织他的乐句，跟着一系列的切分演奏。他也在节奏吸引力和切分带来的弹性效果之间的错位中演奏。他最杰出的地方同时也在于，处理节奏的方式和处理旋律同样都是尽善尽美的。

1936年，一个欢迎艾灵顿公爵和路易·阿姆斯特朗的派对（Tony's Tavern，芝加哥）。1961年，在制作人鲍勃·切勒（Bob Thiele）的提议下，两位音乐家一同录制了唱片。前者是管弦乐形式和色彩的天才，后者是音乐的理念和表达的天才。

在他的自传中，布袋嘴写道：

今天我36岁，摇摆乐诞生了。我期盼自己活得久些可以看到它成名。我确信这种精神观念是正确的，这是一种真正的艺术，名副其实。我也希望看到年轻一代的摇摆乐手能够继续走下去。我对他们说，正如对所有的朋友和所有钟爱摇摆乐的人："我期望加百利天使［"加百利"是七大天使之一，他出现在圣母玛利亚面前，告诉她她将成为救世主的母亲。因此，他代表上帝传送好消息给人类的使者。在美国俚语中，又指（爵士乐队中的）号手。——译者注］也钟爱我们的音乐。"

路易和他的热力五人组、热力七人组录制的唱片，以及他带给爵士乐的东西尽管是如此重要，但在20世纪末却遭到了听众的轻视。伦纳德·费彻公

允地强调指出："如果说阿姆斯特朗的音乐观念在今天看来有些过时和平庸，这只能是理念的原创性带来的后果，因为很多音乐家在不断地重复采用他的理念。"在《爵士杂志》的一次访谈中（1991年），迈尔斯·戴维斯承认："拿起小号，却想不受路易影响的人，什么也吹不了，即使是很现代的东西也不行。我想不起来有哪一回他没有演奏好。从来没有……"

很快地，热力五人—七人组的唱片销到欧洲，为"布袋嘴"未来访问欧洲大陆作好了准备。路易影响了独奏乐手以及乐曲改编者。唐·雷德曼毫不掩饰地说他的曲风的改变得益于路易的启发。30年代大乐队将获得蓬勃发展，而阿姆斯特朗的分句演奏艺术、他的摇摆意识，也将在乐风上成为乐曲改编者们的楷模。在此之前，音乐家们渐渐地接纳了路易的音乐观念，而真正对之领会吸收则直到30年代初才做到。

## 在其间

路易越来越受欢迎，他的知名度在不断扩大，他还继续与厄尔·海因斯、祖迪·辛格雷顿、克拉伦斯·琼斯或者卡罗尔·迪克森合作。1929年上半年，他与迪克森在芝加哥的萨瓦舞厅里演奏。

> 从此我的名字就出现在聚光灯下的醒目位置上。中学生都很喜欢听我的音乐，并且在音乐的伴奏下跳舞。在"南边"，我慢慢地成为一个"大人物"。

然而情况的发展并不尽如人意。乐师们得到的报酬越来越少，萨瓦舞厅遇到了严重的经济问题，它面临着来自“大阳台”（Grand Terrace）的竞争，后者于1928年开张，人们在那里经常会看到阿尔·卡波尼。米尔特·辛顿（Milt Hinton）回忆那些日子说：“俱乐部的性质正在变化……1930年开始，人们对爵士乐的热情变得淡漠起来。芝加哥在衰落。对乐手们来说，那是一个贫乏而艰难的时期。”

美国黑人音乐制作的中心从芝加哥转移到了纽约，更确切地说，转到了哈莱姆区。棉花俱乐部于1923年开张，萨瓦舞厅则在1926年开始营业。在棉花俱乐部或者康尼酒馆（Connie' s Inn），人们夹杂在歌舞表演中跳舞，而萨瓦舞厅的绰号是“世界上最美的舞厅”。人们经常在那儿听些“甜”歌乐队的表演，就像盖伊·龙巴尔多那样的乐队，吸引了一大批观众，他们更热衷于跳舞，至于演奏什么音乐，他们并不感兴趣。1927年起，棉花俱乐部引进了一支高质量的爵士乐队——由艾灵顿公爵率领。作为哈莱姆的贵族，夜总会呈现的是“黑人天才中的精英，最耀眼的克里奥尔新星，并由一支古铜色皮肤的美女合唱队伴奏”。最后的演出从凌晨两点钟开始，直到俱乐部早上四点钟关门为止。“当时，所有的人去旁边的哈里·罗那，或者在‘斯莫尔的天堂’吃舞蹈早餐，那里的表演从早上六点钟开始。……这个演出由二三十人组成，包括一边唱歌一边转盘子的侍应生。星期日早上，纽约所有的白人和黑人演艺界人士会倾巢出动。很难想像当时的情景：早上八点到九点，乐手们抽着烟，从舞蹈早餐中出来，表演歌舞的女孩们还穿着晚上的演出服。有一个叫查理·约翰逊的乐队从早上六点到七点在那里表演，这支乐队由来自全城各个乐队的25名乐手组成，既有白人也有黑人，都是演奏爵士乐的高手。”[弗朗索瓦·比拉尔德：《50年代以前美国爵士乐手的日常生活》]在欢迎格什温的上流社会的聚会上，人们也看到了路易·阿姆斯特朗和艾灵顿公爵的出席；爵士乐进入场面豪华的演出时代，乐队规模不断扩大，并为后来的大乐队敞开了大门。

追求轻松的年轻一代的美国人都喜欢听摇摆乐。“对于那些演绎节奏强烈（beat）音乐的人来说，舞蹈非常重要。依我看，那些从来不跳舞的人，或者那些没有跳过舞的人，是无法真正理解‘节拍（beat）’的。在他们头脑里挥之不去的是一种僵化的教条的东西。我认识一些从不跳舞的乐师，他们无法和其他人交流……而为那些真正懂得投入音乐，卖力摇摆的小伙子演奏，真是件愉快的事儿。”艾灵顿公爵说道。

1929年目睹了一场巨大的经济震荡的开端，当然它不可能不波及爵士乐领域。在华尔街黑色日子的笼罩下，美国陷入了严重的危机，直到1933年罗斯福实行“新政”[“新政”，指富兰克林·罗斯福总统上台后，推出的一系列的改革措施（总统任期、经济生活、社会关系）]危机才结束。受到重创的国家，只有转向通过娱乐、微笑、伪装做出反抗。演艺业以爵士乐为支点，推动了大乐队的发展。摇摆乐时代是一个崇尚排场、盛行舞蹈、追求娱乐的时代，在纽约尤为兴盛，它将延续整整十年。

1929年3月，在纽约短暂休憩之后，路易·阿姆斯特朗回到了芝加哥，时局衰微，他也同样无法逃避生活的艰难。萨瓦舞厅无法支付乐师应得的报酬，迪克森和阿姆斯特朗本人都开始意识到局势的严重：芝加哥，那个城市的黄金年代已经远逝，取而代之的是惨淡的前景！不少爵士乐手都看到了他们的事业正在走向末路；而对另一些来说，工作收入大幅度下降。种族隔离对白人乐手而言是有利的，而黑人乐手都在尽量离开这个行当。只有那条禁酒法令，在生效的最后几年给他们提供了一些工作机会：白人资产阶级喜欢在这种娱乐场所打发时光，一边听黑人艺术家演奏解闷，一边喝法令禁止流通的烈酒。尽管黑帮活动猖獗，但那儿仍是黑人爵士乐手在这危机时期最好的生存之处。

如果说，处于领导岗位的都是白人，那么出名的则往往都是黑人艺术家。在艺术家之间，很少存在种族问题，或者说根本没有。“黑人和白人之间没有这么紧张。我可以去哈莱姆区，没有问题，根本不用担心有人会说类似于‘滚开！这里没有白人’这样的话，根本没有挑衅或攻击。”女歌手舍拉·乔登解释道。其实种族隔离是存在的，只是当乐手们和外界接触时他们才会感觉得到，比如和制片人、俱乐部业主或是大街上的人打交道的时候。在和白人乐手阿尔蒂·肖巡回演出的时候，黑人女歌手比莉·哈乐黛受尽了委屈：“甚至，我已经到了无法吃饭、睡觉、上厕所的地步了，而对这些，NAACP的档案材料［NAACP：National Association for the Advancement of Colored People，美国有色人种协进会］没有丝毫的记载。……在那些路边的二流餐馆，连进去吃饭的

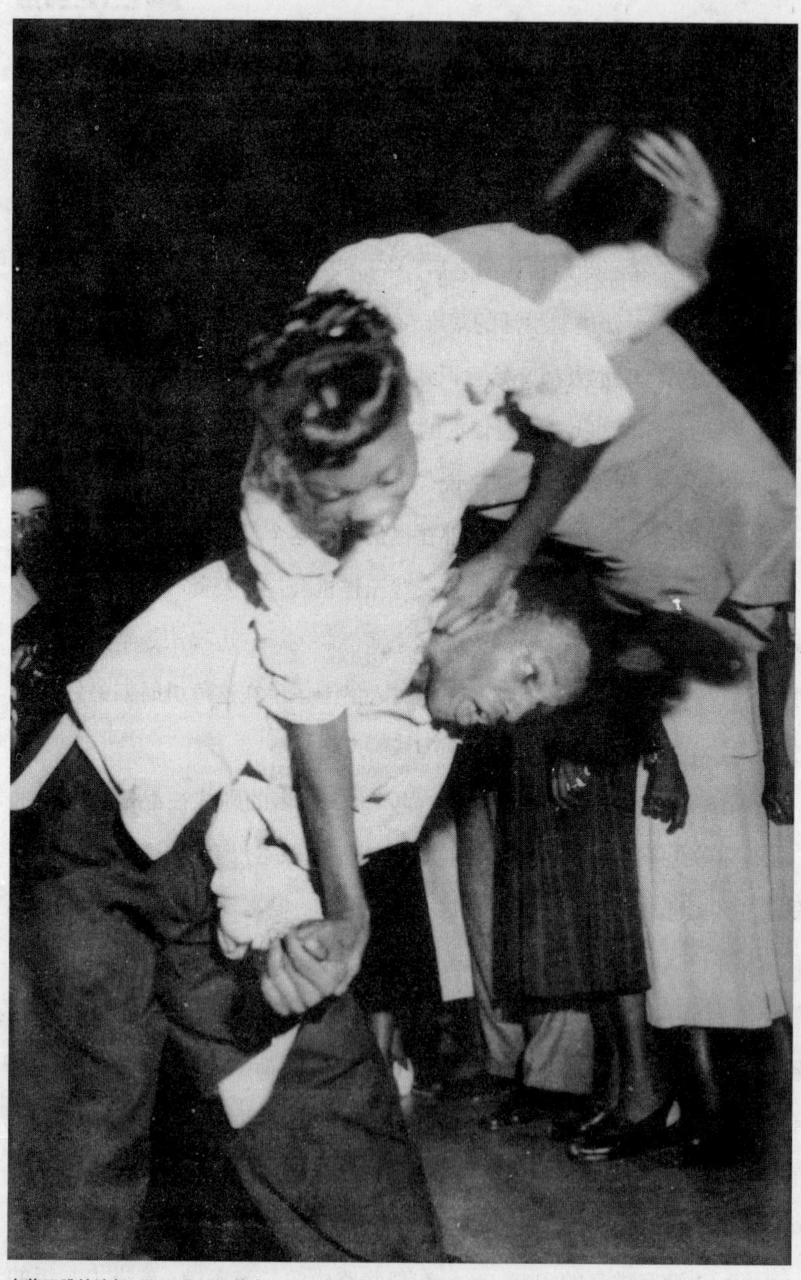

在萨瓦跳林迪舞（lindy hop）的人。

纽约哈莱姆区的萨瓦舞厅，位于伦诺克斯大道（Lenox Avenue）596号，邻近140号大街。

他与生俱来的自信，他的魅力超越了一切劣等种族的迹象；他径直走入那扇大门，丝毫没有看见门上贴着的非白人莫入（White only）的字样……“我是在他人的尊重中长大的，这种尊重甚至超过了我所应得的。”（路易·阿姆斯特朗）

权利都要艰难地争取，我再也不能忍受这样的场景了……在有些地方，人们把我扔在厨房吃饭，有些人甚至连厨房都不让我去。要么忍气吞声填饱自己的肚子，要么眼睁睁地看着整个乐队都饿死。有时候，必须要做出一个选择。”

上世纪20年代，纽约的哈莱姆区发生了改变。在这十年中，黑人团体的数量急剧增长。一些知识分子社团长时间地讨论着他们在美国社会中的地位。最先受到1929年危机冲击的是有色人种：大部分的人失业了。这种情况一直持续到20世纪30年代末，未来总统罗斯福的新政，以及由此带来的更加平等公正的社会，才让黑人们重拾了信心。

## 无线电广播时代

唱片和无线电广播对爵士的普及起到了重要的作用，相比而言，广播的作用更大，因为它更容易获得。1927年，纽约棉花俱乐部安装了广播电缆，把俱乐部的节目传遍四方，艾灵顿公爵便立即名噪一时，幸亏他当时没有离开俱乐部。音乐家们得以互相发现、互相启发，在风格的寻觅中获得灵感。无线电台不仅向俱乐部提供现场录音，还逐渐组织各种音乐会。20年代末，从芝加哥的卡罗尔·迪克森乐团到萨瓦舞厅，都是促成路易·阿姆斯特朗名扬全国的因素。因此，欧凯(Okeh)唱片公司的艺术主管汤米·罗克维尔，这个对市场有着敏锐嗅觉的人，希望能够主持路易的事业。他让路易3月去纽约录制唱片，又敦促他立刻回芝加哥定居。罗克维尔成了

20世纪20年代末，通过热力五人组和热力七人组的录音，阿姆斯特朗从此向世人展示了他的音乐精髓。他所作出的贡献是不可估量的，影响的不仅是整个爵士音乐和乐手们（不仅仅是小号手），还有编曲人。

路易的第一个经纪人。这次合作是成功的，这个积极的结果立刻就得以显现，因为罗克维尔知道审时度势，知道怎样和种种不得已进行周旋，知道在这个音乐世界中，黑帮老大起着重要的作用……

1929年5月，布袋嘴和整个迪克森乐队都踏上了去纽约的路。而罗克维尔等待的只是小号手，这支大部队的到来，使其大为惊讶，当然他也向乐手们承诺会尽最大努力帮他们找到工作。里尔·阿姆斯特朗是夫妻俩中的财务主管，总是习惯把钱藏在松紧袜带里，她在这次远行中负责管理财务，并为每个人筹集到二十美元的款项。四辆小汽车开始了这次浩大的征程，车里坐着吉恩·安德森、克劳福德·威辛顿、伯特·卡利、吉米·斯特朗、霍默·霍布森、弗雷德·鲁宾逊、曼西·卡拉、皮特·布里格、祖迪·辛格雷顿、卡罗尔·迪克森，还有他们的领军人物路易·阿姆斯特朗。祖迪·辛格雷顿回忆说："我永远也不会忘记这次在路易的汽车中横穿整个国家的旅行。大部分的时间都是我在驾驶，因为路易在后座打瞌睡。我们经过的所有的大城市，都可以听到高音喇叭或是其他的扩音器里放着路易的唱片。他本人都非常惊讶，当时他还不知道自己已经那么流行了。"

无线电广播和热力五人组、热力七人组的录音（欧凯公司针对黑人市场的）极大地吸引了黑人，当然也有一些白人听众。

> 我们根本就不知道什么是无线电广播，更不知道它的传播如此之广泛。这真是一件乐事。"猫儿"们见到我们的

时候非常兴奋，结果我们一分钱都不用花费。[路易·阿姆斯特朗在《路易》书中的话，马科斯·琼斯和约翰·切尔顿著]

自动投币电唱机的出现也是20年代布袋嘴得以大红大紫的原因之一。梅兹·梅兹罗描述了他在哈莱姆转动第一批投币自动电唱机听路易的唱片的情景："……很快，人们就想听到路易其他的新曲，听完后，又想再听别的。不久，全国的唱机都在播放路易的音乐……"

## 新一代的风云人物

对这个新奥尔良的孩子来说，一个新的时代开始了。在弗莱彻·亨德森那儿工作时，他征服了哈莱姆的音乐人；随后，他说服了芝加哥，让它相信爵士中蕴藏着意想不到的宝藏。此时的路易，正准备赢得一场真正的成功。

越来越出名的路易，激发了那些渴望赚钱的经纪人的兴趣。作为一个脱颖而出的善良而贫穷的黑人，他唤起了一些人的仰慕之情。同时，对许多人而言，他也成了一种标志。"他手上总是拿着一块手帕，因为他汗出得厉害。他引发了一股真正的时尚——那些去找他的年轻人，为了表示他们对路易的好感，人手一块手帕。而路易，总是把双手放在肚子上，像个乖孩子，却带上些许不羁的味道。不久，我们就可以看到，年轻人都开始把手放在腹前交叉，一只脚轻轻地放在前面。路易总是那样穿戴整齐，以至于最邋遢的年轻人都开始注意自己的着装打扮了。"[弥尔顿·梅兹罗与勃纳德·沃尔夫：《生活的狂热》]

路易一定慢慢地爱上了成名的滋味。但是，他也同样面临着很多压力。

## 深得人心

1927年，*Chicago Defender* 指出美国共有“10 000个爵士乐队”。不过，“热力”音乐已经不再符合时代的口味。爵士乐扎下了根，并向另一个方向发展，这种转向与娱乐业的发展密切相关。

在艰难的时局下，指引爵士乐手生活的，与其说是抒发真正音乐的冲动，还不如说是生活所迫的无奈。这种无奈让他们为最后一批无声电影伴奏，为舞厅、餐馆、无线电演播室、舞蹈学校、各色歌手、商业性的乐队工作。“你们知道在萧条时期经常发生的事吗？我们接不同的活，我们拼命工作，却没有报酬。所有的人都归属于（乐手）联盟，而对于这一切，我们显然是无力抵抗的。那时，我常和弗莱彻（亨德森）在一块儿，我们做了不少晚会，但是却从未获得过哪怕一分钱的报酬。”[纳特·沙皮罗与纳特·汉托夫《听我对你诉说》中科尔曼·霍金斯的话]

路易·阿姆斯特朗也是他们中的一分子，接受着时局的挑战；他的事业会延续几年来的上升曲线，但是却以一些变化为代价。罗克维尔以及之后的经纪人都很快意识到：艺术家是“可商业化的”（根据小号手艾拉克里·德·戴维切威的说法）。之后的十年里，可以看到布袋嘴为不同的大乐队演奏过，这些乐队有些是为巡回演出组成的，也有些是为灌唱片组成的。他演奏的改编曲，给独奏留下很多空间，他也越来越经常地演绎民谣。阿姆斯特朗天生就有一种不可思议的创造力，他开始了几乎单一的运行体制：成为明星，并扮演好明星的角色。

## *Knockin' a Jug*

在纽约短暂停留之后，1929年3月，布袋嘴在罗克维尔的怂恿下，与萨瓦的路斯·拉塞尔的乐队同台演出。这次会合是他们成功合作的第一步。这支乐队实际上是当时纽约最有名的乐队之一，也是阿姆斯特朗在之后几年的合作演出中最优秀的乐队之一。路斯·拉塞尔会看到以路易·阿姆斯特朗和他的乐队名灌制的唱片越来越有市场号召力。

1929年3月5日，小号手很晚才睡觉。"我们工作熬了一夜，而第二天的录音预定在早上八点。我们几乎没有想到要睡觉。我把那些小伙子带到了我的车上……六点，我们狼吞虎咽地吃了早餐，以便可以在八点进录音棚。我们还带了一加仑的威士忌，"打击乐手凯塞尔·马歇尔回忆道。爵士乐史上第一次大型的"混合"录音，聚集了路易·阿姆斯特朗、凯塞尔·马歇尔、海皮·考德维尔（黑人），乔·沙利文、埃迪·郎、杰克·蒂伽尔登（白人）。正当他们要为刚录制的唱片找一个标题，阿姆斯特朗看着空威士忌瓶说："We sure knocked that jug——you can call it 'Knockin' a Jug'"（"我们已经干了这加仑——你们可以称它为'Knockin' a Jug'"）。标题就这样产生了。

主题（由阿姆斯特朗和班卓琴手埃迪·康登创作）建立在主旋律模进之上，而主旋律又是以蓝调十二小节为基础的。如果不是由于打击乐手凯塞尔·马歇尔笨拙的表现，音乐的表达本来应该是完美的。长号手杰克·蒂伽尔登的开场，灵活而果断，与路易·阿姆斯特朗在前几首录音中的长号表演形成明显的对比。

同一天的晚些时候，布袋嘴在另一背景下录音，他与路斯·拉塞尔的乐队合作，曲名为《路易·阿姆斯特朗和他的五人萨瓦舞厅》。这里出现了一个非常明显的转变：人员组成扩大了（十位乐手），并加入了簧管器乐（两个中音萨克斯和一个次中音萨克斯）的段落。要知道，这是路易第一次录制流行主题（*I Can't Give You Anything but Love*），他的这些选择正反映了当时的音乐趋向。依靠在改编曲中已经运用的技术，布袋嘴成功地进行了一次辉煌的再创造。在整个作品，或者说几乎整个作品中，萨克斯段落在简单和规律的节奏下演奏主题，在原创版本中，路易提出了第一个合奏，充满了有节奏的自由度。

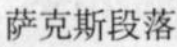

他在第一小节末、第二小节的开始设置了休止符，这样在主题中引入了顿挫，使节奏更为紧凑。主题的第三部分（第四小节），也用同样的方法，但更为自由。小号手取消了一些音符（萨克斯段落第四小节），并增添了极富表现力的高音，在这里形成变奏。稍远处的声乐主旋律中，体现出他特别高的音乐才能。没有采用常见的萨克斯齐奏，使主题非常厚重，他用了一种纯净优雅的对题，与乐曲开头的小号主旋律完全相同。在此，声乐和对题不可分割，并在完美的互补中发展。从严格的节奏角度而言，阿姆斯特朗的选择赋予了主题以柔韧灵活和切分特

声乐主旋律

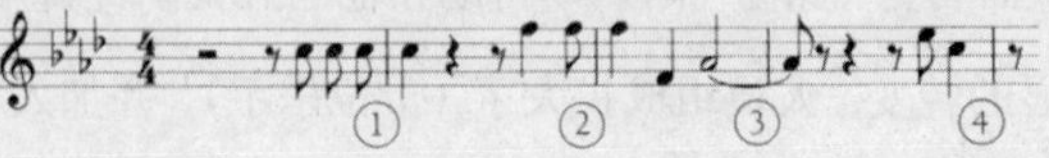

性，这在他最初的创作中是没有的。就这样，通过引入对比效果，他创造了更加爵士化的版本，同时也更具表现力。在最后的小号独奏中，他果断地舍弃了原有旋律的轮廓，突显了主旋律乐句。与开头相反，当这个主旋律乐句在即兴表演中恰当的地方再次出现时，小号手拉长了时值，旋律在听众记忆中的再现得到了更好的效果。

在此，路易·阿姆斯特朗将诱惑、温柔、热烈和音乐创造糅合在一起。之前，还没有谁以这样的方式阐释过音乐，*I can't Give You Anything but Love* 赢得了大众，影响了乐器演奏家、歌手、声乐家，比如埃塞尔·沃特斯，以及后来的比莉·哈乐黛、埃拉·菲茨杰拉德等等也承认了这种影响。

## 路易和法茨

汤米·罗克维尔遵守了他的诺言，即给卡罗尔·迪克森和他的乐手们寻找工作。6月初，布袋嘴带领迪克森的乐队到了萨瓦舞厅，随后，所有的人都在勒诺克斯大街（Lenox Avenue）的康尼酒馆工作了几个月，这个俱乐部是哈莱姆最著名的酒吧之一，其他著名的还有棉花俱乐部、萨瓦舞厅、小小之家（Small's）……百老汇，这个演艺产业的世界，发现了路易·阿姆斯特朗。路易冒着风险，当然也在“顾问”的促使下，逐渐扮演了乐器演奏奇才的角色，他探索超高音区，用他的乐器吹奏出一系列超高音，从小字三组do到fa，令大众惊愕不已。有人指责这种对效果过度挖掘的做法，那些纯粹主义者大喊这是背叛，但需要强调的是，即使达到了前无古人的高音区，路易的小号中吹奏出来的乐音，仍然非常生动，且音质都相当卓越。路易不断地让他的音乐同行们感到惊讶，这是一个标志……

很快，阿姆斯特朗接受了在杂志《热巧克力》（*Hot Chocolates*）中明星的角色，这本杂志是由赫达逊剧院的康尼·依魅曼（Conni Immerman，康尼酒馆的老板）策划的。通过这次机会，他展露了另一面的才华：entertainer（逗乐的人，娱乐业者）。

《热巧克力》记载了阿姆斯特朗和他的一个著名乐手合作的历史。20世纪20年代末，他们两人曾在芝加哥的厄斯金·塔特那里工作过，这个乐手的名字叫：法茨·沃勒。让我们一起来想像这两个乐天派合作的情景吧：同样的生活情趣，同样的幽默感，同样对音乐的爱好，同样的慷慨仁慈。法茨·沃勒给杂志写主题音乐，而这些曲子在路易的演奏下就会出名；安迪·

法茨·沃勒。"他不但是一位温和的讽刺歌手，而且不容置疑地超越了纽约哈莱姆区那些喜爱大幅度跨键技巧的钢琴家。同时，他还转变了一种'音乐素材'，没有他，这种素材就无法经受住时代的考验。"——弗兰克·泰诺(Frank Ténot)

拉扎夫（Andy Razaf）负责填写歌词。梅兹·梅兹罗回忆道："看着这两个天才，两个最具个人魅力的人工作，这是我余生中珍藏的回忆。路易首先在低音区演奏主题，音色浑厚，法茨的也是一样。这些音符低沉、密集、圆润，从路易乐器的低音区中奏出，我从来没有想到过从小号中可以流淌出这样的音乐（当时，我也听过别的小号演奏），甚至这一生都没有听到过类似的。法茨总是和路易开玩笑。我记得有一天，他们开始排练 *Ain't Misbehavin'*。法茨坐在钢琴边，他开始对着路易歌唱，那伴奏是多么美妙！这是纯粹的布鲁斯，不掺杂任何杂质的那种。"

在哈得逊剧院演奏 *Ain't Misbehavin'*，同时也在康尼酒馆表演，布袋嘴成了纽约的红人，无论是 uptown 还是 downtown［Uptown 指城市的上部，哈莱姆；downtown，下部，格林尼治村］。其他三首曲子也很值得注意：*Black and Blue*、*That Rhythm Man* 和 *Sweet Savannah Sue*。无论是现场演出还是录音（与迪克森乐队合作），布袋嘴都以如此杰出的方式演绎了这些主题，因为这些曲子非常适合他，无疑，这也是因为每次法茨·沃勒作曲的时候，路易都在他身旁，两人共同寻找演绎方式的缘故。

> 每当听到这首曲子（*Ain't Misbehavin'*），便心荡神驰，不能自已……第一次听到的时候，我便完全沉浸其中，我们几乎都把录音棚都砸了，是真的！我觉得这首歌，以及我得到的演奏这首歌的机会，都让我得以在全国出名。［路易·阿姆斯特朗：《让音乐摇摆起来》］

1929 年末，根据美国的惯用说法，路易作为独奏吸引力（solo attraction）与不同的乐队合作，在好几个大剧场中表演：Lafayette（拉法耶特）、Rockland Palace（摇滚地带）、Standard Theater（标准剧院）。1930 年的头几个月，他是路斯·拉塞尔乐队的独奏明星，并与乐队一起巡回演出（华盛顿、巴尔的摩、芝加哥）。2月，他接受了哈莱姆另一家俱乐部的聘约，Cocoanut Grove（可可树林），在那儿，他与名为Mills Blue Rhythm Band（米尔斯蓝色节奏乐队）这一著名组合合作表演。4月，他用Cocoanut Grove Orchestra（可可树林乐队）的名字灌制了唱片（*My Sweet*、*I Can't Believe that You're in Love with Me*、*Exactly like You*、*Tiger Rag*……）

1929年末到1930年春录制的唱片中，有一些名字值得记住，如用渐强奏出的经过曲 *Mahogany Hall Stomp*，还有一些名曲和一些会成为标准的曲目，因为它们预示着未来的音乐发展（就像 *I Can't Give You Anything but Love* 一样）：*Some of these Days*、*After You're Gone*、*When You're Smiling*……与路斯·拉塞尔乐队录制的曲目 *Saint Louis Blues* 和 *Rockin' Chair*，成了他的保留曲目，伴随着他整个职业生涯。此时，汤米·罗克维尔还未充分意识到路易歌曲的"可商业化"，他让路易给每首曲子都录制两个版本：器乐版和声乐版。阿姆斯特朗将会展示他如何超越一个主旋律，如何将这一旋律变得更为丰富，同时也更为流行。从此，在演绎抒情谣曲时，他所痴醉的演奏中又增添了温柔、热烈和极为迷人的音调，使浪漫谣曲成为一门真正的艺术。

## 加利福尼亚

爵士在美国西海岸的扎根显得更为艰难，可能是因为在那儿，黑人只占居民的很小一部分。加利福尼亚，它最多只能证明著名爵士乐手曾经往来于此，却从来没有像其他一些地方那样，发生过可以载入爵士乐发展史册的大事。

1930 年夏初，路易 · 阿姆斯特朗出发前往洛杉矶。迪克森乐队的散伙、与老朋友祖迪 · 辛格雷顿的争执、与新的乐队合作的愿望——远离长时间合作后乐队所必然产生的内部矛盾、岌岌可危的婚姻，都使路易需要有一个可以后退的空间，而加利福尼亚灿烂的阳光正是他最渴望的。乔治 · 詹姆斯，1931年到1932年间与他一起工作的萨克斯手，看到了这远离的愿望背后还有一些其他的原因：他与帮派之间存在着种种问题。一个新的经纪人——约翰 · 科林斯走上了舞台。"黑帮控制了大部分的演出和夜总会……那些夜总会希望路易继续留在《热巧克力》杂志，所以路易签订了一个长期合约。但是此后，棉花俱乐部的经理欧内 · 曼登（Owney Madden），又一位（圈内）大人物，也希望和路易签约，赚更多的钱。路易答应了。有些人说科林斯没有做好参谋，因为路易是一个非常随和的人，他很容易就会说'好'。不管怎样，路易很快就发现，自己处在一个进退维谷的状况中，所以他决定走得越远越好，到西海岸去。"在一段时间内，布袋嘴会远离纽约，远离那些帮派之间的争斗。他在加利福尼亚逗留期间，因为"使用大麻"而被逮捕入狱了几天，而他只是在偶然的场合下抽了大麻。这件事让人怀疑是黑帮的阴谋：他们有可能伺机报复！……

小号手在弗兰克 · 塞巴斯蒂安的棉花俱乐部（Frank Sebastien's Cotton Club）表演，俱乐部坐落在洛杉矶郊区卡瓦城（Culver City），合作的乐队先由莱昂 · 艾尔金（Leon Elkins）负责，随后由萨克斯手莱斯 · 海特（Les Hite）代替。乐队中有一个 21 岁的年轻乐手，叫莱昂内尔 · 汉普顿。在加利福尼亚的几个月（1930 年 7 月到 1931 年 3 月），又是一个新的成功；棉花俱乐部的主顾看到那儿常有海岸音乐家、电影明星、戏剧界要人出入。路易在那儿感觉很开心,并录了几首曲子,都在后来产生了巨大的影响。其中有:节奏活泼的*I'm a Dingdong Daddy (from Dumas)*、感伤的*I'm Confessin'*、著名的*Body and Soul*……1939年，科尔曼·霍金斯也录制了*Body and Soul*，这个版本(至今仍在演奏)已成为可作参照的标准版本。

当乐队转由雷·海特负责的时候,乐队的构成发生了变化。在不懈追求新色彩的阿姆斯特朗的建议下，我们可以在之后的录音中听到打击乐手莱昂内尔·汉普顿(他是前后两支乐队的成员)第一次演奏电颤琴（*Memories of you*)。*Sweethearts on Parade*极好地证明了路易在30年代初的“表演方式”：他又一次把一支普通的曲子改编成了主打曲目。在布袋嘴和汉普顿幽默的交流中，主旋律*You're Drivin' Me Crazy*开始了，(他们将shop suey conversation称之为中文对话！)不难想像

莱昂内尔·汉普顿

《路易，30年代经纪人最丰厚的收入》(《新音乐快报》*New Musical Express*，1948年4月2日)。

整个现场和录音室中的气氛，这也反映出这对新搭档的默契和幽默。巴克·克莱顿（Buck Clayton）用以下的话来评论路易版本的*Just a Gigolo*："*Just a Gigolo*是让我一个音符一个音符、一个字一个字学习的歌曲之一。路易把结束的歌词稍稍改动了一下，他没有唱another gigolo，而是说：'When the end comes I'll know，they'll say just another jig I know'……你们知道，jig这个词指黑人，这也不完全是骂人的话……但是，路易就这样，他给出了自己的版本。"*Shine*，是这一加利福尼亚系列的最后

巴克·克莱顿

**“老爸”和莱昂内尔·汉普顿**

我来自路易的右边。我是他乐队（1930—1931）的打击乐手，我疯狂地崇拜他。我想演奏一切路易演奏的音乐。可我不能在打击乐器上重现他用小号吹奏的音乐，所以我买了一种便宜的电颤振打击乐器。就这样我形成了自己的风格。我所有的在和谐基础之上进行即兴表演的方式都归功于“老爸”……他是惟一鼓励我演奏电颤琴的人。当我想把这种乐器的演奏录制到唱片*Memories of you*中的时候，那个监制家伙不允许我做这样一个引子。但是路易说：“来，来，让那个小家伙表演。”是路易推举了我。

——莱昂内尔·汉普顿，1949，法国热门俱乐部简报

一首歌，轻快的速度和中音区旋律点缀出了一切海滩洋溢出的快乐神采。这是灵巧性的典范作品，不仅体现在节奏中，也体现在分句法中。在当时的学校中，所有的小号手都必须训练*Shine*，在一百来个小字三组do处断句，并在小字三组fa上结束：阿姆斯特朗在台上表演的时候，习惯用这种方式来结束旋律……

“1931年，在洛杉矶，我走在马路上的时候，听到路易最近的唱片。是那首*I' m Confessin'*，我停下来听。我甚至无法前行，因为他的演奏是如此优美！这首美丽的曲子如此地打动我。我非常欣赏这张碟——倒不全是因为演奏，更多的是因为其中的美感。”[巴克·克莱顿在《路易》中回忆说，马科斯·琼斯和约翰·切尔顿著]

## 回到芝加哥

1931年3月，路易离开加利福尼亚回到了芝加哥。一到芝加哥，他就着手组织新的乐队，他与这支乐队将会合作一年。由小号手兹内·伦道夫负责组织排练以及一切“音乐外”的事情。布袋嘴对这些事毫无兴趣，在他看来，这是各种烦恼的来源，甚至会引起他的反感。他对此很是憎恶。

这支乐队不是第一流的，远远不是；这在未来几年中经常引起一些议论和诧异：为什么路易·阿姆斯特朗不多关心关心乐队的组成呢？之前提到的他对管理一类事情的不感兴趣，给我们提供了一个最初的答案。他是不是想轻而易举地在乐队中突出自我呢？当时，爵士乐手被认为是娱乐人(entertainers)——他们的表演就是为了让人跳跳舞或是娱乐娱乐，乐队就好比是“使人摇摆的机器”。几年后，爵士将会变成一种让人倾听的音乐，一些人的精神食粮，因此，那时的乐队领导者考虑乐队编制的方式会与现在不同。当然，路易·阿姆斯特朗将会成为第一批引路人之一，引导爵士爱好者以一种更为专注的方式来倾听音乐……

布袋嘴非常注重乐队成员的个性，他喜欢和脾气性格好，能够让他信任的人在一起。他坦言这个新的组合是他所有带领过的乐队中最令人开心的一个。兹内·伦道夫、普雷斯顿·杰克逊、莱斯特·布讷、乔治·詹姆斯、阿尔伯特·华盛顿、查尔斯·亚历山大、麦克·麦克肯得利克、约翰·林德塞和图比·霍尔都给了他坚实的伴奏。萨克斯手乔治·詹姆斯表示说，这就是路易所喜欢的。“一些批评家抱怨乐曲改编得过于简单化。这些改编曲不像同时代的编曲者那样经过精心周密的安排，比如说弗莱彻·亨德森、唐·雷德曼或艾灵顿公爵。但是，以为阿姆斯特朗演奏不出更为复杂的编曲的想法是可笑的。只要他想这么做，他就一定能够做到。然而，他更喜欢在节奏乐器组中，用坚实的击打节拍（beat），更喜欢在独奏后，用一些简单的即兴重复段（riffs），热烈但简单。如果您去听一下*I Got Rhythm*这首曲子，您的耳朵会告诉你这一切。”

路易·阿姆斯特朗常常有惊人的选择和喜好。当他对盖伊·龙巴尔多乐队的好感成了一种公认，这又让人大吃一惊，因为这支乐队的音乐常被人称为“音乐糖水”。阿姆斯特朗的这段话，表达了他的观点：

> 我并不认为我们应该去解析音乐。就像一个老艺人说的：“别去管为什么黑奶牛会产白牛奶，只管喝就是了。”我还没有听到过比盖伊·龙巴尔多乐队演奏得更好的。这就是我所感受到的，我不会说违心的话。有些人很惊讶，问：“你和他们一起演出？”我试图告诉他们，音乐就是音乐。这支乐队演奏曲子，演绎旋律，演得很美。你们找不到第二支乐队，能用这样单纯的方法把旋律表现得如此优美。每一次我和盖伊·龙巴尔多一起登台，都感到非常“放松”。这音乐，就是我一生都在表演的音乐。[路易·阿姆斯特朗：《生活》，1966]

在一段时间的高强度排练之后，由兹内·伦道夫率领的乐队开始在芝加哥一个新的夜总会表演。夜总会名为“演出船”（Showboat），很雅致，光顾的常常是有钱有地位的客人，也不可避免地有些黑帮人物。很多人为路易·阿姆斯特朗担心：有人希望他去纽约。黑帮老大又一次表明：他绝不会放过路易！

乔治·詹姆斯说："芝加哥的流氓们想要让路易离开科林斯。他们都想分一杯羹。我的意思是说：钱！不管怎样，路易根本就不想去了解其中的买卖。"有一天晚上，因为同样的原因，布袋嘴受到了胁迫——康尼酒馆要求路易回到纽约。这次事件之后，路易出行都有保镖随同，他离开了芝加哥，他本想再晚些回去。

在这段经济衰退时期，路易·阿姆斯特朗是经常光顾录音棚的黑人音乐家之一；而著名女歌手贝茜·史密斯本人却不再工作了。布袋嘴灌制了越来越多丁乓胡同（Tin Pan Alley）的曲子，一些是丁乒名曲，也有一些是后来因为阿姆斯特朗才出名的。如*Walkin' My Baby back Home*、*I Surrender Dear*、*Blue Again*、*Them there Eyes*、*When your Lover Has Gone*，还有好笑的*I' ll be Glad when you' re Dead，you Rascal you*——在这首歌中，歌手极具幽默感地唱道：他诅咒他的"朋友"，因为这个"朋友"到他家里，喝光了他所有的酒，还发现他的老婆特别合他的胃口！这首曲子在之后的岁月里，始终都出现在阿姆斯特朗的保留曲目中，同样地，还有脍炙人口的*Lazy River*。第一次录制的歌曲*When il' s Sleepy Time down South*将成为他的代表作："当棉花地里升起第一缕晨光的时候，你就该起床了，等待毫无用处，其他人可以过上更轻松的生活，而你呢，当你的老婆已经疲惫不堪的时候，南方的人却还在酣睡……"

在路易·阿姆斯特朗身边度过的这一年，对乔治·詹姆斯而言是无法忘怀的时光："他把自己百分之一百地奉献给观众（因此，我们也是一样）……每当他站到台上，这必定是一个完整的路易·阿姆斯特朗，热情四射，吹奏着，笑着，开着玩笑，跳着……人们不知道的是，像他这样一个十足的明星，总是想让大家同时把注意力也投向他的乐手们……日复一日，他就是这样，始终都是一个杰出的人。"

## 回 家

5月中旬，乐队踏上了回新奥尔良的路途，中途在众多城市停留。阿姆斯特朗比以往任何时候都更加努力工作。市郊花园（Suburban Gardens）等着与他签订三个月的聘约，欢迎仪式隆重得像是一个盛大的节日。路易已经九年没有回家乡了。然而，在这景象之后却仍有阴影笼罩着——种族歧视，在南方尤其严重。电台转播的音乐会一开始，一位白人主持人是这样组织他的开场白的："我并非有意要在广播中播报这位黑人的名字。"但这也没什么了不起，这天晚上，接下来的那些曲目都是阿姆斯特朗拿着麦克风，自己来报幕！市郊花园实行种族隔离，听众一律都是白人，但是乐迷俱乐部的黑人们都非常想听他们心中的英雄表演，他们坐在外面的凳子上，透过窗户看演出。音乐会取得了不可思议的成功，但是这个新奥尔良的孩子心中却是快乐和失望交织，白人这样的领导方法令他很震惊。

接下来的巡回演出也充满了风暴，都同样和种族主义有关。在孟菲斯，乐手们还在监狱中过了一夜："当公共汽车驶进孟斐斯的时候，他们把车包围起来，怒目而视这些衣冠楚楚的黑人……尤其是那个坐在车前的黑人，他正在和一个白人女子交谈，以为自己是个人！他们不能容忍这样的事情再发展下去。"这辆问题汽车正是乐手们坐着出行的那辆，而那个白人女子不是别人，正是科林斯夫人！出狱后，路易实施了一次小小的报复。当他应邀参加一个广播节目的时候，他作了如下的一番陈述：

女士们先生们，我是布袋嘴路易·阿姆斯特朗。我的小伙子们和我本人将给警察局长献上我们的第一支曲子：*I'll be Glad when you're Dead, you Rascal you*（无赖，你死我会很高兴的）。

1930年9月到1931年初，乐队不停地巡回演出。这可能就是路易·阿姆斯特朗嘴唇开始疼的原因，他疼得几天都不能吹号。高强度的工作对音乐家的身体抵抗力提出了挑战。原因似乎是很明显的：约翰·科林斯想赚更多的钱。

1932年1月，布袋嘴重新出现在纽约，并先后在拉法耶特剧院和派拉蒙演出。被撕扯下来的海报让人猜想他和一些黑社会的不愉快并没有了结。不管对阿姆斯特朗还是他的经纪人科林斯而言，纽约显然是一个不安全的地方。乐队解散了，布袋嘴在芝加哥逗留了一段时日，又在加利福尼亚休整了两三个月以后，他从曼杰斯蒂（Majestic）登陆欧洲。1932年7月14日，他到达英国。

## 第一次欧洲游行，英国

动身去欧洲的决定很突然，可以找到好几条理由来解释——美国动荡的工作环境、探寻未知的愿望，或许路易·阿姆斯特朗也希望了解大西洋的另一端是如何感知他的音乐的。

在英国，人们对于爵士的了解都还相当粗浅。一些在当地音乐组合工作的爵士乐手，他们的祖先都是纯血统的美国人。虽然原创迪克西兰爵士乐队、西德尼·贝克特在那儿演出，但这些在英国人的概念中都相当模糊。然而，当路易到的时候，他的音乐在英国的形势是相当好的：一些目录把他的唱片编入索引，收藏家们对他非常了解，可能会对他的音乐产生兴趣的听众群体也初显轮廓。他等待的只是大放异彩的那一天了。

问题在于伦敦帕拉斯剧院（London Palladium）的观众将会怎样迎接这位coloured phenomenon（黑人奇才）。第一个必须克服的困难是找一家旅店。负责接待乐手们的丹·尹格曼打了一个又一个的电话："我已经记不清有多少家旅店了，但结果都一样。只要我提到是黑人，事情就立刻困难重重。我记得他们站在那儿，被成堆的行李包围着，揣测着到底发生了什么事。我只能不时地告诉他们，马上就会好的。"[马科斯·琼斯和约翰·切尔顿：《路易》]

路易让保守的英国人大为惊讶，但也让乐手们和最能接受新事物的少部分民众情绪激昂。小号手奈特·戈内拉（Nat Gonella）记得他曾经见过二三十个人走出路易所在的夜总会，不满地嘟哝着："This hell music。"（这地狱般的音乐）布袋嘴的演出一点都不像我们通常听到的那种：他比画着，满身是汗，在前台迈着大步子，说话，激励他的乐队(Swing，swing，swing，you cats...)。对于最严谨的人而言，这样的音乐简直无法忍受。

乐队的乐手都尽心尽力地表演：查理·约翰逊、乔·海曼、弗莱彻·阿伦、皮特·都冈热、马赛奥·杰佛逊，两个是英国人，其余都是定居在巴黎的美国人。很快一切都确定了；他们很少排练，乐曲改编几乎就是随性而做的。作家罗伯特·戈丰(Robert Goffin)说："在帕拉斯的那个周一真是妙极了。我从未感受过这样的激情……整个会场都摇撼了，像是恶劣天气下的汽船一般……我到化妆间见到了路易。那儿有杰克·约翰逊(Jack Johnson)——前世界重量级举重冠军，还有奈特·戈内

**唱片收藏**

当我在英国登陆的时候，发现所到之处的人们都热烈地欢迎我，这十分出乎我的意料，而且一点都不理解这是为什么。我不知道他们是怎么听到我的音乐的……很快，我就开始明白了。这些人都是唱片爱好者。整个欧洲有几十万这样的爱好者。只要新的唱片一问世，他们就会去买，就好比当时美国人对最新版流行杂志的热情和无线电产生前他们买碟的热情……八年中，整个欧洲的人都通过唱片来听我的音乐——Gennett、Victor、Okeh、Brunswick、Decca公司的，以至于了解我，最后，他们就想看看我到底是什么样子的……

——路易·阿姆斯特朗，《让音乐摇摆起来》

拉和一些其他的英国乐手，他们几乎不敢相信自己的眼睛和耳朵。几个年轻的音乐人提出要仔细检查路易的嘴巴，他们无法相信一个人能在没有器具帮助的情况下，具有这么多的能量。”记者们正在采访阿姆斯特朗，想要了解摇摆乐在美国的情况。还有些乐手来看他，问他那些唱片中的高音是不是和单簧管一起吹奏的——他们不敢相信小号可以吹出小字三组do!

惊奇过后的再度表演更是热力四射：“他唱歌的时候，手里拿着一块手帕，擦拭着脸颊——他在冒汗。他表演中蕴涵的能量足够让一个普通人活上好几年。总之，这是空前的，这是一个用电工作的人——这是美国给我们带来的最好的东西。”《旋律制造者》（*Melody Maker*）评论道。

在另一个乐队的伴随下，阿姆斯特朗完成了英国的巡回演出：他的第一支白人乐队！成千的观众在诺丁汉宫听他的演奏，他们说这是“当年最热烈的夜晚”。

我也不知道，但是摇摆音乐得到最严肃的认可，并不是在我们美国，而是在欧洲，这种想法很有趣。我在英国和欧洲大陆演奏的最初三年中，最好的乐评人都来见我，或者打电话到我的旅店来，跟我说上几个小时我们音乐的"意义"，以及他们是怎么想的。这在美国从来没有过……

[路易·阿姆斯特朗：《让音乐摇摆起来》]

在巴黎休整了几天之后，路易·阿姆斯特朗回到了大西洋的另一边，于1932年11月在纽约登陆。当时，罗斯福刚刚被选为总统。布袋嘴回到美国，他对自己说，摇摆乐的影响比他过去所想得到的更大。他觉得他所从事的事业更加重要了。

## 艺术的朦胧效果

然而，他的职业生涯也会出现波动。显然，他的事业全由经纪人打理着，而这位经纪人不仅招致了来自黑社会的最糟糕的麻烦，也理解不了路易。当小号手刚刚把他的爵士乐带到欧洲——那片早已被他的唱片所征服的土地——时，而美国，却在商业音乐中传播他的气息，并没有理解他真正的价值。1933年1月，在（英国）杂志《旋律制造者》上，制作人约翰·哈蒙德表明："路易的魅力和天赋都是无与伦比的。遗憾的是，我们没有给他做足够的广告。这是一个事实，当他从欧洲回来的时候，没有任何一张报纸写过报道。尽管他现在在英国得到了相当的认可，但是我们这里的公众对他还是很陌生的。"

路易·阿姆斯特朗没有乐队，胜利（Victor）和哥伦比亚（Columbia）公司为他而争执不休，他的嘴唇又在不停地作痛，看起来一切都错了位。1933年初，路易去了芝加哥，兹内·伦道夫为他组建了一支十人乐队，其中有年轻的钢琴手特迪·威尔逊。这支组合录制了12首左右的曲子，其中有*High Society*，这次是为胜利唱片公司录的。如果说小号手想换一家唱片公司，那是因为他想在一个更大的市场上产生影响——欧凯公司主要面对的是黑人公众。

他的麻烦还在继续……比起禁酒时期，行业同盟会赚的钱更少了，流氓们总会用这样那样的方法向演出产业中的重要人物诈取大笔钱款，他们最常用的还是胁迫。在费城表演时，路易·阿姆斯特朗在他的化妆间被人威胁，他非常恼火，对科林斯说："不管用什么方法，把我从这里解救出去吧。"又一起敲诈企图再次证明了美国领土上黑社会势力的顽固。与黑社会和经纪人之间积累下的种种问题，让布袋嘴十分苦恼。他再也不抱怨什么了，"就这么着吧"。他仍然像往常一样展现出自己微笑的外表。然而，他嘴唇的病痛让他隐约地感觉到，或许工作超过负荷，或许高音效果使用过度，虽然这曾经让他名声大噪，除此之外，他更加感到一种真正的疲惫——生理和心理的。

对于美国黑人爵士乐手来说，欧洲看起来更为热情。虽然这块古老的大陆也少不了种族歧视，但是表现得不那么尖锐极端。在那里可以做一个音乐人，而不用担心会被强盗或是左轮手枪威逼，在美国，强盗们完全是根据自己制定的规则到处找碴儿。

1933年7月底，阿姆斯特朗第二次登陆英国，8月初，他在豪博帝国（Holborn Empire）演出。批评家们指责他的风格过于"商业化"。他一系列小字三组do（280！），直到那一个卓越的fa，曾在他的国家给他带来无数的喝彩声，而这一次，专家们却用不以为然的耳朵来听……布袋嘴可能确实走得太远了。他的头几场音乐会让人揣测他迷茫而不知所终。

## 巴　黎

看起来一切都顺利解决了：科林斯被解雇，回到了美国；9月份由杰克·海尔登（Jack Hylton）接替。直接的结果是布袋嘴的工资提高了。他的巡回演出延长到1934年4月（丹麦、瑞典、荷兰……），随后路易·阿姆斯特朗去巴黎发展，由阿尔法陪同（他和丽莲从此分开，1938年，路易娶了他的第三个妻子阿尔法·史密斯，他和丽莲才离婚）。三四个月中，路易和美国、法国的乐手相处了不少时间。他爱巴黎，他在那儿找回了"街头生活"，即小酒吧的生活。他在布瑞瓦尔（Bougival）住了一段时间，随后在杜伦尼大街（Tourd' Auvergne）的一间套房居住，那个街区聚集着很多音乐家。他结交了不少朋友：皮特·都冈热、蒂简果·雷恩哈德、查尔斯·德劳内（Charles Delaunay）[索妮亚（Sonia）和罗伯特·德劳内（Robert Delaunay）之子。法国热力俱乐部（Hot Club）的秘书长，之后担任杂志《热力爵士》（*Jazz Hot*）的经理]、于格·巴纳西［法国批评家和制作人，法国热力俱乐部主持人（1932），热力爵士杂志的主编（1935)]，还结交了一些法国爵士乐的重要人物，他们都爱路易的音乐，爱上了当时他们听到的热力五人组—热力七人组的唱片。比如说，1931年，蒂简果·雷恩哈德的画家朋友埃米尔·萨维特利（Emile Savitry），推荐他听了几张路易·阿姆斯特朗和艾灵顿公爵的唱片，他觉得自己发现了一种"新的音乐"。蒂简果立即就意识到这里包含着一种理想的音乐形式，可以表达他所希望的东西……这些人，还有些作家使公众开始注意到阿姆斯特朗的音乐——他们制作了第一批爵士乐节目，如雅克·布洛

(Jacques Bureau）在LL电台（Radio LL）中做的节目、雅克·卡内第的节目。于格·巴纳西出版的书《热力爵士》(*Le Jazz hot*)，以及他在1935年到1939年间，为同名杂志撰写的诸多文章，都在新兴的欧洲批评中占据了重要的位置。爵士乐在法国受到了相当积极的关注，法国人的鉴赏品味也与美国人不同，美国人会消费很多他们不欣赏也不想去理解的东西，法国的音乐家总是比较敏锐。

10月，为了准备两场音乐会——预计11月在普莱耶尔（Pleyel）开，以及之后的巡回演出（比利时、瑞士、意大利），一个乐队组成了，布袋嘴也与这个乐队一起为Brunswick公司录制了几首曲子。除了几位背井离乡的美国黑人，乐队还聚集了皮特·都冈热、亨利·蒂里（Henry Tyree）、阿尔弗莱德·普拉特（Alfred Pratt）、杰克·汉密尔顿（Jack Hamilton）、莱斯利·汤普森(Leslie Thompson)、莱昂内尔·吉马拉斯（Lionel Guimaraes）、赫尔曼·凯蒂逊（Herman Chittison）、马塞尔·杰斐逊（Maceo Jefferson）、杰曼·艾拉构（German Arago）、奥利弗·泰斯（Oliver Tines）。尽管当时正遇上交通行业大罢工，普莱耶尔的音乐会还是大获成功。“世界最知名的小号手路易·阿姆斯特朗和他著名的黑人乐队，”海报中这样写道，以回应大家的好奇与期待。莫里斯·库拉兹回忆道：“当路易说出一个法语词的时候，我们都着迷了，这太让我们吃惊了。他有一种独特的幽默感和轻松放达。有个家伙给他带去了一篮鲜花，路易不知道该怎么办。后来，他把篮子的提手挎在手臂上，就像是挽着一个女人……他在舞台上大步地走来走去，像是一头野兽。”

第二次的欧洲之行让他安心，因为这是一个已经准备好接纳他的欧洲：他与热力五人组、七人组录制的唱片已经影响了欧洲小号手的表演，从此，他的名字与名声压着同一个韵。法国歌手，尤其是为首的查尔斯·特伦奈特，都使这种来自大西洋彼岸、充满生命力的新音乐的流行成为势在必行，它以从未有过的狂热在法国蔓延。当然大众的反应因地域差异而各不相同。如果说路易·阿姆斯特朗在巴黎、斯特拉斯堡获得的是辉煌的胜利，那么他在斯特拉斯堡蒙彼利埃歌剧院表演轻歌剧《科尔内维尔的钟》（*Les Cloches de Corneville*）第一部分的时候，遭遇的却是某种失败——观众们发出嘘声，向他扔硬币，来表达他们的反感。而路易没有明白这其中的意思，或者说不愿意去理解：他把这当成是一种喝彩！

自从离开祖国，布袋嘴就没有踏进过录音棚。1934年11月，他在詹纳街（rue Jenner）和火车站大道（boulevard de la Gare）街角的玻莉多尔录音棚（studios Polydor）录制了六首歌曲：*Saint Louis Blues*（两个版本）、*Tiger Rag*、*Will you*、*Won't you be my Baby*?、*On the Sunny Side of the Street*（Ⅰ和Ⅱ），以及*Song of the Vipers*。

*On the Sunny Side of the Street* 预示着他的风格的成熟化，在更为稳重平缓的音乐中蕴藏着更强的表现力。在了解了vipers这个词的含义之后（可能是唱片公司老板告诉他的），歌曲*Song of the Vipers*便问世了。其实在音乐人的语言中，大麻常常由别的一些词语来代表，如vipers、tea、muggles。Vipers是20世纪30年代爵士乐手们的最爱——法茨·沃勒作过*Viper's Drag*，斯塔弗·史密斯（Stuff Smith）则有*If you were a Viper*……

巴黎的气息温和而又宽容。然而，经纪人的问题又一次突如其来：雅克·卡内第声称他与路易签订了一份独家合同，并因此与于格·巴纳西产生争执……之后，卡内第对作家们透露："当时，我们一分钱也没有，我们那时还年轻，而且我们还没有意识到名留青史的只是路易，我们也没有意识到他的嘴唇真的患了病。"

## 乔·格拉泽

1935年1月，路易·阿姆斯特朗回到纽约，乔·格拉泽成了他的经纪人，并从他新的被保护者那儿抽取百分之五十的收入。格拉泽远远不是一个圣人，但他有两个非常大的优点：他理解且尊重他的艺术家。詹姆斯·林肯·科利尔（James Lincoln Collier）这样描述他："百老汇的铁腕人物，与黑社会有交往，他清楚地知道哪儿可以摆脱那些棘手的人和事，也知道如何通过政府的力量进行灵巧的幕后操纵，但同时，他也不失忠诚和善良。这就是与他打过交道的人对他起码的印象。"[《路易·阿姆斯特朗：一个美国天才》] 格拉泽比路易早两年去世，直到生命的最后一刻，他都做着路易的经纪人。

### 加百利天使的小号手

路易·阿姆斯特朗和乔·格拉泽；乔·格拉泽和路易·阿姆斯特朗。不要本末倒置，把耕地的犁放到牛前面去，第一眼看起来，你可能会觉得路易是在前面的，他牵引着事业，而格拉泽坐在犁的驾驶座位上，轻而易举地用犁来收获金钱。之后就你会发现，虽然格拉泽自己也得了好处，但是路易最终致富了，他甚至可能是所有"加百利天使的小号手"中最富裕的……我喜爱也尊敬路易·阿姆斯特朗。他出生贫穷，死时富裕，而且一生中从来没有伤害过任何人。

——艾灵顿公爵，《音乐是我的情妇》(*Music is my Mistress*)，Da Capo Press

> 我一直都知道乔·格拉泽，我的经纪人，是惟一理解并爱护路易·阿姆斯特朗的人——我就像一个婴儿或是一条小狗，清楚谁不总是打它的屁股。我尽我的一切努力让他满意。所有的问题——维持乐队、留住乐手、付他们工资、税收、佣金、选择录音的曲目——我都不用愁。他每月给我那么多钱，还把一切都照料好了。我只想做我会做的事。就像我常说的："人生得一知己足矣"。我将永远是布袋嘴…… [《生活》，1966]

这一次，转型的一切有利条件似乎都已具备，而转型也是小号手职业生涯中的必经之路。阿姆斯特朗逐渐恢复了他的光辉，而他的表达更加质朴，更加内敛。"小路易"感到安全，感到安心。他没有什么需要证明，不再像20世纪30年代初那样，在表演中大量使用音效。那时的他，是否曾经放任自己，在观众的喝彩声中陶醉，而他们的掌声只给功成名就的人？或者，他发现了名声所授予的"权利"而晕眩了呢？现在，在他的音乐表达中，进行着一种调整和重新平衡，路易终于可以把他一切的注意力都放在音乐上了。

## 摇摆，摇摆，摇摆……

在1935—1945年这十年中，摇摆时代的到来不可抵挡，这股潮流超越了美国国界。大型乐队大获全胜。诸多独奏者，都从这种音乐初涉成功：迪兹·吉莱斯皮、莱昂内尔·汉普顿、查查理·帕克（Charlie Parker）在录音中。从左至右：比利·鲍尔（Billy Bauer，鼓）、埃迪·萨弗兰斯基（Eddie Safranski，贝司）、查理·帕克（中音萨克斯管）和列尼·特里斯塔诺（Lennie Tristano，钢琴）。

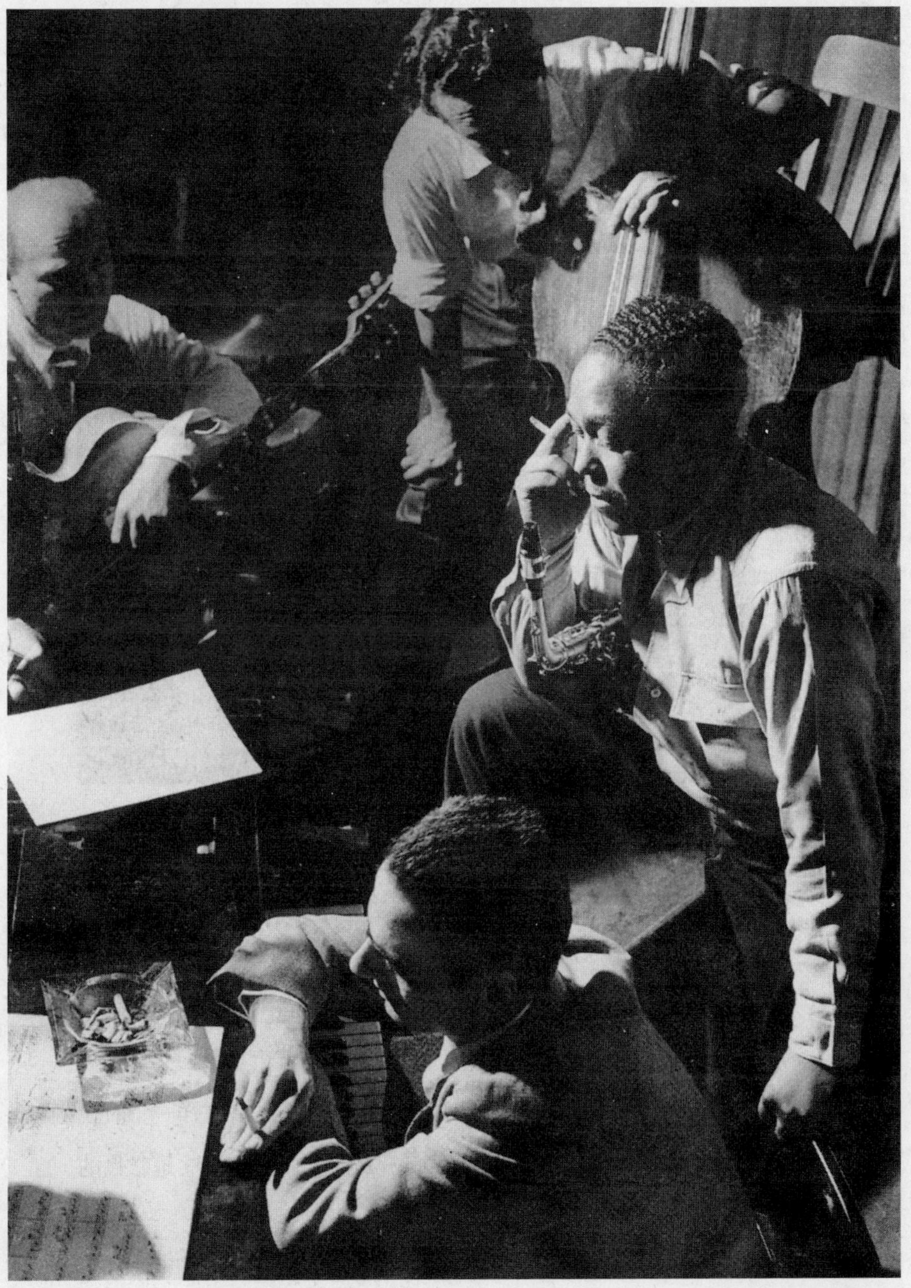

莱斯特·扬(Lester Young)。他从比莉·哈乐黛(Billie Holiday)那里得到了"总统"的绰号。在音乐人当中，他确实像罗斯福一样有名。"他像另一个夜曲风格的代表比莉一样，制造了一种无与伦比的氛围，这种氛围就如同那些清晰的梦境一般，在人们试图仔细辨认它们的时候却消散了。"——米歇尔－克劳德·雅拉尔(Michel-Claude Jalard)

理·帕克、莱斯特·扬、罗伊·埃尔德瑞奇、约翰尼·霍奇斯(Johnny Hodges)、吉恩·克鲁帕、特迪·威尔逊……这是一个讲究排场、追求高雅华贵的时代，乐队们可以进入大音乐厅表演，乐手们的收入也提高了。在逐渐走出危机的美国，舞蹈音乐正在普及。"摇摆(swing)"的标签意味着市场号召力，它可以促进销售。摇摆爱好者的队伍在扩大，正是在这样一个时代中，专业音乐杂志《下击》(*Down Beat*)问世了，这是时代的标志……

本尼·古德曼，一个如雷贯耳的名字，他的乐队表演的是

唱片 《卡内基音乐厅1938》 本尼·古德曼

一种文明的爵士，没有惊喜，却对白人舞者很有吸引力。1938年，在纽约卡内基音乐厅的表演，使古德曼成为当之无愧的摇摆乐之王。Swing（摇摆）一词第一次出现在“果冻卷”莫尔顿所作的曲子（Georgia Swing，1907）中，现在这个词带来的是财富……

> 人们开始更加清楚地认识到摇摆乐队和普通的流行乐队之间的区别，他们都开始趋向于摇摆。[路易·阿姆斯特朗：《让音乐摇摆起来》]

本尼·古德曼之后，出现了好几支白人乐队，例如格伦·米勒乐队、吉米·多尔赛和汤米·多尔赛兄弟乐队，以及风格细腻的阿尔蒂·肖的乐队。虽说他们的音乐制作精良，也不乏创意和影响，但摇摆乐队真正的巨头还是黑人乐手组成的乐队。首先，有著名的艾灵顿公爵的精致混音组合，还有康特·巴斯的乐队——以节拍乐器组的准确、出众的即兴重复段和独唱乐段而著名；还有吉米·朗司弗德的乐队——乐队的座右铭是 Rhythm is our business（节奏是我们的分内事），意味深长，他们的中音区慢速也是不可比拟的，被称为“朗司弗德速度”。当时的黑人乐队中，还有一些颇受关注，如：奇克·韦伯、安迪·柯克、卡布·卡罗维。30年代，卡布·卡罗维接替艾灵顿公爵在棉花俱乐部表演，他“hi-de-ho”和“zah zuh zah”的风格给他带来了巨大的成功，并引领了法国“猫儿”们的时尚。

这是一个令人振奋的时代。乐队独奏者技艺的精湛度和创造性都有所发展，在常规的表演之后，还有即兴演奏会，这预示着40年代比波普乐（be-bop）的发展。

斯坦·盖兹（Stan Getz）。"他不是惟一一个听了莱斯特（Lester）的作品而感到震惊的人。'总统'掀起了一次真正席卷爵士乐界的海啸。整整一代人都在这场游戏里重新认识了自己。"——阿兰·泰尔西内（Alain Tercinet）

此时，有一个名字却在并不显眼的地方起着重要的作用，这个名字就是路易·阿姆斯特朗，有他才有这种音乐的蓬勃发展……有批评家指责他在自我重复，使用的技巧不过都是他自己早先的发明，而此时的流行乐队却知道必须从他的贡献中汲取养料……"显然，这就是矛盾。1930年到1940年，路易·阿姆斯特朗在爵士乐界得到一致的赞赏，没有人不感谢他的贡献，他让音乐——可以说是他创造的音乐——如此广为普及。他周围发展出了那么多'小'阿姆斯特朗，而他自己在公众中的地位却丝毫没有改变。阿姆斯特朗的唱片卖得很好，但是和一些白人乐队的某些歌曲的高额发行量相比，几乎没有什么可比性。"安德烈·霍德尔说。

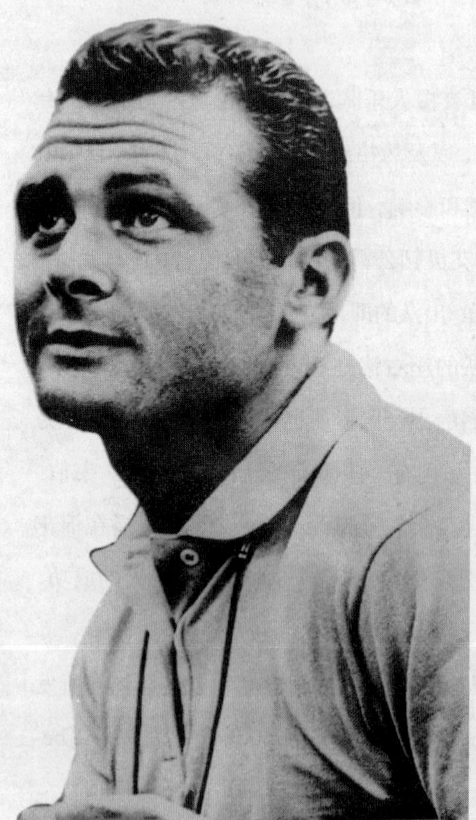

这些责备，反映出的是批评者眼光的狭隘和批评的不成熟，反映出他没有能力来认识阿姆斯特朗艺术与众不同的价值。对于这样的责难，赫尔比·汉考克回答说："这就好比你必须要经常使用以前从来没有用过的词来说话。"显然，路易·阿姆斯特朗的方法没有改变，是他创造了自己的方法，这些方法就是属于"他"的。对这样一位创造者，这样一位已经指出了音乐本质的人，还能要求什么呢？歌唱的布袋嘴、吹小号的布袋嘴，都是讲述自我的布袋嘴。我们却指责他不是一个纯粹主义者，而路易什么时候自称是呢？

## 路斯·拉塞尔

回到美国，路易的嘴唇疼得厉害，甚至不得不在医生的建议下停吹几个月。直到6月，他才真正重新投入工作，加入了兹内·伦道夫领导的乐队。

10月，他重新回到了路斯·拉塞尔的乐队，乔·格拉泽决定把乐队变成路易·阿姆斯特朗的固定乐队。阿姆斯特朗与这支乐队合作，在纽约康尼酒馆演出直至次年2月。路易认识乐队中的大部分成员。他们中有好几个都是来自新奥尔良的，路易在他们身上找回了那份家乡独有的热烈。如果说乐队演出的质量不稳定（到目前为止，还没有出现过这样的情况），是因为他们的生活条件和几年前无法比了。音乐会、旅行演出、录音、广播，一环扣着一环，持续不断地进行着。因为时间紧张，排练只好压缩，几近取消。但是我们必须公正地说，他们的表演相当灵活，乐队中也有一些出色的乐手：如低音部分的博普斯·福斯特（Pops Foster）、打击乐手保罗·巴尔巴林（Paul Barbarin）——1938年，由优秀的西德尼·卡特莱特替代担任打击乐手。1937年春，里德·阿伦、阿尔伯特·尼古拉斯、J.C.希金伯萨姆（J.C.Higginbotham）加盟乐队，他们的表演立即增加了铜管乐部分的平衡感和强度。这样一个稳固的团体让路易·阿姆斯特朗感到很安定，和他们合作，他可以在真正的融洽中深化自己的表演。这段时间，一切都似乎进展顺利，他与Decca公司签订了一份合同，这样他就可以经常去录音棚录音。

1935年10月到1936年5月期间，路易·阿姆斯特朗乐队录制了二十多首曲子。从第一首歌开始，这些曲子就与 *On the sunny Side of the Street* 的巴黎版本风格一脉相承。*I'm in the Mood for Love*，细腻温柔，哀而不伤，更充分地展示了阿姆斯特朗在情歌艺术上的超人之处。他的表演朴实无华，冷静沉着，而这丝毫没有使歌曲变得单调贫乏，而是更为优美抒情。小号手的分句演奏和音色都更加充实丰满。大部分的曲子都是从民歌保留曲目中选出来的，*I'm in the Mood for Love*、*You are my Lucky Star*、*On Treasure Island*、*Solitude*、*La Cucaracha*、*Falling in Love with You*……路易自1930年就表现出对民歌的偏好，现在这种趋向更加明确，这也成了他将来坚持的一个特色。

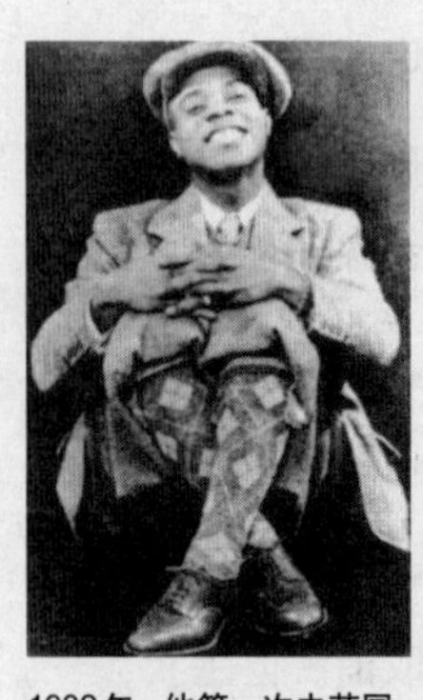

1932年，他第一次去英国，《旋律制造者》杂志评论道："小字三组fa充斥了整个空间，他一个高音也没有错过。他喜欢用嘴唇奏出颤音，他用右手野蛮地摇动他的小号……"

同期，出于明显的商业动机，Decca公司让阿姆斯特朗和一支白人乐队——吉米·多尔赛乐队——合作录制了*Dippermouth Blues*、*Swing that Music*……之后，也是因为同样的目的，产生了他与其他白人乐队合作的曲子：*I'm Putting all my Eggs in One Basket*（1936），以及*Ain't Misbehavin'*（1938）的再版发行。

他与Decca公司录制的这些东西，也没有得到纯粹主义者太多的尊重。对此，约翰·切尔顿（John Chilton）证实说："对他们而言，路易正确的位置是三种乐器领军人物之一：小号、长号和单簧管。但是在他生命中的前四十年，除了录音之外，他只用了不到十二个月的时间来研究乐器法。他的个性使他并不在意这样的议论，但我设想，任意一首他为Decca录制的曲子，如果我们把它当做一位无名小号手惟一的作品来推出的话，那些非议路易的人都会把这位神秘人物当成爵士天才来看待。"[马科斯·琼斯和约翰·切尔顿：《路易》]

这一时期，作为独奏者、娱乐人、歌手，阿姆斯特朗的名声不断扩大，并越来越经常地在银幕上出现。电影圈也没有放过他的表演才能。他即将成为一个享誉全球的明星，乔·格拉泽正在为此努力……

## 《我能给你的，只有爱》

1935年起录制的歌曲中，有几首是布袋嘴著名的经典“老歌”。当然，他避免一个常有的现象：干瘪的重复。与之相反，在他的演绎中，音乐素材中还注入了一种前所未有的清新：*Mahogany Hall Stomp*、*Dippermouth Blues*、*Struttin' with Some Barbecue*（《与一位美丽女孩散步》）、*Save it Pretty Mama*、*Hear Me Talkin' to Ya*、*West End Blues*、*Savoy Blues*、*Confessin'*、*When it's Sleepy Time down South*、*I'll be Glad when you're Dead*，*you Rascal you*……作为路易·阿姆斯特朗乐队音乐负责人，乔·加兰（Joe Garland）也经历了这些不久就为众人了解的变化——乐队等级从“好”变成“非常好”。乐队的节拍乐器组激发了路易的灵感，*Hear Me Talkin' to Ya*、*West End Blues*、*Savoy Blues*这几首歌都取得了辉煌的成功。他的分句法赋予了再创造以全新的维度，此时他的分句比1935年起突现灵感而作的分句法转变更能打动人心。

他重新演绎了歌曲《我能给你的，只有爱》（*I Can't Give You Anything but Love*）（1938），这首曲子第一次录制是在1929年，新版本中纯净的表演，是他在不到十年的时间中获得成熟的证明。阿姆斯特朗用加速的节奏开始演

1931年春，兹内·伦道夫组建了乐队，阿姆斯特朗与之合作表演了整整一年时间，并录制了众多歌曲，其中有著名的*Stardust*。他对这支乐队有很深的感情，尽管乐队算不上是路易合作表演过的乐队中最出色的。图为，新奥尔良的市郊花园，也就是那位白人电台主持人拒绝播报这位“黑人”名字（路易·阿姆斯特朗！）的那个晚上。从左至右：乔治·詹姆斯、查尔斯·亚历山大、莱斯特·布讷、阿尔伯特·华盛顿、阿姆斯特朗、图比·霍尔、麦克·麦克肯得利克、兹内·伦道夫、约翰·林德塞和普雷斯顿·杰克逊。

奏主旋律，装饰延长音使表现力相当突出。

第二小节开头的装饰音更加简洁，跟着出现了两组附点八分音符－十六分音符，使主题发生了变化（第三小节第一个音符）。用do替换了高音降号si，阿姆斯特朗改变了旋律线，随后的一组下琶音强调了和谐的色彩（他表演中常用的手法）。在休止之后，旋律趋向高音，第四小节是节奏规律的二分或四分音符，每个音连接清晰，其中，加入的降音mi很突出，它引入了一个效果更好的负荷。在独奏过程中，阿姆斯特朗通过一些微妙的旋律或节奏的变化，扩充了主题，避免了干涩（琶音），他带着幸福感和直觉构筑音乐，在他即兴创作的过程中，选用的音乐表达都相当连贯。同样让人称奇的还有路易改编*Jeepers Creepers*（1939）原主题的方法。在独奏的开始，一些时值加长，而一些休止被取消。但真正的变化在于他用颤音来装饰几个精心选择的音符。布袋嘴使主题光彩焕发，活力再现。

路易·阿姆斯特朗又一次与旋律“对话”。

他不仅知道如何来应答旋律，也知道怎样引导旋律表达在原版本中所不曾有的内涵：他对旋律的演绎表明，他是一个创造者。

## 八面玲珑

1947年，从佛罗里达到加拿大，阿姆斯特朗红遍了整个北美大陆，剧院大厅里满是路易·阿姆斯特朗乐队的海报——阿波罗剧院、林肯剧院、棉花俱乐部、大阳台、卡内基大厅、派拉蒙、海滨剧院（Strand Theater）……如果路易不在录音棚，也

乔·格拉泽、路易·阿姆斯特朗、科克·欧可菲（Cork O'Keefe)(1937)

不在拍电影，那么他就一定在舞台上表演。有时候一天之中，他需要赶好几个场子。从1946年起始终跟随其左右的阿尔维勒·肖解释道："他只要稍稍休整，便又会精力充沛。当巴士中的我们都疲惫不堪的时候，他只需小睡一会儿，便开始为下一场表演作准备了。这就是为什么有些人不得不离开路易的原因，因为他们体力跟不上……"

1937年，当他到佐治亚州（Georgie）的萨瓦纳（Savannah）巡回演出时，他又看见了乔·奥利弗。这位新奥尔良之王十分潦倒。

> 当时他身无分文，摆了个小摊，卖西红柿和土豆。他只穿着衬衣，甚

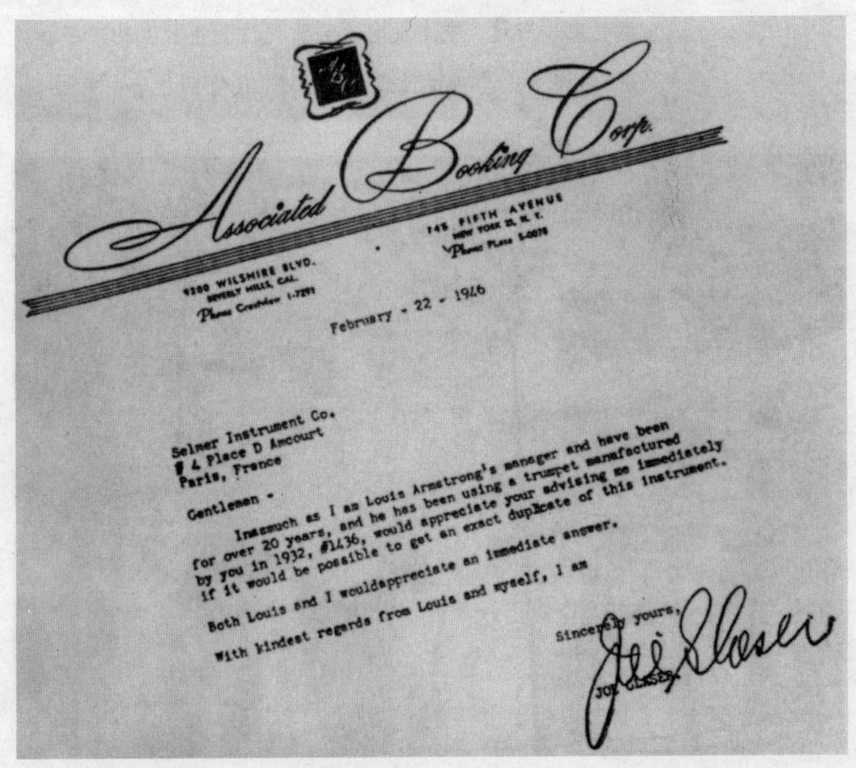

Associated Booking Corp.

745 FIFTH AVENUE
NEW YORK 22, N. Y.
Phone Plaza 5-0075

9200 WILSHIRE BLVD.
BEVERLY HILLS, CAL.
Phone Crestview 1-7291

February - 22 - 1946

Selmer Instrument Co.
# 4 Place D Amcourt
Paris, France

Gentlemen -

Inasmuch as I am Louis Armstrong's manager and have been for over 20 years, and he has been using a trumpet manufactured by you in 1932, #1436, would appreciate your advising me immediately if it would be possible to get an exact duplicate of this instrument.

Both Louis and I wouldappreciate an immediate answer.

With kindest regards from Louis and myself, I am

Sincerely yours,

Joe Glaser

JOE GLASER

乔·格拉泽给著名的Selmer公司的一封信，路易的经纪人在信中表示，希望selmer公司能够给他一个1932年生产的小号的复制品。（Selmer 收藏）

路易·阿姆斯特朗，卡布·卡罗维(Cab Calloway)和比尔·"Bojangle"·鲁宾逊（Bill "Bojangle" Robinson）在棉花俱乐部的晚会上：鲁宾逊是路易最喜欢的演艺明星，他喜欢鲁宾逊的优雅（"他总是穿着得体"），认为他既滑稽又敏锐，既狡黠又机智。

至没有钱买外套。他见到我们的时候非常高兴，而没有哭泣……之前，乔到过纽约，我们不得不告诉他，我们没有什么机会可以提供给他了。他已经老了。他的嘴里有脓漏，他的牙齿也不好使了……最后，乔离开了纽约，南下。当时，只要我们失业三四天，就没有乐队要了。没有万能的绿钞票(美元)，就不会有朋友。乔曾经组建过一支小乐队，启用的都是新奥尔良初出茅庐的乐手，他们几乎刚刚知道怎么把乐器拿稳。尽管乔为新奥尔良作出了很大的贡献，但那些小乐手却成为他的敌人……他们本应该赞美感激这样一个对他们意义重大的人！如果他们不曾和乔·"国王"奥利弗表演过，根本没有人会听说这些年轻人的名字。当然，也没有人会听说过我。乔在一个便宜的旅店中落脚，他

把行李留在房东那里，如果他付不出房租，那个行李箱就可以作为抵押。最后，我们在巴尔的摩的小摊前遇到了他。我给了他150美元，当时我只有这么多。路斯·拉塞尔、里德·阿伦、博普斯·福斯特、阿尔伯特·尼古拉斯、保罗·罗伯特也纷纷倾囊相助。那天晚上，正当我们为舞蹈伴奏时，我们在后台看到了乔。他和1915年的乔一样风度翩翩。他到当铺里去赎回了他的东西、衣服、宽边牛仔帽、大衣。他非常潇洒，听我们表演了一个晚上。1926年之后，我就再也没有见过他。我一直都很景仰他，只要可以的话，我都会托人给他捎上一样小东西。而我自己也不是非常宽裕。我每场晚会挣75美元。而我的妻子对钻石总有无法满足的渴望！是阿尔法，我的第三位妻子。她总是希望用新的皮衣来吸引歌舞团女演员的注意，等着她们问："这又是哪种皮做的呢？"

乔·奥利弗死于1938年4月，路易评论道：

人们说他死于心脏病，我觉得他是死于心碎。他再也走不下去了。我总是想："可怜的老乔，我的乔。"哀莫大于心死，心死会让人死亡。我可能永远也不会因为心碎而死的。我知道现在哪些人是我的敌人。[《生活》，1966]

我曾经造就了音乐界一些最有名的人，然而我太过于骄傲，不愿意请求我帮助过的人来帮助我。从某种意义上来说，甚至是他们中的一些人，一手造成了我今日的衰落……我不知道怎样让别人来感谢我所做的事，一些狡猾的人用我的想法来赚他们的钱……

——转引《听我对你诉说》中乔·奥利弗的话，纳特·沙皮罗与纳特·汉托夫

1948年3月，在巴黎Hammam。从左至右：皮埃尔·杜丹(Pierre Dudan)、路易·阿姆斯特朗、罗杰·巴松(Roger Barson)和皮埃尔·达克(Pierre Dac)。阿姆斯特朗第一次和他的全明星出行欧洲，留下了大乐队的回忆。

当我们看到乔·奥利弗在怎样悲惨的境遇中结束了他的生命时，当我们还知道当时路易生活相当富足时，这是多么悲伤而无奈。我们有权利想他可以“选择”帮助奥利弗，但是骄傲自尊的奥利弗又会接受吗？这个问题现在还没有答案……

## 露西乐

路易的第三次婚姻也并不长久。他于1942年与阿尔法离婚，每月给他250美金的赡养费。同年秋天，他与露西尔·威

尔逊结婚。露西尔是一位黑人舞蹈家，他们在纽约的棉花俱乐部相识，露西尔陪伴着他直到生命的最后。她能够理解阿姆斯特朗并接受他：

我的小号是第一位的，甚至比我的妻子露西尔还要重要。情况确实是这样的。我想说的是，我爱她，因为她能够理解这一点，并一直在我的身边支持我。

阿姆斯特朗的小号就是他的生命：

只要我一拿起这件乐器，这就是我的一切。整个世界都远离了我，而我的一切注意力都集中在我的小号上……我的生活离不开它……您应该和小号一起生活。这就是我为什么会结四次婚的原因……

1955年，法国批评家兼制片人于格·巴纳西授予路易·阿姆斯特朗爵士乐碟大奖。巴纳西常常因为他对布袋嘴怀有的崇拜而遭到批评——他的偏爱会让他缺乏客观性。后来，他反对比波普，他认为“这不算是爵士”。此外，他还于1969年出版了一本关于阿姆斯特朗的书。

露西尔向人们讲述了一个美丽的故事，是关于他的丈夫的。她给路易买了一棵圣诞树："最后，我们准备睡觉了。路易躺在床上，用一种孩子般的眼神看着圣诞树……最后，我对他说：'好吧，我要把树上的彩灯关掉了。'他对我说：'不，别关。我还想再看下去。你知道，这是我生命中的第一棵圣诞树。'当时路易40岁，我还以为一个40岁的人至少应该拥有过一棵圣诞

纽约派拉蒙剧院，（从左至右）：汤米·多尔赛——长号手（小号手、单簧管演奏者、作曲家、编曲家及乐队领队），绰号"多愁善感的长号绅士"、布德·弗里曼、博普斯·福斯特、埃迪·康登、埃迪·康登、乔治·韦特林(George Wettling)。当时，布袋嘴常常和白人乐队合作录音，特别是汤米、吉米·多尔赛兄弟的乐队。

树呢……第二天，我们出发去堪萨斯州。我对自己说：圣诞已经过去了，现在是26号了，我们就把树留下吧。而路易却对我说：'不要，别把树扔下，带上它吧。'就这样，我就带着树出发了，让它加入我们的巡回演出，尽管我们在每个城市都不超过一个晚上。甚至在打开行李箱前，我都得先把树——他的圣诞树——安排好。"

对路易而言，露西尔是一个真正的伴侣，她懂得体谅，她陪伴在他身边，她接受做这样一个人物的妻子所包含的种种牺牲。她鼓励路易买一套房子，尽管她得到的是一个非常现实的回答："亲爱的，我们永远也不会在家的。那么我们为什么还需要房子呢？"露西尔是对的，当他们在长岛（Long Island）的可乐娜（Corona）——Shea Stadium 附近——有了他们自己的房子时，每次路易能够回到自己的家，都非常高兴。

## 随机应变……

尽管到1947年为止，路易 · 阿姆斯特朗还继续和大型乐队表演和录音，但他在40年代初的时候仍和小型乐队合作录制过几首曲子。"New Orleans Revival"（复兴的新奥尔良）已初露苗头……他与西德尼 · 贝克特，另外还有路斯 · 拉塞尔和祖迪 · 辛格雷顿，再度合作于1940年5月录制了几首曲子。如果说路易和西德尼，这两位乐坛巨匠在20年代的合作还没有辐射出耀眼的光芒，那么他们这一次录制的歌曲则成就斐然。*Perdido Street Blues*、*2/19 Blues*、*Down in Honky-Tonk Town*、*Coal Cart Blues*，都使他们的合作成为音乐史上不朽的时刻。*2/19 Blues* 中，小号开启了整首曲子，序曲在贝克特细腻的复调旋律的衬托下，显得更为怀旧。紧接着，（贝克特）高音萨克斯的独奏，高亢奔放，感情丰富而不失含蓄，正与阿姆斯特朗简洁的表演风格形成

唱片
《温和之鹰》
科尔曼·霍金斯

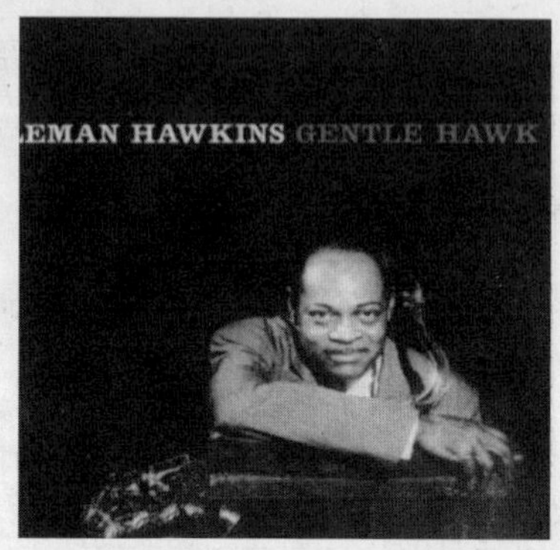


了鲜明的对比。

如果我们听布袋嘴为他钟爱的歌曲 *When it's Sleepy Time down South*（1941）录制的第三个版本，我们也可以得到同样的结论，这首歌曲是和路斯·拉塞尔乐队合作的，由乔·格拉泽带领。这个版本完全由乐器演奏，与引子/声乐/小号独奏/合奏这样的惯例完全不同，给听众带来充实、绝妙的聆听感受……在此，阿姆斯特朗提供了一个质朴风格的典范。

1944年1月，在纽约的大都会歌剧院（Metropolitan Opera House）举行了一场盛大的音乐会，这场音乐会由《骑士》（*Esquire*）杂志组织，为年度最佳乐器演奏者庆功。和获得桂冠

科尔曼·霍金斯

在他们出发去非洲之前，在伦敦，布袋嘴和他的第四个妻子露西尔庆祝他们的结婚周年。自1942年结婚始，露西尔陪伴在路易身边直到生命的最后。

的布袋嘴聚集在一起的，还有每种乐器的最佳演奏者：罗伊·埃尔德瑞奇、巴尼·比伽德、西德尼·卡特莱特、阿尔特·塔特姆、杰克·蒂伽尔登、科尔曼·霍金斯、莱昂内尔·汉普顿、艾尔·凯西（Al Casey）、奥斯卡·贝迪福得（Oscar Pettiford）。这是一支疯狂的乐队！这是一场盛宴！然而，路易的状态不佳，他的嘴唇很痛。听阿姆斯特朗和罗伊·埃尔德瑞奇同台演出是很有趣的一件事，因为后者是路易风格的延续。鲁西安·马尔松说，“平静从容和浪漫的表现主义”在此形成对比。埃尔德瑞奇富有冲击力的表演，预示着后来的迪兹·吉莱斯皮风格，他是未来的比波普音乐家和路易·阿姆斯特朗的古典派之间的过渡。艾拉克里·德·戴维切威说：“对于路易在这场音乐会中的表现，我只能给他打60分，因为他不在正常的状态。要知道前两天，这

支乐队还参加了一个晚会，从晚会录音中我们可以听到一个完美的路易。然而就在这两天之中，路易与大乐队表演，把嘴唇给吹坏了。路易其实不想参加《骑士》杂志的音乐会的，但是，格拉泽因为各种原因坚持让他去。我有一封路易在1943年写给祖迪·辛格雷顿的信，他在信中说：'我的嘴唇坏了，我很想取消音乐会，但是在我们这行，要想取消，除非是死！'"

在这段时间，我们不难听到布袋嘴和年轻一代的独奏者一起表演，值得注意的是，他常常给他们表达的空间。就这样产生了德克斯特·戈登（在路易的乐队中工作了六个月）的独奏曲 *Perdido*，这首曲子是在宾夕法尼亚的军队基地中录制的。1946年，*Long Long Journey* 录音的声乐部分，凸显了约翰尼·霍奇斯流畅明快的抒情。这是两位大音乐家之间惟一的一次合作，充满了布鲁斯的曲风。

## 变　动

1942年4月1日，美国音乐家联盟（American Federation of Musiciens）安排的罢工迫使加盟的艺术家无法进录音棚。这次罢工是为了反对广播节目过度使用唱片，而不购买发行权，同时也越来越少地雇用乐手现场演奏。罢工长达两年时间，对爵士乐生命有着必然的影响，它也使我们缺失了这段时间的唱片档案，无法见证比波普音乐的兴起。路易·阿姆斯特朗的一些表演是刻录在V-discs（胜利唱片［唱片规格为30厘米，78转，1942年到1948年由美国战争处发行，目的是为了给士兵提供娱乐，同时也是隐藏的一种宣传手埃拉（Ella）与公爵（Duke）。一个快乐的生日聚会，两位爵士乐巨人这一晚坐在了同一张桌前。鲍里斯·维安（Boris Vian，法国作家、诗人、音乐家，1920—1959，重要作品为小说《生活的泡沫》）曾说："我生命中最重要的三个时刻分别是1938年艾灵顿（Ellington）的音乐会，1948年吉莱斯皮（Gillespie）的音乐会，和稍后艾拉（Ella）的音乐会。"他把这张照片珍藏在家庭相册里。

段。这些碟通过借用现存曲目的模具刻录或直接录音。这些V-discs已经成为收藏品]）上的，比如说，他在1944年1月在纽约大都会歌剧院的音乐会。我们得以通过这些V-discs或是无线电广播的录音，重新发行当时的歌曲。

1945年，第二次世界大战末，社会发生了重大的变动，也同样影响了音乐生命。爵士乐的影响渐渐减弱，只限于在一些小俱乐部演出；大酒吧，诸如棉花俱乐部或阿波罗，都折射出一个时代的终结。除了极少数的例外（迪兹·吉莱斯皮、伍迪·赫尔曼），大型乐队都在走向衰落。摇摆时代的大乐队消失了，它曾经是繁荣的美国的标志——那个充满了标准化的狂妄野心的美国。比波普音乐正准备响应战后的时代精神，另一部分公众呼唤着甜美醉人的歌谣。

## 种族主义

路易·阿姆斯特朗的名声越来越大，他有一种击退阻力的能力，这种天赋的神力也招致了别人的怀疑……

他是世界知名人物，无论在爵士乐爱好者还是电影爱好者中，“老爸”成为一个典范，他对公众产生的影响是巨大的。《纽约时报》通讯员费利克斯·贝莱尔（Felix Belair）写道：“美国的秘密武器是小调布鲁斯。现在，最能干的大使是（布袋嘴）路易·阿姆斯特朗……美国爵士乐已经成为一种世界语言。它没有国界，但是人人都知道它的起源在哪里，它又将走向何方。”路易解释道：

我希望我的巡回演出让人们更加幸福，也可以让他们更好地理解一些事情。我已经习惯了他们向我提各种各样的问题——而我可能是第一个回答这些问题的人。

他常常被指责为汤姆大叔［汤姆大叔，美国女作家斯陀夫人所著长篇小说《汤姆大叔的小屋》（*Uncle Tom's Cabin*）中的主角。比喻逆来顺受的人。——译者注］，人们批评他不参加政治或是反种族主义的争辩，却成为爵士、尊敬和宽容的代言人。就像艾灵顿公爵曾把他的许多作品奉献给有色人种（黑人、棕色和黄色人种、利比里亚人……）一样，他不属于任何派别，只是通过自我来建造自我。"我和我的小号一起到来，我为我的种族和我的音乐辩护……"布袋嘴是音乐家，他的话是说给所有人听的——白人或者黑人，说服他们，吸引他们，所以，他也属于那些为消除种族隔阂作出巨大贡献的人中的一分子。路易·阿姆斯特朗唱着 *Black and Blue*："我在这儿，我是黑人，为什么要鄙视我？我有哪点低你一等？"

他的诽谤者忘记了一些重要的事情。1957年，在北达科他州，他在宾馆中看电视，一些年轻的黑人学生不顾学校的种族隔离，希望享有受教育的权利，而一个白人在去学校的路上，对着一个走向学校的黑人女孩脸上吐唾沫……从小石城（Little Rock）转播的画面深深震动了布袋嘴。［小石城事件：1955年，联邦最高法院通过了具有历史性的废除种族歧视的"布朗教育法令"。1957年9月，秋季开学之际，九名黑人学生准备到"小石城中心高中"上学。路上遭到白人暴打，阿肯色州州长福布斯（Orval Faubus）甚至动用国民警卫队，封锁学校，禁止黑人学生入学。电视新闻把黑人学生的遭遇向全美富有同情心的观众"曝了光"。9月25日，艾森豪威尔总统下令派遣101空降部队的1000名士兵，护送以"小石城九勇士"闻名全美的黑人学生从"中心高中"正门进入学校，反对种族主义的人们最终取得了胜利。"小石城事件"是美国反对种族主义的一个重要的里程碑。——译者注］目睹这样的行为，路易愤怒了。不久，一个年轻的记者敲开他的门，想要为地方报纸做一次访谈。阿姆斯特朗的话就好像是炸药一般，目标直指总统艾森豪威尔和州长福布斯："以这样的方式对待我们南方的人民，政府可以下地狱了。"报纸的编辑为路易激烈的言辞大吃一惊，让路易确认一下即将发表的文章，路易重重地签上了自己的名字，并保证他不收回任何话。鉴于阿姆斯特朗的名声，这件事情的影响就更大了，他甚至向总统艾森豪威尔写信。

"这是一个重要的人道主义者，尽管他的做法和如今年轻的黑人激进分子不同。他们不理解路易的行为，而我却知道他比汤姆更加人道。"[转引自《路易》中，小号手兼歌手比利·埃克斯蒂纳的话，马科斯·琼斯和约翰·切尔顿著] 同年，即1957年，白宫让他作为"艺术家大使"去苏联。路易拒绝了，他说：

> 如果那边的人问我我们国家的情况，你们让我怎么回答他们呢？美国的情况如此糟糕，以至于黑人感觉不到自己还有祖国。在小石城，他们刚刚动用国民警卫队阻止黑人孩子上学。总统艾森豪威尔没有胆量，但是他却有两张面孔：他允许福布斯州长反对联邦政府。

几年后（1965），当他在斯堪的纳维亚巡回演出的时候，提及阿拉巴马州的黑人示威，路易对记者说："如果耶稣是黑人而且走在马路上的话，他会被示威的黑人们打的。"

1946年，电影《新奥尔良》的成功来得正是时候。在这部值得回味但不完全符合历史事实的长片中，路易·阿姆斯特朗出现在新奥尔良的传统乐队之首。路易想回到他最初的音乐中去，这种回归的想法非常迫切。因为“大乐队”的潮流已经过去，而路易越来越经常地受到批评；评论界更钟爱的是萨克斯，而不是小号。小型比波普乐即兴演奏乐队产生了，比波普乐的大师是：查理·帕克（他曾在1943年与厄尔·海因斯合作演奏）、泽罗尼斯·蒙克和迪兹·吉莱斯皮。布袋嘴必须拿出行动来加以回应，这是他的最后一次大转型。

## 比波普乐

从1941年开始，比波普乐（be-bop）在纽约第52大街的俱乐部中发展起来，其中主要有明顿斯（Minton’s）、门罗下城之家（Monroe’s Uptown House），在那里表演的有泽罗尼斯·蒙克、迪兹·吉莱斯皮、肯尼·克拉克和查理·克里斯琴。比波普乐是对爵士语言的革新，它追求快速敏捷的风格和大胆的和声，是对摇摆时代的乐队、商业化的通俗歌曲以及新奥尔良风格复兴运动的反抗。对当时的听众来说，比波普乐代表的是一种革命，一种对经典风格的解放。1973年12月，德克斯特·戈登在杂志《热力爵士》中回忆了这段革命时期：“当时，我们还没有意识到这种音乐所向前迈出的根本性的一步，因为我们处理一切的方法差不多都变了。比如说我们的服装都完全不同了——鸭舌帽、贝雷帽，等等；还有语言——这简直是另一个语言世界，真的，我们今天使用的切口几乎都源自那个时代，如‘slang’(行话)，‘to be hip’（了解内情）等等。那时还处于战争时期，一些人应征入伍，另一些人则想尽一切办法逃避兵役。简而言之，只要能使自己与众不同的，他们就会去做。那几年的纽约实在是非常特殊。”

正当比波普乐有可能向他关上成功的大门时，路易·阿姆斯特朗在保持自身风格的同时，赋予了他的工作以新的意义。从此，他采用小乐队演奏，试图挖掘他新奥尔良血脉中的元素，并采用了更为灵活的形式。萨克斯手诺艾尔·西布斯特(Noël Chiboust)，曾在1934年路易的一场音乐会中与他的大乐队合作过。十年后，他还常常提起这件事情，赞赏之情溢于言表，“只用一个音符，爵士乐所有的节奏都在他的颤音中体现出来了。”

在战后的头几年，即将成为纽约又一经典爵士乐形式的比波普乐，对美国黑人已建立的音乐秩序提出了质疑。

对比波普乐，阿姆斯特朗的态度非常明确：这种音乐与他无关，他会一如既往、随心所欲地做他的摇摆音乐，现在的他无论如何也不会妥协。他的风格保持着纯净，不做半点让步。新的音乐语言最终只是通过它给爵士乐世界带来的转变以及大众对它的新的认识间接地影响着他。随后，我们将会看到，路易的态度不像过去那么坚定了，舞台之外的他，对比波普的态度是摇摆不定的，有一点好奇，有时候又有一些热情或是恼怒，然后又会表示反对。这种矛盾感情完全在情理之中。在一些人眼里，比波普乐无异于当头一棒，几乎让他骤然老去，危及了他爵士之王的地位。1947年底，鲍里斯·维安在《爵士专栏》（*Chroniques de jazz*）中援引了比利时《热力俱乐部》（*Hot Club*）杂志上的一篇文章，对照了阿姆斯特朗在前后几个月之间的两番申明，相互矛盾的两段话显露出他犹疑的立场。在《骑士爵士乐卷》（*Esquire Jazz Book*）中，路易赞赏地说：

> 你们知道我狂热地迷恋比波普乐吗？我非常喜欢听。我觉得它娱乐性很强。只是，要想演奏这种音乐的话，必须有坚固的嘴唇。我保证，我这个人，各种类型的音乐都喜欢。

路易以独到的眼光、善良纯真以及与生俱来的接纳性而著名。然而，这段话却与他在接受德怀特·惠特尼（Dwight Whitney）采访时说的另一番话相矛盾：

> 啊，这些玩比波普乐的家伙，都是些著名的技师。比波普就是错误，

我的老朋友，只有成为一个技师才能知道什么时候犯了那些错误……这些人音乐玩过火了，他们演奏了成堆的音符——奇怪的音符，但这什么也说明不了，应该把旋律保留下来。

而且路易也确认，维安透露说，他早在1918年就已经听到过这种音乐了。

鲍里斯·维安一直都很关注路易言谈中所表现出来的矛盾乃至他内心深处的冲撞，尽管他一直非常尊敬阿姆斯特朗，但这一次他却站在现代派这一边。1948年5月，他披露了布袋嘴对比波普乐人攻击性很强的另一番话。这段话发表在美国一本重要的爵士乐杂志《下击》(*Down Beat*) 上，路易对比波普乐人大表不满，认为他们惟利是图，绝不会做没有利益的表演：

我说的是那些年轻的"猫"，那些喜欢用他们的小号把低音部分搞得很晦涩的52号大街的青年爵士乐迷，他们会说：先给我钱，我再给你们吹个调子。你们也知道没有人可以这样做出好音乐来。想要做出些好音乐，必须先得热爱音乐。他们要的首先是钱，却鄙视音乐……不管是什么样的表演方法，只要是前所未有的，对他们来说就是好的。因此我们听到了各种奇怪而毫无意义的和声……很快，人们就会感到疲倦，因为他们记不得旋律，也没办法和着节奏跳舞。于是，音乐人又会变得很穷，没有人再会去做音乐了。

泽罗尼斯·蒙克（Thelonious Monk）。“20世纪最伟大的作曲家之一，他融合了各种音乐。而他在现代性中最大胆的一次尝试无疑是在一首布鲁斯曲——《凹纹》（*Bags' Groove*）——里运用了音乐叙述的突发和不连贯。”——菲利普·鲍杜安（Philippe Baudoin）

维安尝试着超越这种过于明显的对立，被神化了的比波普乐和已经初见端倪的“复兴的迪克西兰”（dixieland revival）——这种“用绝望的顽强保留的往昔艺术”——之间的对立。路易，或许开始听凭自己被比波普乐的新奇所吸引，因为除了他的其他反应外，有一天他还说，在接受“国王”奥利弗的建议之前，他在音乐上也有过放纵的开端。但是很快，这位始终与大众走在一起的黑人的儿子，也无法容忍街头艺术和爵士乐之间难以想像的差距了。

直到1940年，在美国，爵士乐都是舞蹈音乐的同义词。战争和严禁在酒吧跳舞的禁令都改变了音乐世界的风景；但是对路易来说，这是与大众连接起新的纽带的时候，而不应该把整个注意力集中在和声的铺展上，用深奥的

形式将公众排斥在外，必须回归旋律。路易觉得，比波普乐有神经官能症和精神分裂症的特质，是一种抑制不住的表达冲动，是战后的现代苦闷，而比波普乐本身还没有意识到这点，既不想大众化，也不愿商业化。最后，走在演艺业边缘的比波普乐人，(他们的不妥协)几乎扼杀了多少还运行得不错的爵士产业；而对路易来说，金钱是安全的代名词，或许是他看到了自己隐匿的害怕，想起了被遗弃的、病重的乔·奥利弗败落的晚景。

1947年春，演出机会越发少了。阿姆斯特朗和他的乐队每晚的分成收入降到了750美元。实际上，比波普乐的大跨步前进把爵士乐的构架搞乱了；一部分公众的口味发生了转变，时代不同了。狡猾的乔·格拉泽宣布，路易"可能"得了溃疡，需要接受一个体格检查（check-up），并解散了乐队。如果说，巡回演出众多的路易确实需要去看看医生，那么他同样也可以利用这段时间考虑一下自己的未来。从1944年开始，他更新了乐队，他有时也会重新用小乐队演出。因为当选了"年度最佳音乐家"(1944)，路易率领了一支完全由明星组成的迷你乐队在纽约大都会歌剧院演出了一场音乐会（这个剧院第一次向爵士表演开放），音乐会赢得了巨大的胜利。在电影《新奥尔良》之后，人们思索着把影片中新奥尔良乐队即吉德·奥瑞乐队的辉煌延续下来的可能性。

路易从不迟疑在闻名一时的录音室乐队范围中，与其他的爵士次中音（艾灵顿公爵、汤米·多尔赛、本尼·古德曼、约翰尼·霍奇斯）较量。1947年2月8日，"老爸"与另一位新奥尔良的巨星，单簧管和萨克斯吹奏者埃德·霍尔（Ed Hall）在卡内基大厅合作表演。这次机会让他能够再做一次反向旅行，目的地是新奥尔良，并表演“原创迪克西兰乐队”（Original Dixieland Jass Band）的 *Tiger Rag*。1947 年 5 月 17 日，路易与一支小规模乐队在纽约市政厅（Town Hall）举行音乐会，音乐会巨大的成功引发人们认真地思考成功的原因。这场音乐会载入了阿姆斯特朗的史册，这是他最好的公众录音，甚至比广受青睐的同年 11 月 30 日在波士顿交响乐大厅（Symphony Hall）演出的音乐会更加出色。这个春日的夜晚特别成功，虽然稍逊于他最优秀的录音作品。即使他小号的完美音响还未得到最完美的再现，但是这 1 小时 20 分钟中表演的 27 首曲子仍然是公认的他的最佳“现场版（live）”。节目单主要是对成功的老歌进行再创造，比如完美地再现了 1925 年的生活情趣的 *Cornet Shop Suey*，还有 *Struttin' with Some Barbecue*、*Save it Pretty Mama*。路易已经在无形中决定放弃大型乐队的形式了。他的乐队中，长号吹奏者杰克 · 蒂伽尔登（演绎了一首精彩的 *Saint James*）无时不在激发他的灵感。批评家说“这是卓越的‘热力音乐’(hot music)，表现了他的最高水平”。

1948 年，正值迪兹 · 吉莱斯皮的音乐会也取得了惊人的成功，记者希姆 · 库班（Sim Copans）在巴黎采访了他，当他谈到新奥尔良爵士乐的时候，他惊呼道：“哦！这种老音乐啊！”随后，他也表达了自己对路易的种种敬意。实际上，路易和迪兹是好朋友，也是邻居，他们不巡演的时候每天都会通电话，开开玩笑。他们高尚的人品和相互间的友谊都使他们从不会对对方提出质疑。

爵士历史上发生的是艺术史上常有的现象：一种音乐在他的家乡达到了一定技术高度，并有修养较高的听众群体时，会催发一种更为理性的、更为深奥的新形式。比波普乐就是属于这种情况，普通人可能会感到难以接近，于是当地的大众就会转向旧的风格，回到源头上去。这种复兴，从 1938 年开始

1944年，帕克（Parker）和迪兹（Dizzy）正在与比利·埃克斯丁（Billy Eckstine）一起进行巡回演出时，年轻的迈尔斯·戴维斯看到了他们。他于当年底离开了度过了童年和少年的城市东圣路易（East Saint Louis）并前往纽约，希望在那里找到帕克（Parker）和迪兹（Dizzy）二人。

就在美国初见端倪，同时它在国外也越来越被认可。唱片公司、爱好者协会重新发行了爵士原始时期的录音，也出版了书以及杂志，比如杂志《自动换盘器》（*Record Changer*），开始挖掘并讲述那个美国黑人音乐的美好时代。原初爵士热忱的拥护者法国人于格·巴纳西，在1938年灌制了一张怀旧金曲，收录了一些已经被人遗忘的音乐人的作品——西德尼·贝克特、汤米·

拉德内（Tommy Ladnier），还有一位后来转向新奥尔良风格的芝加哥的前辈弥尔顿·“梅兹”梅兹罗。之后有“果冻卷”莫尔顿、吉米·努恩、约翰尼·多兹，甚至邦克·约翰逊也占了一席之地。那些最尖刻的批评家说，“气喘吁吁的老家伙们”又回来了。确实得给已成为农艺工人的邦克·约翰逊一把小号和一副假牙！这一原发的、非理性的运动意味着成功的时刻到来了，特别是在法国，西德尼·贝克特的音乐事业至此都还处于二流。他正巧与路易的愿望和需要吻合。

## 明星小乐队

50年代初，或许布袋嘴也对他年轻时候的音乐产生了一种真正的怀念之情，他放弃了摇摆大乐队，放弃了耗费昂贵的乐器，因为这样的形式肯定行不通了。1947年夏初，他不得不遗憾地正式解雇了16名乐手和1名歌手。6月，路易录制了一首他自己创作的歌曲：*Someday*（*You' ll Be Sorry*）。这是他为数不多的作曲之一，是他在一次巡回演出途中的一个晚上创作的。从此他就开始用小乐队表演了——让人不得不想起第二支热力五人组。

阿姆斯特朗和他的新同伴——六人演奏组和一个歌手，展现出了更为现代、经过改造的古典新奥尔良风格。全明星正在转向其音乐源头，被称为复兴的新奥尔良（New Orleans revival）（当时的某个奥尔森·韦尔斯依靠的就是这种风格）。新出现的白人乐队，对先锋者们有一种崇拜，带有一些紧张和不自然，从大众的视角来看，他们略带造作地遵循着迪克西兰或芝加哥的第一种爵士风格。许多人与新奥尔良重新建立了联系：在法国有克劳德·路德、安德烈·雷维略蒂和马克希姆·索利；在美国有皮特·戴利（Pete Daily）、火房五二人组（Fire-House Five plus Two）、迪克西兰的杜克（Dukes of Dixieland）——

雷·查尔斯（Ray Charles）

1959年，布袋嘴和这支小乐队录制了*The Definitive Album*，显示了他超凡的肺活量、充沛的精力和持久的耐力。

除了少数的特例，路易自此直到生命的最后都用小乐队进行表演，小乐队给即兴演奏以更大的空间，并且其成员都是明星（开始的时候明星成员少些），这就是全明星（All Stars）这个称呼的来历。路易·阿姆斯特朗之前从来都没有过这么小型的舞台乐队，即使是在热力五人组、热力七人组的时代，或是录音室里的乐队也没有过。这次创新改变了路易的前景，他在音乐会中的地位也发生了变化。之前，他都是以独奏者和歌者的身份出现，由一支大乐队伴奏；自此，他成为一个活跃的团体的带领人，就像20年代以前的乔·奥利弗一样。

他的经济人乔·格拉泽和他本人在启动全明星阵容之前，都有过很长时间的犹豫。格拉泽不能确定这样做是否会成功，也不能确定欧洲公众的反应，同时，路易也不能在英国演出，因为美英的音乐家同盟会之间有一些利益冲突。从路易这方面来说，他喜欢大型乐队，如果可以，他也会非常乐意地在一定程度上保留这种形式。最后由格拉泽出于经济因素的考虑作出了决定。

> 这是乔的主意。不管怎么说，是他引导了我的职业生涯。既然是一个我喜欢的人，一个我确信在我身边支持我的人作出的决定，变化对我而言没有问题，至于别人欣赏或是反对，都与我无关。乔作决定，其他的对我都不重要。

全明星表演了摇摆乐的保留剧目，但慢慢地走向一种更加传统的爵士。路易每年，或者说几乎每年都与一个不同的全明星阵容出现。他立刻获得了成功，而且是巨大的成功。布袋嘴职业生涯的最后一个阶段看来让爵士迷和大众们大为满意。路易以他的方式，以他激情满怀的高超技艺，确认了当下的现象，即爵士乐作为一种艺术形式，得到了世界范围的认可。评论又站到了路易一边，认为路易又找回了他的音乐元素。

1947年8月，全明星正式登台，路易终于找到了一个相对稳定的、由大牌音乐家组成的团体；他灌录了诸多歌曲，其中有波士顿音乐会上的一曲*Muskrat Ramble*。“布袋嘴”在为Decca公司的后续录音［指1935年至40年代初这一时期］中，回到了简单、安详、纯净的表演中。一天晚上在尼斯演出之后，他

小号手兼歌手巴尼·伯里根(Bunny Berigan，1908—1942)，一天，在巡回演出的途中，别人问他音乐家需要什么的时候，他回答说："一副假牙和一张路易·阿姆斯特朗的照片！"

幸福地坦言："我在音乐中发挥的空间更大了。"厄尔·海因斯，人称"钢琴边的路易·阿姆斯特朗"于1947年解散了他的大型乐队，回来找他20年代的伙伴。他在路易身边一直待到1951年夏，就像杰克·蒂伽尔登一样，后者是爵士史上少有几个的影响了黑人音乐家的白人（带少部分印第安血统）之一。路易和杰克重新录制了颇具冲击力的*Jack-Armstrong Blues*，并于1944年录制成唱片。"蒂伽尔登和我在一起，就好像当时我和乔·奥利弗一样。"布袋嘴说。路易时而急性子时而慢性子，蒂伽尔登时而热情时而懒散，("你是黑人，我是白人；我们有相同的脾气，那么一起表演吧！"杰克常这样对路易说。）这对默契的搭档是第一个全明星的主轴，打击乐手大西德尼·卡特莱特（Big Sid Catlett）富有表现力的表演烘托了这种默契，卡特莱特本来就是路易的大乐队中的成员。第一支全明星阵容同样包括了新奥尔良的单簧管吹奏者巴尼·比伽德，他精细的风格是摇摆乐时代的一个光荣，他曾经与乔·奥利弗、路斯·拉塞尔表演，并且是艾灵顿公爵十四年合作中的独奏者，乐队中还有阿尔维勒·肖，路易得力的低音提琴手。

1947年9月，《时代》标题："路易·阿姆斯特朗与玛门［亚述神话中的财神，是金钱与力量的化身］决裂，并回归爵士乐。"当月29日的一场晚会改变了爵士世界：埃拉·菲茨杰拉德和迪兹·吉莱斯皮在纽约卡内基大厅表演——这是一场载入史册的音乐会，标志着比波普乐得到了完全的认可，至少也是被大众所接受了。

从1947年到1950年，布袋嘴和他的同伴们疯狂地巡演并在无以计数的音乐会上表演（这些音乐会常常用无线电转播，或是都收入唱片），常常是一天有好几场，几乎一年之中每天都有表演。由于路易超常的体格和体力，他顶住了这段时间的高强度表演。在哥特瑞杰（Guttridge）和史密斯（Smith）撰写的关于杰克·蒂伽尔登的传记中（1960），提到当时全明星的生活是由两样东西组成的：频繁更换多少还算舒适的旅馆，以及他们喧哗的乐迷群。矛盾的是，在这段蒂伽尔登—海因斯时期，路易的乐队"在精疲力竭的时候往往表演得更好"。

1948年，全明星第一次访问欧洲。斯堪的纳维亚对他们的欢迎达到疯狂状态；在瑞士的一天晚上，"老爸"在40 000名观众前表演。2月，路易和他的六人演奏乐队参加了尼斯的第一届爵士节，他们是：厄尔·"Fatha"·海因斯、巴尼·比伽德、杰克·蒂伽尔登、阿尔维勒·肖、大西德尼·卡特莱特。以后，他们会定期回到欧洲。

每年冬天，阿姆斯特朗都会改组他的乐队。在他身边的都是耀眼的明星，但是，他保持着新古典主义的特点，自始至终都没有动摇过。这成了传统爵

埃拉·菲茨杰拉德

士一种生机勃勃的形式。“他的才能在于采用他一开始的乐队组成——小号、长号、单簧管和节奏乐器组，并和比他弱一些的音乐家在一起，而不是那些超级明星，至少在巡回演出的时候不是；这样有两个好处：一来，从利益角度来看，减少舞台费，第二，从职业角度来看，就好比在一个熠熠闪光的首饰盒中，通过对比，可以增加自己的收入；反之，这也并不影响他与埃拉·菲茨杰拉德演唱，或者加入更为固定的唱片公司。”（弗兰克·德诺）

他的演出曲目很大一部分是由新奥尔良的传统曲目构成的——*High Society*、*Didn' t He Ramble*、*Twelfth Street Rag*、

唱片 《大师系列》 埃拉·菲茨杰拉德

*When the Saints Go Marching in*、*Muskrat Ramble*，但是全明星并没有因此成为迪克西兰乐队。发展得如火如荼并动摇了当时的主流（mainstream）爵士乐的revival（复兴），并没有在“老爸”新乐队的保留曲目中留下特别的痕迹；他还在表演自己的音乐。路易没有放弃自己的showman-ship，即他的事业和他爱开玩笑的天性；他与滑稽的歌手维尔玛·米德尔顿一起演唱二重唱——虽然她肯定算不上最有天赋的女歌手，他们投入地表演了各种戏谑二重唱，数量众多，并不停地提起美好的往日时光（good old days）、童年和在芝加哥起步时的日子。杰克·蒂伽尔登和路易·阿姆斯特朗这对黄金搭档再度合作翻唱了歌曲*Oh High the Moon*——歌中阿尔维勒·肖的低音提琴音色雄浑，还翻唱了豪吉·卡米歇尔那首难以形容的*Rockin' Chair*（*old rockin' chair got you*）——这首歌是年轻人聚会时最受欢迎的曲目，也被人们当做对来之不易的假日的赞歌。另外，路易与各种规模的乐队合作录音，有时甚至和管弦乐队录音。他作为歌手录制了不同的流行曲调，那些获得成功的曲子就加到全明星的标准演出曲目中。

## 青年爵士乐爱好者之王

1949年2月21日，路易·阿姆斯特朗上了《时代周刊》（*Time Magazine*）的封面。同月末，他在路易安那州举行了几场音乐会之后，时值新奥尔良的狂欢节游行，他被封为“青年爵士乐爱好者之王”。当1926年6月23日，路易和热力五人组录制那首*King of the Zulus*的时候，路易就梦想这个荣誉称

歌手维尔玛·米德尔顿正在表演她最喜爱的一个节目之一：一字开。这个泼辣的女人1957年之后加入了全明星，她的事业30年代末在棉花俱乐部起步。她与吉米·朗司弗德乐队表演，1944年，她与比尔·“Bojangle”·鲁宾逊一起演唱*Born Happy*。她和搭档布袋嘴组成滑稽二重唱，他们的幽默有时有些过头，他们的二重唱扰乱了美国黑人音乐厅的幽默传统。

号了。这首歌由丽莲·哈丁·阿姆斯特朗编写，被爵士乐爱好者普遍认为是阿姆斯特朗夫妇热力五人组的录音中最无趣的一首！路易好几次都承认如果这份荣誉授予他，他会快乐而死的。这一天到来了，赶忙表态说：

> 的确，我常说这是我最大的野心，现在我所有的希望是，天主不要过于严格地要求我！

比莉·哈乐黛（Billie Holiday）。“实际上，爵士乐里有两种女歌手：第一种里包括比莉·哈乐黛；第二种包括其余的所有歌手。那些歌手仅仅是唱，也有着或多或少的天赋；而她却能让人看到天堂和地域，看到我们灵魂中的光明和黑暗。”——阿兰·戈尔贝（Alain Gerber）

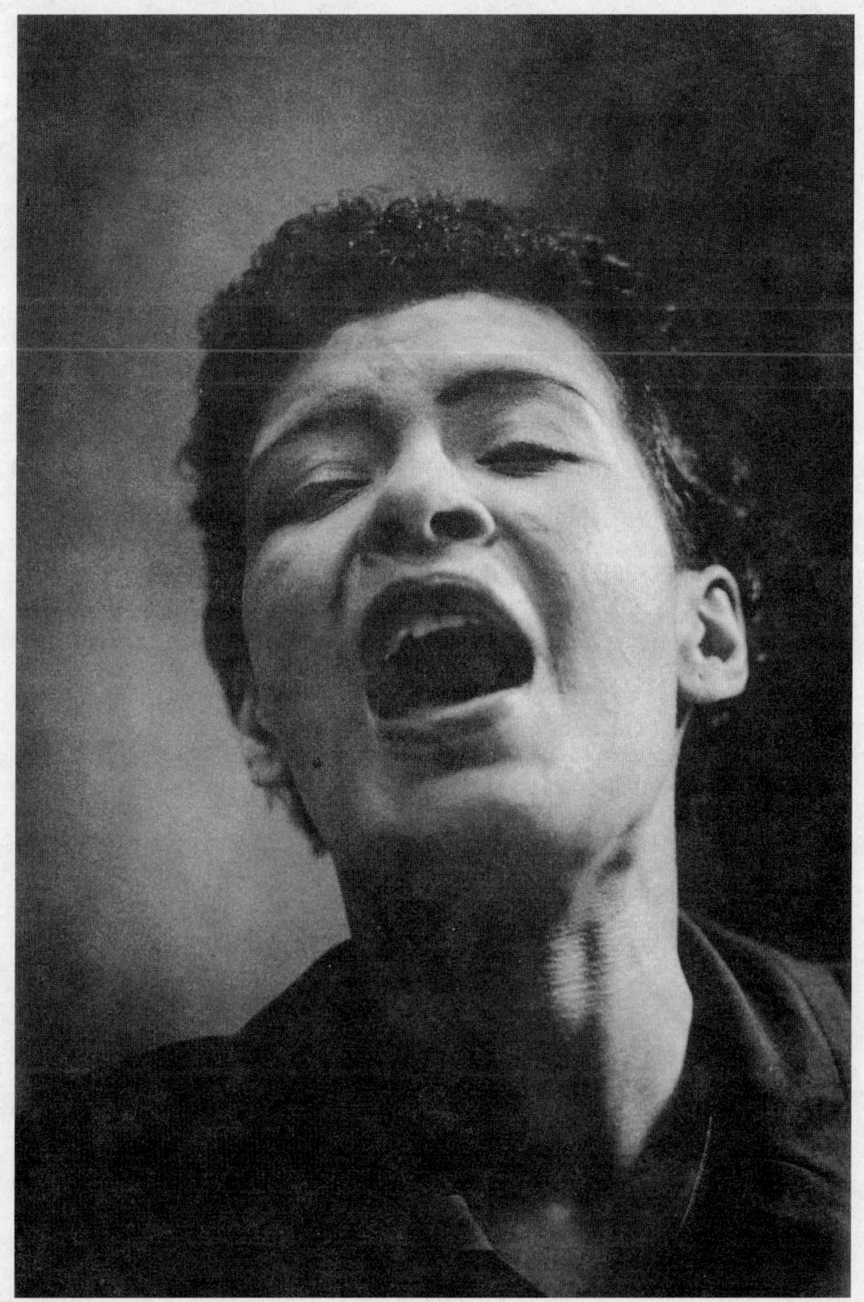

11月，比莉·哈乐黛邀请她的偶像参与两首歌的录音：*You Can't Lose a Broken Heart*和*My Sweet Hunk o' Trash*，这两首曲子选自詹姆斯·P·约翰逊（James P. Johnson）和弗洛诺·米勒（Flournoy Miller）所作的音乐喜剧《糖山》（*Sugar Hill*）。第二首歌在唱到“Lady Day”的时候，路易几乎脱口而出fuck，在唱片中几乎听不出来。同月，“老爸”受到了罗马教皇庇护十二世的特别接见。教皇问他有没有孩子，他说：“No， Your Holyness， but we keep trying。”（没有，教皇陛下，但是我们会继续努力的。）实际上，布袋嘴和一个女舞蹈演员有过一个女儿；为了避免个人麻烦，女儿随母亲姓。路易从来没有提过这件事，但是，似乎小女孩和他长得很像。

## 玫瑰色的人生

1950年7月4日，“老爸”50岁生日，法国的无线电广播从纽约转播了半小时的阿姆斯特朗专集节目。法国领事代表所有法国的朋友们向他表达了生日祝福。“老爸”把他演奏中的一支曲子献给了法国的热力俱乐部，美国的杂志《下击》和《自动换盘器》都提议做一期阿姆斯特朗特刊。路易的天才在其在世的时候就为人所了解，人们也渐渐地承认了他真正的排位：第一位。

1950年，他对两首法语歌曲的演绎奠定了他在国际范围的全面的胜利：*La Vie en rose*（《玫瑰色的人生》）和*C'est si bon*（《这是如此之好》）。从此，作为小号手和即兴爵士演奏家刚刚和他的全明星为Decca公司录制了新奥尔良系列的路易，他的

“时间流逝，我通过自己的努力，赢得了自己的声誉。我在我的合同里都加上了一条：如果我不能继续下去的话，我就不再那儿表演了。我是进入豪华白人旅馆的第一个黑人。Oh Yeah! 我是先锋者“老爸”! 而如今没有人还真的记得这些。”（路易・阿姆斯特朗，转引自《布袋嘴》，加里・吉丁斯著）

“娱乐者”的形象逐渐淡化，歌者—街头艺人的形象逐渐为大众所接受，他精妙的艺术表演也深入人心。他的传奇造就了，兼有过去的光荣和现在的辉煌，兼具粗犷与灵感的闪现，1952年，布袋嘴被《下击》杂志的读者评选为“历史上最重要的音乐人物”！

1952年1月1日，他的朋友宾·克劳斯贝的竞争者弗兰克·西纳特拉，邀请他一起去电视台录制两个主题：*Lonesome Blues* 和 *Confessin'* 片段。在流行明星这样的地位上，路易毫不感到拘束，他找到了自己的方式，找到了歌唱和小号、音乐和幻想之间的平衡点。他在各个方面所流露出来的自然表现力让纯粹主义者和记者们都很惊讶；大部分已被比波普乐所征服的他们，又一次冷落了路易。这个确信自己来到世界是为了带给人们幸福的“老爸”，逐渐被人们忽略了。裂痕加深了；一些唱片迷(record fans)、全世界的热力俱乐部都对他们的偶像感到反感，他们捉摸不透他——这个声称“生命是一场悲剧，不能太过于认真”的古怪的乐天派。内行的听众都背离了他：路易已经不是那个路易了；他重拾起二十五年前录制的曲目，重复着相同的独奏曲，从此，他是“流行的”，并伴随着这个词所可能包含的一切轻蔑，对一些人来说，这个词几乎是反民主的。在迈尔斯·戴维斯的自传（1989）中，他提到了这点，让他非常痛苦：“我非常喜欢路易表演小号的样子，但是，我非常讨厌他微笑的方式，完全是为了讨好那些疲惫的白人。路易·阿姆斯特朗是‘hip’[hip，喝彩声，指其能引来公众喝彩的表现力；也指聪明、机灵，能够迎合观众。——译者注]，他知道黑人意味着什么，他确确实实是个好人；

但是人们对他的回忆就是微笑着的电视荧屏形象！……路易喜欢扮小丑，他就是这样的！”但是在后几页，在提到最重要的音乐家时，迈尔斯也明确表示：“所有的小乐队作品，其源头都是路易·阿姆斯特朗，其后有莱斯特·扬和科尔曼·霍金斯，最后是迪兹和‘大鸟’（查理·帕克）。”

战后，路易的形象，即富有才华的丑角形象，似乎让他的音乐才能以及源自60年代的内在音乐价值都有所下降（1949年，在巴黎，他吹奏*West End Blues*的引子失误，使场内一阵轻咳）。在他的余生中，他获得的国际化的成功，都一直呈上升态势，甚至延续到他去世之后，而这只加深了隔阂和误会——不仅在白人中，也在黑人活动分子之间。实际上，与许多欧洲人——我们所谓的崇尚知识和理性的欧洲人——相反，路易从来不区分艺术和戏剧、爵士音乐和流行音乐，也是因为这个原因，他反对比波普音乐。除了他在20年代的录音之外，他总是演唱、表演时尚的曲目；他的才能，他的职业，也就是说，面向更多的受众的风格，一种有人情味的表达，这些使他成为阿姆斯特朗。路易作曲很少，他不被看做一个创造者，而被视为一个

野兽，虎，美洲豹……

1930年，纽约萨瓦舞厅。从左至右：公爵乐队中最著名的女歌手之一丽维·安德森（Lvie Anderson），艾灵顿公爵和埃拉·菲茨杰拉德。之后，埃拉与阿姆斯特朗组成了最辉煌的二重唱之一（听他们在1956—1957年间的录音）。

公众逗乐者，一个‘滑稽歌舞剧’的音乐家、黑人街头卖艺者的继承人，而黑人街头卖艺者（darky minstrels）的职能，是帮助人们摆脱生活的平庸。我们甚至可以想到，在各种批评家以及职业人的眼中，布袋嘴在公众以及私生活中的善良淳朴、在舞台上的放旷都遮盖了他在音乐上的高度。1970年，在纽波特爵士节的一个电视节目上，路易·阿姆斯特朗这样解释道："一些批评家说我是小丑，但小丑是很了不起的。让人们快乐，这就是幸福所在。大部分批评家都分辨不出两个音符之间的区别……当我表演的时候，我想到的只是我的美好时光……音符都是自己流淌出来的。只有热爱，才能让人具备表演的能力。"

在生命的最后几年里，布袋嘴时常在巡回演出期间不经意地吐露心里话；在两次短暂的恢复体力的午觉之间——午觉是他

路易和他的全明星（从左至右）：厄尔·海因斯、杰克·蒂伽尔登、巴尼·比伽德、阿尔维勒·肖，后面还有科兹·科尔……如果说这个小型组合的乐器法让人想起新奥尔良传统，那么全明星演奏的音乐，用艾灵顿公爵的话来说，“不可归入任何类别”。

保持超常体力的秘诀，他跟人们说起他的第一批听众是新奥尔良的妓女们；他想起爵士是自发创作的，首先是为了让人舞蹈，为了让大街更有生机，为了给“滑稽歌舞剧”和“诙谐剧”以及无声电影伴奏：完全是为了给大众带来最大限度的快乐，这在名家中也是一样——莎士比亚操心的是他的环球剧院（Globe Theatre）能否满座，莫里哀从露天舞台和笑剧转向宫廷，狄更斯的小说在伦敦，甚至在每日的轮渡上热卖，或者卓别林，他是如此贴近大街上的民众，但是却从来没有获得过奥斯卡奖。

## 老　虎

一些人对他的成功的不屑并不会令“老爸”感到窘迫。这位美国黑人的使者，同时也是许多美国白人的使者，总是相信自己可以赢得观众，即使他越来越难变动他表演的曲目单。他几乎永远知道怎样满足自己的重要需求——让观众喜欢。提到那些批评和势利的人，这位神秘而慷慨的人习惯于说：

> 从他们能够正确拼写我的名字的那一刻开始，那个名字就是公众的了！

其实，更可能让路易真正生气的，是他的乐手们以及他的乐队——乐手们的偷懒和有时的不自信，最糟糕的是，人们对路易的乐队不尊重。我们从1957年7月4日，路易的也是美国的生日这天在纽波特节音乐会发生的逸事就可以有所了解。晚会中安排了阿姆斯特朗，路易和他的全明星从纽约出发，在下午三四点左右到达；那时，他们在临时演员化妆间——Freebody公园的帐篷——中休息，纽波特节节目安排者和他的经济人乔·格拉泽告诉他，他必须和安排中的那些艺术家一起表演。那都是老牌明星中的老牌了，如里德·阿伦、布斯特·贝利、J.C.希金伯萨姆（Higginbotham）、杰克·蒂伽尔登和科兹·科尔（他原先的全明星），以及他的第一个雇主吉德·奥瑞。最让路易难以接受的是，在最后大的即兴表演前，他被要求与西德尼·贝克特及埃拉·菲茨杰拉德同台表演，而不是和自己的乐队一块儿表演！路易惊呆了。可能的折中办法是：他这里那里都表演一会儿，但是晚会压轴节目必须是和他自己的乐队表演，否则他拒绝登台。这时贝克特发来一封电报，祝路易生日快乐，并表示不能参加晚会，布袋嘴正好可以和他的乐队一起表演了。好吧……但是……有人对他说，他的女声乐手不可以上场。组织者说，他们已经安排了一位女歌手（埃拉·菲茨杰拉德），一个人足够了。布袋嘴简直不能相信自己的耳朵，维尔玛·米德尔顿从1942年起就跟着他了！但是批评家们却不喜欢她。这个强壮而美丽的女孩，喜欢笑，尽管身材壮硕，却能轻松表演一字开。而这些足够让那些批评家认为她庸俗，而组织者向这些批评家让步了。在化妆间里，维尔玛抽噎着哭起来了；这太过分了，路易的怒火爆发了，他掀起帐篷的一角跑出来谩骂起来，浑身只盖了一块手帕（在头上），他气疯了。最后，他只和他的乐队和歌手上台表演。他的表演结束，人们带了一个巨大的蛋糕到台上。埃拉·菲茨杰拉德和约翰尼·莫赛（Johnny Mercer）唱生日歌给他听。吉德·奥瑞和其他乐手准备最后的即兴表演。"没有人可以侵犯我的权益。"路易扔下这句话，然后唱起了国际歌。路易既没有碰蛋糕，也没有碰晚宴上的任何一道菜。之后，这一事件被报道出来，并恶意地攻击阿姆斯特朗，对此，杰克·蒂伽尔登惊呼道："他们中的一些人看起来是故意想折磨'老爸'。"

路易是一个复杂的人，他看似不拘小节，其实相当敏感。他不喜欢被人催促，被人欺骗，如果跟着他的人受到了侵犯，他会变得非常凶暴，像一只真正的老虎。相反，如果他们中某一个人放纵了自己，他也知道给他一点教训。打击手肯尼·克拉克是比波普乐和现代打击乐先锋之一，40年代初曾在路易身边表演过。他对记者莫里斯·库拉兹（Maurice Cullaz）讲述过这样一件事：一天晚上因为抽了太多的大麻，他把节奏乐器组演奏得乱七八糟的。阿姆斯特朗一边演奏，一边用眼睛询问他："嘿，小伙子，怎么回事？"其实，他什么都明白了。打击手感到很烦恼，因为路易是"爸爸"，他非常敬爱他。四天以后，下午两点，肯尼·克拉克出来透透气。宾馆服务员通知他说阿姆斯特朗在房间里等他。肯尼上了楼，非常害怕，心

特拉米·扬（着黑衣的小号手）和路易·阿姆斯特朗（身着白衣）。扬在1952—1964年间是全明星中的一员。他和不同的音乐家合作过，开始时是与厄尔·海因斯，最后与迪兹·吉莱斯皮和查理·帕克合作（比波普乐兴起时录制的唱片），其间还与罗伊·埃尔德瑞奇、吉米·朗司弗德、本尼·古德曼合作过。他的表演影响了比波派小号手。

都快跳到了嗓子眼儿。布袋嘴心情很愉快，用上等好酒招待了他，并让他抽最好的烟草——金阿卡普尔科（Acapulco Gold）。最后，路易陪他到门口："我要睡觉了，我有点累了。"接着，克拉克听到了一个粗粗的声音对他说："Never before the job，after."（放松自己最好在工作完成之后，绝对不要在工作之前！）

> 如果一个人演奏乐器连续32小节，而不认为从路易·阿姆斯特朗得到过任何灵感，那么他就不是音乐家，无论他是什么风格。路易造就了一切，一切都是最好的。
>
> ——吉恩·克鲁帕

## 路易演奏翰蒂

1951年，阿姆斯特朗访问了澳大利亚、远东，同年厄尔·海因斯和杰克·蒂伽尔登离开了全明星，组建了他们自己的乐队。

在日本开过第一场音乐会后，布袋嘴于1954年7月在芝加哥录制了《布袋嘴演奏翰蒂》（*Satch plays Handy*），收录了11首由“蓝调之父”威廉·克里斯托弗·翰蒂（William Christopher Handy）作的曲子。翰蒂吹奏短号，担任过军乐队队长，他把一生都奉献给了布鲁斯，让白人们了解布鲁斯。1912年，他发表了*Memphis Blues*，1914年创作了*Saint Louis Blues*，1917年则有*Beale Street Blues*问世。人们常常批评他将一些可能属于美国黑人社团的传统无名曲签上自己的大名发表。路易·阿姆斯特朗录制的这些经典曲目成了他最好听的一张碟（my finest ever）。路易和他那时的全明星，也就是第二支全明星将大街黑人音乐演绎得好极了，这第二支全明星队包括：杜拉米·扬（长号和声乐）、巴尼·比伽德（单簧管）、比利·基勒（钢琴）、阿尔维勒·肖（低音）、巴瑞特·蒂姆斯（打击乐器）和歌手维尔玛·米德尔顿。《布袋嘴演奏翰蒂》的价值在于强调了传统音乐的重要性，因为在50年代，这些音乐的声望正在美国黑人中逐渐变小。1954年7月1日会议结束时，阿姆斯特朗录下了特拉米·扬的很受欢迎的曲子*'Tain't Wat' Cha Do*，之后全明星常常表演这支曲子。

50年代中期，越来越多的国际性巡回演出是明显的特征。路易正全速向着他不可侵犯的地位前进。1954年，他的第二本自传出版。所有的评论者都很遗憾地看到自传的文字经过修饰，文风轻佻、幼稚、甜腻。

9月，路易回到纽约的录音棚，灌制了两首不常演奏的曲子：*Tenderly*（他的小号演奏震动人心）和*You'll Never Walk Alone*。他在演奏中又一次融合了人性中善的一面。这两首曲子同时在广播和电视发行，打动了许多美国人。阿姆斯特朗即将成为最知名、最受尊敬的艺术家之一。他灿烂的个性和热情的音乐给全世界的作家、画家带来了灵感。从1948年开始，直径30厘米、长30分钟的密纹唱片的风行，使他的名声如滚雪球般越来越大，任何批评家都无法阻挡。当时西方家庭的购买力的快速上升使他们完全有能力购买这种黑乙烯基唱片。路易的唱片发行量成倍增长。

## 伦纳德·伯恩斯坦、奥斯卡·皮特森、艾灵顿公爵、大卫·布鲁贝克

1955年，路易为哥伦比亚公司录制了《布袋嘴演奏法茨》(*Satch plays Fats*)，收录了另一位出色的黑人音乐家兼歌手——法茨·沃勒——最流行的作品。1943年12月逝世的法茨是钢琴爵士大师之一，他创作的七百多首曲子都灌成了唱片。前期爵士乐历史上最伟大的乐手兼歌手中的两位“携手”合作，他们的才华、粗犷、温柔和摇摆动感相叠加，造就了他们又一张最成功的唱片。新版本的*Ain' t Misbehavin'*（布袋嘴）比之前的版本都更胜一筹。

同年，路易回到录音棚，录制了布莱希特（B.Brecht）和库尔特·韦尔的名曲*Mack the Knife*；这首歌列入了最佳歌曲榜单，成了他在演唱上取得的第一次成功。几个月中，他完成了一些重要作品的录音，足以奠定他世纪最重要的人物之一的地位。当1955年1月21日录制的*Louis Armstrong at the Crescendo*

1960年10月28日，他在刚果利奥波德维尔（今称金沙萨，扎伊尔首都）的音乐会后，一群当地阿姆斯特朗“迷”将布袋嘴抬起，欢呼胜利。提到他在非洲的声望，有一天，他面带幽默的微笑，说：“是啊，在新奥尔良，有很多非洲人，到处都有一些。”

发行的时候，路易·阿姆斯特朗的浪潮来势汹汹。那些唱片公司也意识到最好要“捕捉”爵士音乐家在俱乐部而不是在音乐会的表演，他们在俱乐部中的表演更加贴近大众，更加放松，更加如鱼得水。在好莱坞的酒吧里，布袋嘴和他的全明星［特拉米·扬（长号）、巴尼·比伽德（单簧管）、比利·基勒（钢琴）、阿尔维勒·肖（低音提琴）和巴瑞特·蒂姆斯（打击乐）］倾情演奏着，酒吧合宜的音质效果得到了非常满意的录音。“老爸”达到了他的艺术、生命力、成熟度的巅峰，那天晚上表演的音乐太棒了，没有一个音符、没有一个音不是完美的，唱片上的布袋嘴也从来没有如此真实。从 *Sleepy Time Down South* 开始，他 16 个小节小巴比·多兹声称从来没有听说过“You cats”和“Look out there Pops”，直到路易·阿姆斯特朗这样用。

号演奏，32小节演唱，连续的23首曲子都是经典爵士，苦痛和快乐并存，热烈而激昂。当时路易兴致高昂——几个月后他在欧洲大陆这样承认。沉稳大度的阿姆斯特朗，总是不停地演出。同年发行的《布袋嘴大使》(*Ambassador Satch*)也问世了。这时候全明星阵容有所变动——另一位著名的路易安那单簧管手埃德蒙·霍尔刚刚替换了巴尼·比伽德，他的加盟真是好极了。

布袋嘴不停地巡演于美洲、欧洲。他访问了波尔多、图鲁斯、凡尔赛、巴黎奥林匹亚，尽管当时法国的各大报刊都倾向于制造耸人听闻的文章，甚至不惜含糊其辞，而专业评论又对路易的受欢迎程度和他的做派相当不满，巡演还是取得了成功。

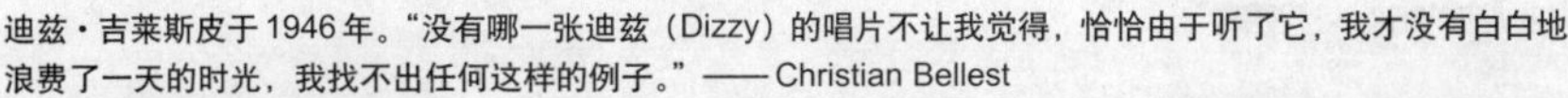

迪兹·吉莱斯皮于1946年。“没有哪一张迪兹（Dizzy）的唱片不让我觉得，恰恰由于听了它，我才没有白白地浪费了一天的时光，我找不出任何这样的例子。”——Christian Bellest

在一些晚会上，他把*The Whiffenpo of Song*改成*Boppenpo of Song*，戴着一顶红色贝雷帽（比波派乐手常戴），顶着一个绒球；他戏谑比波普乐，善意地嘲讽迪兹。迪兹后来也模仿阿姆斯特朗，录了*I' m Confessin'*，“老爸”也被此举逗乐不已。

力量中糅合着温情，阿姆斯特朗将爵士音乐人格化，这是前所未有的；想要被他的音乐感动，用不着和路易说同样的语言，也用不着听懂他所唱的歌词。路易喜欢表演和歌唱，除了经典歌曲之外，他还独唱*Love Comes Back to Town*、*You're Just in Love*，并和维尔玛·米德尔顿表演二重唱*That's my Desire*，以及克拉伦斯·威廉姆斯的曲子*Baby, Won't You Please Come Home*。钢琴手乔·布什金（Joe Bushkin）1953年在全明星工作过短暂的一段时间，有一天他问：“老爸，你即兴创作的时候在想什么呢？”路易回答道：“乔，你闭上眼睛，回迪兹·吉莱斯皮。“这个尤利西斯的化身，从一个群岛游历到另一个群岛；他不羁、狡猾、充满活力、坚不可摧，是这个暴力与美共存的时代不可思议的见证人，而这两者又总是在他的身上得以体现。”——让－罗贝尔·马松(Jean-Robert Masson)

忆童年时的美好时光，音乐就会自然而然地流淌出来！”

时隔二十二年后，布袋嘴第二次访问英国，在皇后大厅（Empress Hall）给玛格丽特公主表演的时候，他冒犯了皇室礼节——当他在表演 *Clarinet Marmelade* 之前，他宣布：“今晚，在座的爵士迷身份有些特别，下面我们就给公主唱下一首歌。”公主，这位皇室贵宾开始跺脚。当他在西柏林表演的时候，又一次上了媒体的头条：一群俄国的乐迷专门赶来庆祝他的演出。

1956年5月，他第一次踏上他祖先的土地——非洲加纳，也被称为黄金海岸，当时由铁腕恩克鲁玛统治。根据《生活》杂志的记载，在阿克拉（加纳的首都）机场，数千名“同胞”前来迎接，他的露天音乐会也吸引了超过50万的观众。当他遇到一位当地的舞蹈演员的时候，他非常激动，因为这让他想起了自己的母亲。全明星于5月28日离开了阿克拉，同行的还有爱德华·R·莫罗（Edward R.Murrow）和他的CBS-TV摄制组——这次拍摄之后，他们制作了记录片《伟大的布袋嘴》(*Satchmo the Great*)。

6月1日，阿姆斯特朗和他的小乐队在芝加哥“爵士乐50年”音乐会上领衔表演。音乐会被灌制成唱片，这场晚会效果卓越，令人称奇——路易似乎越来越接近他的听众了。全明星一边演奏*Flee as a Bird/Didn' t He Ramble*，一边从剧场Medinah Temple的观众入口进场，在*The Memphis Blues*独特的叠句中，他们登上了舞台，随后他们开始表演狂热的混成曲*Frankie and Johnny*，随后是*Tiger Rag*。路易一直恪守乔·奥利弗爸爸最重要的建议：“演奏旋律”，让旋律自己说话。他的表演早就不是为了让其他音乐家留下深刻印象，不想做“剧场或录音棚中的音乐家”（“the musicians in the house”），而是要感动大众，甚至和大众一起演奏。阿姆斯特朗把最好的自己呈现给大家，他的力量感染了听众。他的声乐分句法也非常吸引人，比如在唱*In the Gipsy*这首歌的时候，他把重音放在else上，这首歌出现在这场录音音乐会的中间，爵士人中只有他和查理·帕克喜欢这首歌。

1956年夏，布袋嘴的乐队是纽波特节上耀眼的明星之一；他的三首曲子现场录音，然后又在录音棚表演制作，这三首曲子是：*Whispering*、传统曲子

1954年。"路易非常认真地对待音乐，这是他的生命。我的意思是说，他通过音乐表达了他生活的一切——美好的时光，或是不那么美好的时光，你们通过乐器听到的是他的真实。"（阿尔维勒·肖）

*Buggle blues*和威廉·克里斯托弗·翰蒂的*Ole Miss*。和伦纳德·伯恩斯坦指挥的纽约爱乐乐团的合作演出，标志着路易·阿姆斯特朗和他的全明星得到了一种新形式的肯定。他们演绎了*Mahogany Hall Stomp*和*Saint Louis Blues*，影片《伟大的布袋

嘴》见证了这次演出。这支时髦的古典乐队的年轻指挥，身着白衣，说：“女士们先生们，路易·阿姆斯特朗曾对我说，能和纽约爱乐乐团合作演出，是他渴望已久的事。今晚好梦成真，他感到无比荣幸。我想说的是，这其实更加是我们古典主义者的荣耀，因为当我们表演《圣路易布鲁斯》的时候，我们只不过是用更大的乐队规模模仿他的表演。他的表演淳朴、简洁、真实，甚至高贵。每一次他把小号放到唇边的时候，哪怕他只是吹三个音符热热身，都是倾注了整个灵魂的。他总是全身心地投入，所以感到荣幸的是我们。”路易身着黑衣，上衣口袋中插着大大的白手绢，听到这番话，他非常感动，回答道：

我非常感谢伯恩斯坦先生，今晚能第一次与交响乐团一起表演太荣幸了，就像我们其他“猫”和音乐家们常说的：真是太好了，我们老朋友啊，这真是太好了！……同时也感谢今晚的来宾翰蒂先生，因为我表演他的作品已经好长时间了……还要感谢，女士们先生们……（突然非常感慨），嗯，我也不知道说什么好，我想这是历史性的时刻，历史性的……好啊，小伙子们……行啊！

随即，路易与伯恩斯坦紧紧拥抱在一起。

1956年是阿姆斯特朗大获丰收的一年。年底，他决定着手录制一部盛大的音乐自传。就像他同时代的许多爵士人一样，路易不满足于他最初的那些录音，这位即兴创作之王觉得甚至那些最新的作品都可以再改进一下：

他从录下第一道槽纹时就说，朋友们，我想追忆往昔，我想把你们带到我的音乐起步的地方，我想用人们曾经表演它们的方式来演奏……

这项浩大的工作给我们带来了四盒密纹唱片。在此期间，路易把精力集中在小号表演上，而没有唱歌，在那48首曲子中，他确实改进了几首，但是总的来说，这部音乐自传没有达到预期的结果。维尔玛·米德尔顿翻唱了四首1925年录制的布鲁斯，也不算是那种经典流传的。

1957年，出现了《路易·阿姆斯特朗与奥斯卡·皮特森相遇》(*Louis Armstrong Meets Oscar Peterson*)，赫伯·埃利斯(Herb Ellis)弹吉他，雷·布朗(Ray Brown)负责低音部，另一个路易——路易·贝勒森——负责打击乐器，阿姆斯特朗演奏并(更多地)歌唱。布袋嘴重新演绎了16首老歌，这些歌都有十五来年的历史了，它们都属于美国民歌保留曲目的一部分。其中有电影歌曲 [*Let's Fall in Love*、*Blues in the Night*——在第二段叠句处有一段创造性的小号独奏，*Willow Weep for Me*——是1932年马科斯兄弟的电影*Love Happy*中的歌曲]，也有百老汇音乐剧和戏剧音乐 [*How Long Has this Been Going on*——选自玛里琳·米勒(Marilyn Miller)的《罗莎莉》(*Rosalie*)，*I Was Doing All Right*，这两首歌都是由格什温创作的；*Just One of Those Things*，选自*Jubilee*，由柯尔·波特创作；*I Get a Kick out of You*、*Makin' Whoopee*，选自戏剧*Whoopee*]。这张专辑中，布袋嘴与生俱来的悠游自在和皮特森坚定的学院派风格表现出一种强烈的反差，乐曲节奏配合得天衣无缝，战后，在此之前路易在爵士乐中还没有出现过这样的节奏配合。

1957年12月，鲍里斯·维安在《爵士乐专栏》中提及了《爵士杂志》中的一篇文章；文章转载了长号手康特·巴斯、本尼·鲍威尔(Benny Powell)的观点。当时爵士乐的进程在两种潮流对抗中延续，即现代、理智型爵士和流行、节日型爵士。鲍威尔预言："现在有些人太把爵士当回事了。他们被这种严肃所占据，以至于忘记了什么是关键问题。爵士是让人摇摆的，所以爵士乐必须有幽默感。一旦爵士乐丧失了这些特点，那么这就不再是爵士了……爵士主要是一种流行音乐。爵士乐有它的历史，而我们看到的是越来越精确的结构。听听迈尔斯·戴维斯吧，你会发现他从迪兹、路易，以及路易之前的爵士乐手那里受到了最本原的影响。"

## 布袋嘴大使

路易是1957—1958年和1960—1961年两届纽波特节的明星。尽管他的健康出了问题［1959年在意大利斯波莱托（Spoleto）的一个晚上，感到身体非常不适］，这迫使他中断了表演，但是直到1967年，他仍然完美地扮演着国际明星的角色。经纪人和医生往往跟随着他们的行程，日常的戒规也让他得以承受不规律的活动日程——有时还要在拥挤的日程中加拍广告；但是他周围的人都知道，要让他生活在这样永不停息的生活中，而不要设法打破，否则布袋嘴很可能会非常自闭。"从外表上看，他只是一个善良的黑人，但是，他与常人不同。这是个非常非常聪明的家伙，更重要的是，他知道自己的局限，在他的为人上，总是有所节制。他对他的事业很警觉，也很忧虑。"（弗兰克·德诺）。路易不容易与人对抗或结盟，也不搞政治，除非又闹出了黑人问题，或者他遭到记者们的怀疑。尽管他抽烟（主要是骆驼牌，当然也抽其他牌子），也喜欢喝威士忌酒，但他非常当心自己的健康、他的体重，一有机会就会去游泳，该规定饮食的时候也从不犹豫。

我从没有错过一场音乐会，因为我有自己小小的日常安排。每次我

无论到哪里，他肯定会说："Good evening everybody! "（大家，晚上好！）

换衣服的时候，都会拿点热水把胸部、背、喉咙和胃部都擦一下。这样可以防止感冒，声带也会处于好的状态。至于肠胀气，很多人都因为它没了命，他们说这是心脏病发作，但其实就是肠胀气。如果我胃不舒服，我就会马上服用“Maolox”。我的嘴唇至今还很坚固的惟一原因在于我随身携带着一位德国小号手调制的软膏。它可以消除疲劳，也可以让嘴唇保持坚固。我总是把小号吹口放在口袋里，如果把它随便地扔在化妆间，病菌啊、小虫子啊，什么都可能进去。这不好。

我小的时候，妈妈常会给我一堆奇怪的小药方。如果嗓子疼，她就会用水煮蟑螂，然后让我喝一咖啡勺。我还有一本书，*Gumbo Ya-Ya*，里面都是克里奥尔的谚语和药方。我一直过了很久，才开始相信别的疗法。现在，不喝一点轻泻剂“Swiss kris”我就不敢睡觉。每天都应该把身体里的毒素排出去。我成功了。已经50岁了，很长寿了。[《生活》，1966]

路易喜欢炫耀他强壮的体格，自从意大利那次身体不适之后，他幽默地对来看他的朋友们说：

比克斯·贝德贝克本想让我做加百利天使队伍中的独奏演员，但是没成功，出了点问题，不是出在乔·格拉泽那里，就是出在音乐家同盟会，要不然就是和国务院有分歧。

在路上，阿姆斯特朗总是带着一个电唱机，还有二十来盘33转的碟，其中有披头士、芭芭拉·史翠珊和他自己的一些录音，当然也有其他人的；口袋永远装着一个小半导体——这是来自他母亲的礼物。

1965年，路易又一次回到了非洲。他在内罗毕［内罗毕，肯尼亚的首都和最大城

路易·阿姆斯特朗（中）、莱昂内尔·汉普顿（左）、迪兹·吉莱斯皮(右)。迪兹说：“阿姆斯特朗的地位是毋庸置疑的。如果没有他，我们也不会在这里。所以借此机会我想感谢路易·阿姆斯特朗，是他让我可以用音乐谋生。”

市，位于该国的中南部。——译者注］的伊利沙伯维尔体育场举行了音乐会，这是被载入了史册的。当地乐队演奏*When You're Smiling*、*When the Saints*来迎接阿姆斯特朗的到来。另外，他还在西非举行了四十多场难忘的晚会（当时百事可乐公司赞助了250 000美金！）。当时刚果内战正盛行，他甚至消解了战争双方的敌对态度，不管下多大的雨都可以吸引数量可观的人群，这使得南非当局禁止阿姆斯特朗去他们国家。在肯尼亚，人们直到90年代还记得他的名字“布袋嘴”（Satcheemoo）。一位跟随他的《纽泰尔·格伦（Tyree Glenn）、路易·阿姆斯特朗、埃迪·舒（Eddie Shu）、巴迪·卡特莱特（Buddy Catlett）(体育会堂，1965 年 6 月 4 日)。“黑人们成功了，但是这需要许多时间。这种成功从路易·阿姆斯特朗开始。”

约时报》记者报道：“路易和短吻鳄握手言和……”这让他想起了一段童年往事：他母亲让他去沼泽地找水，他拎着空水桶，浑身颤抖着跑回来，说水里有“短鼻鳄鱼”，他不敢靠近。玛亚告诉他“短鼻鳄鱼”比他还要害怕，而路易机灵地说：“如果它比我还要害怕，妈妈，那么这水就应该不好喝！”这田园般的图景蒙上的惟一一层阴影是，忠诚的维尔玛·米德尔顿在与路易合作十八年后，在非洲大陆去世。

布袋嘴飞到苏联。艾灵顿公爵观察道：“现在他几乎所有的时间都在飞机上度过，到日本、澳大利亚、欧洲，通过他的人格，也通过他的音乐播撒快乐。”

是的，我很幸福。我做了我该做的事，我给男女老少们表演……在德国，人们带着小型望远镜来参加演唱会，他们就这样看着你，当他们理解了爵士，他们就会放下望远镜，并跟着摇摆起来！当我们在米兰表演的时候，我们必须在演唱会后赶往斯拉拉(Scala)，站在瓦格纳、威尔第这样的大家旁边……摆姿势拍照，因为他们说我们的音乐属于同一种风格。我们都是用心在演奏。[电影《伟大的布袋嘴》封套上的词，爱德华·R·莫罗]

阿姆斯特朗的一些巡回演出是由国家部门组织的——美国外交部。路易变成了“布袋嘴大使”，他象征着更为宽容的美国，美国的文化也成为世界性的文化。许多唱片见证了演唱会上的热烈气氛。布袋嘴的官方音乐师团也证明路易正在慢慢地被认可，其实他已经被认可了：他不仅仅是一个音乐家—歌手—逗乐者，他还是一个民族的化身、一段历史的化身；而不是像汤姆大叔那样的小丑—机会主义者。

我从来没想成为一个明星……我的生活，几乎没有人能够维持，那些音乐会（短期表演），常常是一周七天……人们叫我“布袋嘴大使”，这是个可爱的称呼，但是我自己从来没有想当过。好笑的是，在我职业生涯中，这从来都不是我追逐的目标。所到之处，在剧院的金属防火幕后，所有的宾馆都是相似的：一张床、一张办公桌、两个枕头。环球旅行，这自然好，但我从来没有这样期望过。

1961年，美国民众对美国黑人音乐开始表现出新的反感，而此时的路易正处于录音的高峰。4月3号、4号，他又找到艾灵顿公爵，后者与他再次合作，在纽约录制了14首曲子。巴尼·比伽德，以及全明星的其他乐手给他们伴奏。阿姆斯特朗放弃了他的传统的曲目，并演绎了几首公爵的重要的作品：*Solitude*、*Mood Indigo*——他在生命的最后将会第二次录制这首曲子、*It Don't Mean a Thing*、*The Mooce* 和 *Black and Tan Fantasy*……成果是引人注目的也是有趣的，两位音乐家互相欣赏，有时在音乐节或是拍电影的时候，也会相互交往一下，但是这次机会并没有能让他们摆脱各自不同的角色，做出在走进录音棚前约定的让步，也无法协调差异人人的天性：他们从没有真正推心置腹过。路易不在他最好的状态，公爵也远远不是演奏 *Ko Ko* 时的那个他。人们常常为路易从来没有找到机会和艾灵顿公爵的乐队合作一次而感到遗憾。

9月，发生了一次更为惊人的相遇——和一位现代爵士乐的大人物：大卫·布鲁贝克。这位加利福尼亚钢琴家兼作曲家，与妻子劳拉（Iola）合作，写了一部音乐剧《真正的大使》(*The Real Ambassadors*)。他想给百老汇戏剧增添一种色彩、一份感情和西海岸爵士乐的幽默感——时尚的“冷”（cool）爵士。确切地说，是官方的文化交流巡演给了他这种想法以依据：“国家部门发现了爵士乐，这音乐比其他的东西更能感动人。”在这部音乐剧中，路易有三分之一的戏份，参加演出的还有戴维·兰伯特（Dave Lambert)、约翰·亨德里克斯（John Hendricks)、安妮·罗斯（Annie Ross)、卡曼·麦可莱（Carmen McRae)。借此之机，古典爵士之王演绎了现代爵士音乐，其中糅合了对位法、回旋曲、赋格曲、复调音乐。他的表现非常出色：“布鲁贝克的和声非常娴熟。路易演奏的旋律，就好像是世纪初非常简单的调子，但是却能毫不费力地穿越和声……路易有双灵敏的耳朵，他让人感觉他是用天性在演奏，而自己却好像浑然不觉。”（亨利·雷诺德)。剧终奏起的曲子 *Blow Satchmo* 表达了对布袋嘴的敬意。令人遗憾的是，1962年，在蒙特里节上表演的作品没有留在回忆录里。然而，讲述音乐家巡回演出生活的歌曲*Nomad*中，布袋嘴用阿拉伯节奏演唱，并大量使用中音区旋律。在对歌词自信的演绎中，他坦露了作为音乐家和明星的内心世界:“谁需要批评？……要记得你是谁，记得你代表什么……”在此期间，路易还录制了劳拉和大卫·布鲁贝克未发表的作品*You Swing Baby*（*The Duke*），之后，迈尔斯·戴维斯和吉尔·埃文斯在*Miles Ahead*中对这首曲子的再次演绎是非常著名的。同年，在一场名为“在迪斯尼乐园的迪克西兰”（Dixieland at Disneyland）的音乐会上，他又与吉德·奥瑞和约翰·圣－西尔有一次短暂的相逢。1962年，他在沃尔多夫·阿斯特里亚（Waldorf Astoria）为约翰·肯尼迪表演。

1963年4月28日，洗礼牧师马丁·路德·金，作为美国黑人团体公民权非暴力捍卫者，在华盛顿领导了一次大型的游行示威。在他著名的演讲《我有一个梦》（*I have a dream*）中，他充满激情地描绘了他的希望和梦想——一个对每个人都公平和自由的世界。1963年底，他获得了诺贝尔和平奖。1964年，肯尼迪颁布了有关公民权的法律，这是黑人们期盼已久的。同年，在卡内基大厅，美国各类艺术家协会（American Guild of Variety Artists）为路易庆祝时，他感到身体不适，从此，他不得不因为长期的健康问题减少了各种活动的频率。他的乐器演奏越来越少，而将这种感情积累起来，因为吹奏对他而言是“有用且珍贵的”。而他的每次出场演出都有一种震摄人心的力量，在表演中释放的激情和以往一样感人。自从美国在30年代成就了他的明星地位以来，他那么卖力地吹奏，以至于吹坏了自己的嘴唇。

他的嘴唇不再那么紧贴乐器，或许这就是后出的一些唱片成就不如过去的那么突出的原因。这样的再评价可能是残酷的，甚至是致命的，但万幸的是，此时他自己的百老汇经典作品演唱版《你好，多莉》(*Hello Dolly*) 大获成功。

1965年，受到越来越多邀请的全明星十二年来第一次到纽约演出。市长把纽约市的钥匙放到了布袋嘴手中。6月，他到巴黎的体育会堂表演了1小时30分钟的音乐，他将所有的风格和所有的保留曲目都表演了一遍，他吹奏并演唱了新奥尔良的民歌，电影歌曲 *On the Alamo*、*Cabaret*、*Hello Dolly*，甚至库尔特·韦尔（Kurt Weil）的德国现实主义歌曲和Modugno的经典意大利情歌*Volare*。音乐会在“舞台爵士”的框架下，通过ORTF转播到France Inter。路易也造访德国和东欧的布拉格、莱比锡、布加勒斯特、柏林。所到之处无不凯旋。但是回到美国，他只提及了比克斯·贝德贝克祖父母的房子——坐落于东德北部罗斯托克和施特拉尔松之间的巴恩。比克斯·贝德贝克于1931年去世，阿姆斯特朗非常欣赏他。

1967年一场肺病之后，布袋嘴最后一次去了安提布－若安乐松（Antibes-Juan-les-Pins)、圣托佩斯（Saint-Tropez)、都柏林和马略卡岛。

1968年4月4日，正当他在华盛顿准备“穷人游行”时，马丁·路德·金在孟斐斯被一白人暗杀。6月，路易的《多么美妙的世界》(*What a Wonderful World*) 获得了又一次全面的胜利。他给一些学音乐但家境困窘的学生买小号，也为了几个学生的学业支付了学费，但他没有声张，就和他的一贯方式一样。随后他去了趟英国，他成了那儿的超级红星（因为这很罕见，所以值得一提），并终于有时间读了 *Ain't misbehavin'* ——老朋友法茨·沃勒的故事。不久，布袋嘴刻录了他最后两首重要的小号作品：*'Bout Time*和*Ten Feet off the Ground*。

路易·阿姆斯特朗拍过许多电影。他从20世纪初起就开始涉足影坛，就像唱片和无线电一样，这可以保持他的声望，并让全世界来了解这个美国黑人的民间传说。

乔·格拉泽，从1935年开始就一直是路易的经纪人，尝试着让他走出爵士圈，并把他打造成一个明星，一个广大公众的娱乐人（entertainer）。他成功地说服了路易转向流行的新兴大众传媒。归功于格拉泽和他非同一般的本事，布袋嘴成了第一个经常在电影中出现的黑人艺术家之一，他也是第一个出现在无线电广播剧中的黑人艺术家（black artist）。这件事当时引起了轰动，因为直到1942年都没有任何一个其他的黑人音乐家受雇于大型电台的乐队。他在视听媒体频繁出现，促成他从30年代末起就成为美国的大众明星。

第一部美国长片——1915年D.W.格里菲斯（D.W.Griffith）的《一个民族的诞生》(*Birth of a Nation*)，取得了巨大的成功，深受广大民众的喜爱；影片与时代相结合，非常切合三K党［三K党，Ku Klux Klan，美国迫害黑人及进步工人的恐怖组织。——译者注］的种族主义和种族隔离理论。要改变美国黑人的形象将是一项长期而艰难的斗争。显然，好莱坞对黑人电影的发展从不正眼相看。黑人电影出现于20年代，创始人是奥斯卡·米肖（Oscar Micheaux）。从1919年到1948年，在资金匮乏无人支持的情况下，米肖编写、制作、拍摄了四十多部独立的种族电影（race movies），影片揭露了黑人的生存条件：私刑处死［1936年弗里茨·朗（Fritz Lang）也在电影*Fury*中揭示过这个问题］、passing［passing，对黑人来说，意为试着从黑人变成白人］，当然还有三K党以及他们的“圣战骑士”。奥斯卡·米肖，以及几个加入他行列的弟子，坚持制作着黑人电影，顽强地保持着与好莱坞电影的分界线。这场运动甚至产生了黑人西部片，其中卡恩（R.C.Kahn）的《哈莱姆乘骑》（*Harlem Rides*）（1939）是优秀的代表作品。

要打破无声电影，好莱坞必须“制造”声音和音乐。从1927年开始，电影的加利福尼亚王国需要黑人和黑脸来拍有声电影。当时的做法是把白人演员的脸化装成黑色。第一部有声电影是阿伦·克劳斯兰（Alan Crosland）的《爵士乐歌手》，放映于1927年10月6日，电影中的一个黑人角色就是由白人演员艾尔·约翰逊（Al Jolson）将脸涂黑扮演的。这种“假面人”的方法得到了观众的认可，所以当时的电影完全由白人来扮演，爵士乐也得到了迅猛发展，并成为时髦的新音乐。不久，电影制片人采用了19世纪流行于美国音乐厅的minstrel-shows［minstrel-show，说唱演员由白人扮黑人，并演出滑稽说唱戏的巡回演出。——译者注］原则：由于黑人的身份危机，由白人出演黑人，扮演可爱的小黑人、完美得令人心安的“汤姆大叔”，或是充满了智慧、充满了命运满足感的摇椅上的老黑人。总之，绝不能让黑人碰白人女子！

第一代美国电影中的几位著名的喜剧演员都以含蓄巧妙的方式揭露了这种可耻的做法：巴斯特·基顿（Buster Keaton）扮演的黑人餐厅服务员，在淋雨后脸变成了半黑半白；劳莱和哈代［劳莱，即阿瑟·斯坦利·杰斐逊（Arthur Stanley Jefferson），1890—1965，英裔美国喜剧演员，他和奥利佛·哈代（Oliver Hardy）组成了有声电影中第一对杰出的喜剧搭档，他们的作品包括《八音盒》（1932年）和《牛津白痴》（1940年）。——译者注］则在一个很短的场景中演唱了《懒月亮》（*Lazy Moon*）——作为黑人，就只能歌唱懒惰！黑人军队在第一次世界大战中的英勇行为，展现了生命的尊严（当时美国仍存在私刑处死，第一次世界大战时期，440位黑人被处死！），美国终于开始用些许不同的眼光来看待美国黑人团体了。爵士这一流行音乐，对这种改观起到了非常重要的作用。30年代，好莱坞起用黑人演员拍摄电

阿姆斯特朗非常钟爱的一首曲子的插图，这支曲子奉献给他来自南方的记忆：*When It's Sleepy Time Down South*。历时3分钟的soundie。

影。这些“种族电影”或是与白人电影B类片相对应的B类影片——均由黑人演员演绎，如“黑人梦中情人”洛伦佐·塔克（Lorenzo Tucker），黑人版梅·韦斯特比衣·弗里曼（Bea Freeman）——面向弱势的黑人群体；或是在更多情况下成为面向全体公众的喜剧，重点表现部分人群的消遣、舞蹈和音乐，而根据当时在美国人中广为流传的谚语，这部分人不识字，但都会唱歌跳舞！

1930年，美国发现了一个充满异域情调的偶像——法瑞纳(Farina)，这个小黑人奇才很受美国家庭喜爱，并拍摄了120多

《壁橱里的骷髅》（*The Skeleton in the Closet*），诺曼·麦克·雷奥德（Norman Mc Leod）电影《意外收获》（*Pennies From Heaven*）片段，1936年。剧中还有宾·克劳斯贝和玛奇·埃文斯（Madge Evans）。

部*Young Rascals*中的电影小故事，电影描绘了一个充斥着无赖的美国，而他却在这样的国度快乐地生存着。另一个小天才小萨米·戴维斯（Sammy Davis Junior）的出现，很快缓和了本使黑人生存条件更加艰难的危机（1930年私刑处死100人）。30年代，当美国梦慢慢地对黑人而言，显得不那么难以企及的时候，出现了最著名的黑人演员保罗·罗伯逊（Paul Robeson）；直到1950年，他扮演的都是复仇的黑人的角色，代表的是直面那些蛊惑人心的政客的尊严和勇气。保罗·罗伯逊，迷人的男低音，后来他因演绎经典的密西西比歌曲《老人河》（*Old Man River*）而在欧洲出名。罗伯逊被载入严肃音乐的历史，而不能算是黑人江湖艺人。

好莱坞多少意识到了“老爸”·阿姆斯特朗是一个伟大的音乐家兼演员。喜剧产业也总是将他“广为推销”。鲍里斯·维安抨击一切伪装和谎言，却真诚地欣赏路易·阿姆斯特朗，且毫不掩饰。在他的《爵士乐专栏》中，他提到了1953年6月在专业杂志《第二线》(*The Second Line*）中刊登的一篇文章，他认为该文言辞有些过激，把布袋嘴的艺术归入滑稽说唱表演中的小丑（minstrel clowing）是不公允的。维安认为布袋嘴的小丑表演，继承了美国滑稽歌舞剧最好的传统，而不是滑稽说唱表演（minstrel show）中的猴子，克隆表情，并用白人的方式表演黑色幽默。布袋嘴是一个天生的演员，他超越了所有的程式。

## “音乐录影带”和动画片

和舞台上一样，路易的银幕形象同样活跃，他出现在30多部电影和10多部短片中。金·维多（King Vidor）的电影《哈利路亚》(*Hallelujah*)（描写黑人文化最美的影片之一）出品后一年，1930年，他又在电影《火焰》（*Flame*）中出现。片中，阿姆斯特朗带领着他的大乐队走遍了美国，在百老汇、哈莱姆演出，他是百老汇和哈莱姆之王。

布袋嘴带来的第一波银幕视觉冲击在1932年。在派拉蒙的一部黑白短片《黑蓝狂想曲》(*Rhapsody in Black and Blue*）中，路易的乐手包括他们的老板在一次谵妄似的“黑人（低级）歌舞演出”中，身着豹皮神气活现地出现在银幕上。演出报幕人的过分天真，带有非常拙劣的庸俗艺术的味道。路易是一头野兽，他作为乐手和演员的品质都是引人注目的。当时的大众看到这样生机勃勃的形象，都非常震惊。几个月后，路易与美国集体潜意识中的偶像之一——电影界中的荡妇贝蒂（Betty Boop）——携手出现于另一部电影《你这个无赖》（*You Rascal You*）中，这是弗莱什尔（Fleisher）兄弟制作的半动画半真人电影。这次现演令观众们非常着迷。几周后制片人又运用了同样的方法，在儿童动画系列片《小黑人伯斯科》（*Bosco, le petit nègre*）中注入了路易的清新和欢快。在成为大音乐家之前，路易就已经是一个伟大的江湖艺人了，从他最初在大街上开始表演起就是。这种能力几乎是与生俱来的，而不是50年代人们相信或想设法证明的那样，是后天塑造的。在另一部短片《哥本哈根，卡伦堡》（*Copenhagen Kalundborg*，1933）中，也表现出了这种才能。

1942年，路易重拾歌曲 *You Rascal You*，为录影带剪辑的片段前身（soundie）录音。几十年后，*I'll Be Glad When You're Dead*、*You Rascal You*，由塞尔日·更斯布尔（Serge Gainsbourg）和艾迪·米切尔（Eddy Mitchell）改编成了法语版 *Vieille Canaille*（《老恶棍》），色调比前者要暗些。

## 哑角和汤姆大叔

1934年，约翰·斯塔尔（John Stahl）的音乐戏剧《模仿生命》（*Imitation of Life*）震动了美国，这部戏取自法尼·赫斯特（Fannie Hurst）的肥皂剧。剧中，克劳德特·考伯特（Claudette Colbert）扮演一位工作获得成功的现代女性；她与黑人女仆（Louise Beavers）成为朋友，女仆的女儿肤色非常明亮，甚至被认为是白人。美国人的观点正在慢慢发生转变……

1936年，阿姆斯特朗受邀加入了第一个长片剧组——《意外收获》（*Pennies from Heaven*），剧中还有宾·克劳斯贝和玛奇·埃文斯。在一场古怪的奔跑与追逐中，吉米·多尔赛的乐队给路易伴奏，他演唱了史诗般的《壁

《黑蓝狂想曲》(*Rhapsody in Black and Blue*), 1932 年。一部派拉蒙的短片, 9 分钟长的非洲“低俗艺术片”。在片中, 布袋嘴和他的乐队身着豹皮, 在一片肥皂泡中“表演”(!); 他们演绎了*You Rascal You*和*Shine*。

塔特尔（F.Tuttle）的电影*Doctor Rhythm*，1938年。路易·阿姆斯特朗又在影片中与宾·克劳斯贝相遇。宾在其职业生涯中拍摄了一百多部电影。

橱里的骷髅》（*The Skeleton in the Closet*）。乐队打击手是莱昂内尔·汉普顿，他与弗兰斯·朗弗德（Frances Langford）和密斯特·克劳斯贝（Mister Crosby）一起演唱了歌曲 *Pennies from Heaven*。路易与宾·克劳斯贝的同台演出，二人表现出了明显的风格差异，这让人想起20年代后期两种爵士乐风格的对抗："甜美的交响乐风格"和热力四射的即兴创作音乐"热力"；保罗·惠特曼和歌手宾·克劳斯贝是前者的支持者，而"国王"奥利弗和他的奇才"老爸"路易则是后者的倡导人。这场顶级的交锋，让好莱坞的制片人不得不冷眼旁观黑人和白人观众甄别他们各自的偶像，并与其偶像共鸣；制片人也一定没有忘记电影史上第一部有声电影（也是第一部音乐电影）——《爵士乐歌手》——取得了多么大的成功！

不久，路易就和美国最受欢迎的演员们并驾齐驱了。1938年，他与梅·

沃尔什(Raoul Walsh）的电影《艺术家和模特》(*Artistes et Modèles*, 1938)，拍片的还有Jack Benny、Ida Lupino、Richard Arlen、Gail Patrick、Ben Blue、Judy Canova、The Yacht Blue Boys、Andre Kostelanetz 及其乐队、Judy、Anne、Zeke、Connie Boswell。一个顽固的误解是：路易·阿姆斯特朗总是和电影圈的大牌明星合作，而自己却常常扮演次要角色……

韦斯特（Mae West）在影片《每天都是假期》(*Everyday's a Holiday*）中合作，他在军乐队之首演绎了*Jubilee*，其实这个军乐队是由埃迪·巴尔菲德（Eddie Barefield）乐队中的几名乐手组成的。电影差点被查禁，梅·韦斯特的表现没有达到她在电影*She Done Him Wrong*或者*I'm not Angel*中的高峰水平，但在这部为派拉蒙公司拍的最成功的电影中，其表演依然是令人印象深刻的。在纽约最初放映电影的时候，幕间由本尼·古德曼的摇摆乐队表演，让观众耐心等待电影开场。疯狂的观众走上台去，参与幕间插曲。那时是摇摆热潮中的顶点。

当然路易在银幕上的露面向来算不上频繁，有时候，在最后剪辑的时候甚至会被忘记。例如，*Doctor Rhythm*（1938）这部平庸的喜剧片——其中也有宾·克劳斯贝的加盟——里，路

电影 *Going Places*（*Le Cavalier errant*，法语名《流浪的骑兵》）中的一个镜头，1938 年，左为 Anita Louise。

易的 *Trumpet Player's Lament* 没有在通常发行的版本中出现。宾非常欣赏路易，他曾尝试校正电影剪辑，却没有成功。更常见的情况是，布袋嘴仅仅是哑角或是小丑乐手，尽管他参与影片的意义远远超越了这短暂的过场。小萨米·戴维斯是另一个耀眼的人物，他在 1965 年与路易一起出演了《一个叫亚当的男人》(*A Man Called Adam*)。他承认，“我在片场，使出浑身解数表演，因为我是电影明星，但是，只需一个布袋嘴的大特写，就足以把电影变成路易·阿姆斯特朗的……”

值得一看的电影大约有十多部。譬如，《艺术家和模特》（*Artistes et modèles*），这部 97 分钟的影片由沃尔什（Raoul Walsh）于 1937 年导演，艾达·卢皮诺(Ida Lupino)在片中窃取了杰克·本尼(Jack Benny)的胜利果实，包括杰克运营不佳的广告公司(在很多国家放映的国家版本中，布袋嘴的镜头被剪掉了，但是从音乐角度来说，这是路易在银幕上表现最出色的电影之一)；再如，次年爱德华·萨瑟兰（Edward Sutherland）的 *Fifi peau de pèche*——又一次与炙手可热的梅·韦斯特合作；又如，Ray Enright 的 *Going Places*（1939，Ronald Reagan 也参与了表演），电影是关于跑马世界的，片中路易扮演了传奇的 Jeepers Creepers（他是照管赛马马房的小男孩，他的小号有种神力，可以激活人们下注的那匹马！）。80 年代，法国的一则电视广告又采用 Jeepers Creepers 作为画面。他们宣传的是除臭剂 Rexona，但是广告创意故意忽略的是 Jeepers Creepers 实际上是一匹母马的名字!

## 新奥尔良，比莉·哈乐黛

1942 年，路易头戴两个滑稽的角，在电影《空中小屋》(*Cabin in the Sky*)中扮演了一个魔鬼小号手，演员还有埃塞尔·沃特斯(Ethel Waters)，这是文森特·明尼里(Vincente Minnelli)的第一部喜剧，完全起用了黑人演员。

在一部充满踢踏舞节目的电影《即席演奏会》(*Jam Session*)[1943 年，片中有安·米勒（Ann Miller）及杰斯·巴克（Jess Barker)]之后，阿姆斯特朗终于有了自己的角色，并在1946年阿瑟·卢宾（Authur Lubin）的电影《新奥尔良》中担纲主演。这部 89 分钟的长片想讲述的是爵士乐的诞生和历史，电影取材根据的

> 芝加哥某个中学的一位音乐老师，每天晚上都到林肯公园去，坐在那里记笔记。服务员很不喜欢他，因为他什么都不点，也不带朋友来，他只是坐着听音乐。
>
> ——路易·阿姆斯特朗，《让音乐摇摆起来》

是新奥尔良斯托瑞维尔保留街区的关闭，以及当地乐手成批出走拥向芝加哥等历史事件。《新奥尔良》是电影史上为数不多的爵士和布鲁斯电影中的一部。电影启用了两个摄制组。一个比较小，现场拍摄音乐葬礼和街头的阅兵。另一个1946年9月、10月在洛杉矶Hal Roach摄影棚拍摄。路易·阿姆斯特朗、比莉·哈乐黛、吉德·奥瑞、巴尼·比伽德、里德·查林吉(Red Challenger)、祖迪·辛格雷顿以及其他几位新奥尔良的传奇人物，还有伍迪·赫尔曼及其乐队都参与了影片的拍摄。然而，1947年4月26日，电影的首映令人失望。一个愚蠢的情节非常遗憾地遮掩了赞美美国黑人音乐、赞美黑人音乐先锋的本意。路易和比莉最终只是沦为配角，扮演有些荒谬的次要角色。这是好莱坞的规则，黑人演员，即便它们是明星，有十足的才能，也只能扮演次要角色。

1939年，在影片《飘》（*Gone With the Wind*）中，强壮的海蒂·麦克丹尼尔（Hattie McDaniel）扮演斯佳丽（费雯丽Vivien Leigh饰）身边那个啰嗦的奶妈。她因为此片获得了好莱坞的奥斯卡奖，成了第一个涉足奥斯卡——这个戒备森严的白人堡垒——的黑人演员。在《新奥尔良》这部电影中，制片人的初衷是想在一个特殊的背景中，塑造一个新的特例。路易扮演一个善良的黑人乐手，但是雇用他的老板却从不和他握手；淑女黛（Lady Day）曾经的梦想就是拍电影，却发现自己很难融入Endie这个角色，这个自以为是的歌剧院男歌手的仆人，也很难重复那些愚蠢的“好的，先生，好的，夫人”。

阿瑟·卢宾（Arthur Lubin）的《新奥尔良》(*New Orleans*)，1946年。电影的拍摄意图是通过讲述路易在新奥尔良的起步，以及芝加哥之行，来赞美爵士音乐，但是电影的主题似乎背离了路易。为美国黑人音乐作出巨大贡献的路易·阿姆斯特朗和比莉·哈乐黛，在片中反倒担任了次要角色。尽管如此，他们的合作仍然是一个重要的事件，《新奥尔良》是惟一一次能在银幕上欣赏到比莉·哈乐黛的机会。

《新奥尔良》的电影海报，伍迪·赫尔曼的乐队，演员 Arturo de Cordova 和表演歌剧女歌手的 Dorothy Patrick。

比莉·哈乐黛吐露说："我永远都在为不做任何人的女仆而斗争，我已经靠自己挣了100万美元，却只能做一个歌手，我有我的品位和尊严，却发现自己处于这样一个苦役中——在好莱坞扮演侍女。"淑女黛甚至不得不学着用23种不同的语调说"小黑鬼"！布袋嘴在片中与比莉有对手戏，并演唱主题歌，他担心比莉会置身于一个难以忍受的境地，于是他针锋相对地对制片人说："如果她生气了，那我就跟你们没完，所以请稍稍给她一点尊重！"更何况《新奥尔良》是她拍的惟一一

路易和比莉在《新奥尔良》中。"I love Pops, he 'Toms' from the heart."（比莉·哈乐黛）

部电影，就更应该好好尊重她！1947年，这部长片在孟斐斯被禁，原因是由Lloryd T.Binford领导的地方片审委员会认为影片发行中，路易·阿姆斯特朗的比重太大了！《新奥尔良》被作为场面豪华的音乐剧加以推出，尽管它有这样或那样的不足，但仍取得了异乎寻常的成功，对路易而言，这也是他走向荣耀的新的一步。

当爵士乐的爱好者，路易、比莉乃至其他配角的仰慕者，看到剧终的十分钟里，没有一个黑人乐手出现时，都感到非常不舒服；以展现白人乐队（伍迪·赫尔曼的First Herd！）怎样被古典乐队吞并为借口，在这里是极不适当的。当然，电影中也有些难忘的时刻：路易和他的乐队作为“路易·阿姆斯特朗的原创新奥尔良乐队”（Louis Armstrong's original New Orleans jass band）出现在芝加哥的舞台上；电影的第一个片段，镜头在灰暗的小巷中推移，路易的小号吹响了“国王”奥利弗和克拉伦斯·威廉姆斯的曲子《伦敦西区布鲁斯》；路易和他的乐队在巴森街（Basin Street）Orpheum酒吧表演；还有，比莉·哈乐黛在钢琴的伴奏下演唱*Do You Know What it Means to Miss New Orleans*?（比莉最好的一个片段），以及阿姆斯特朗（和他的乐队）表演欢快的*Where the Blues Were Born in New Orleans*，这是电影中惟一一首没有在78转唱片中发行的曲子。最后提到的两首都是专门为了影片应景而作的。

为了电影原声带，布袋嘴提前录制了典型的新奥尔良传统曲目以及一些原创作品，尽管其中一些曲子相当出色，如：*Flee as a Bird / When the Saints*、*Raymond Saint Blues*、*Brahm's*

**数　据**

唱片的四十八年生涯中，大约有1200名乐手录过1000支曲子，其中*Sleepy Time down South*（98次）、*When the Saints Go Marching in*（58次）、*Basin Street Blues*（53次）、*Indiana*（47次）、*Muskrat Ramble*和*Struttin' whith some Barbecue*（43次）、*Mack the Knife*（42次）、*Saint Louis Blues*（40次），等等。

——根据Hans Westerberg对唱片的研究，发表于1981年

*Lullaby*、杰利·莫顿的*Buddy Bolden Blues*、莫顿/亨德森的*King Porter Stomp*，但电影和原声带中都没有被采用。大多数保留下来的曲子，其蒙太奇都很粗糙，或者被对话覆盖，独奏都消失了，如果我们知道他们雇用的都是最好的乐手，那么这种处理方式实在令人气愤。但是，这部电影仍然在好莱坞电影音乐中占有重要的一席之地。大部分曲子都在电影出品之前，通过唱片提前发行，这让公众了解并喜爱它们：令人印象深刻的*Tiger Rag*，在影片中是巴尼·比伽德的半首独奏；*Maryland，my Maryland*，出现在新奥尔良港口cutting contest中的乐队的争斗场面；*endie*，路易献给女仆（比莉）的歌，预计在一场巴黎音乐会上表演（爵士乐也做了环球旅行）；*The Blues Are Brewin'*，由比莉·哈乐黛演唱，布袋嘴演奏小号，这首曲子和热力六人组一起录音。

拍摄方面，1946年9月又增加了新的场景。路易找到了他在新奥尔良起步时的音乐同党——1918年一起表演的吉德·奥瑞、巴尼·比伽德以及打击乐手祖迪·辛格雷顿。有几首曲子引起了人们的注意：*Farewell to Storyville*，作为主题曲，在影片中得到很好的展现——路易和比莉训练非本街区的斯托瑞维尔官员，唱片中，这首曲子也没有商业化；经典曲*Mahogany Hall Stomp*

以及*Dippermouth Blues*展现了爵士乐到达芝加哥时的场景；*Do You Know What it Means to Miss New Orleans*?、*Where The Blues Were Born in New Orleans*，这两首曲子是准备给女主角多萝西·帕特里克（Dorothy Patrick）一个爵士乐的基本概念的，同

查尔斯·沃尔特(Charles Walters)的《上流社会》(*High Society*)，1955年。片中聚集了阿姆斯特朗、宾·克劳斯贝和格蕾丝·凯莉(Grace Kelly)。这两位搭档（路易和宾）演绎了*Now you Have Jazz*，充满了意味。

路易·阿姆斯特朗与西德尼·布瓦蒂叶（Sidney Poitier）和保罗·纽曼（Paul Newman）在马丁·瑞特（Martin Ritt）的电影《巴黎布鲁斯》（*Paris Blues*）中，1961 年。阿姆斯特朗出现的场景是 1960 年 12 月拍摄的；艾灵顿公爵在影片中出现，他为电影制作了音乐。1961 年 4 月，布袋嘴和公爵在录音室相遇，在两场颇费周折的录音之后，取名为 *The Great Reunion.*

时它也是电影中为数不多的路易在其中担任的不是简单的配角的几首作品之一。通过这些歌曲，路易仿佛又找回了他的二十年华和青春活力。幸而，在1983年电影的完整版得以发行，音乐大师们的峰会也在此大放光彩，令人难以忘怀。

9月6日，路易重现了1927年热力七人组的传奇，他录制了四首未曾在通常的曲目单中出现过的歌——两首知名老歌 *I Want a Little Girl* 和 *Sugar*，以及两首美丽的布鲁斯 *Blues for Yesterday* 和 *Blues in the South*。这四首歌曲由查尔斯·德劳内（Charles Delaunay）的唱片公司在法国摇摆乐坛上发行。

影片《新奥尔良》之后，“老爸”又和三位好莱坞黄金时代的导演合作过：1951年，弗兰克·卡普拉（Frank Capra）在喜剧《如果让老爸结婚》（*Si l'on mairait papa*）中安排他饰演他自己；次年，和沃尔什再度合作影片《光荣巷弄》（*Glory Alley*）；1947年和霍华德·霍克（Howard Hawks）拍摄了离奇的影片《一首歌曲诞生了》（*A Song is Born*）。在这部霍克自己的老片《火球》（*Boule de feu*，1942）的重排片中，霍克让演员丹尼·凯（Danny Kaye）扮演弗里斯比教授（Frisbee），让本尼·古德曼、汤米·多尔赛、查理·巴尼特（Charlie Barnet）、莱昂内尔·汉普顿这样的爵士乐明星和乐队指挥担任配角。“这是一部令人惋惜的电影，”霍克认真地说，“拍摄对我而言只有一个惊喜，就是布袋嘴和我成为这么好的朋友！”

电影的主题是这样的：腼腆而固执的弗里斯比教授希望能够了解新的音乐潮流，并踏上了“爵士”星球的土地。该主题激发音乐家们创作了即兴的结尾音乐，共32小节，布袋嘴在其中的表演令人无法抗拒。也许对于影片制作方来说这有点过头了，他们最后采用了被认为更加正统的第二次拍摄的版本。为影片《一首歌曲诞生了》来到西海岸的路易，在好莱坞的比利·伯格俱乐部（Billy Berg’Club）以小乐队的形式登台表演；这支小乐队非常适合他，于是他决定保留这支乐队，并称之为“全明星”。

## 《巴黎布鲁斯》、《你好，多莉》以及……电视

在之后的电影中，制片人和编剧都把赌注压在路易·阿姆斯特朗、他的歌曲及爵士乐明星的个性上。于是，路易参加了安东尼·曼（Anthony Mann）的传记《未完成的浪漫曲》（*Romance inachevée*）的音乐片段的录制，这部小说化的传记的主人公是十年前在第二次世界大战中消失的乐队指挥格伦·米勒。路易和他当时的全明星表演［第二支队伍，阵容强大：特拉米·扬（长号）、巴尼·比伽德（单簧管）、比利·基勒（钢琴）、阿尔维勒·肖（低音）以及巴瑞特·蒂姆斯（打击乐器）］，另外还有富有魅力的吉米·斯图尔特（Jimmy Stewart）加盟，饰演白人乐队指挥。吉米说能有路易·阿姆斯特朗做他的爵士乐老师，他真是太高兴了。作为擅长西部片的导演，安东尼·曼更为大众欢迎的影片有：《无敌连环枪》（*Winchester 73*）、《平原男人》（*L’Homme de la plaine*）以及《诱饵》（*L’Appât*）。这部编剧不够真实的电影，算不上他最好的电影，但仍然非常

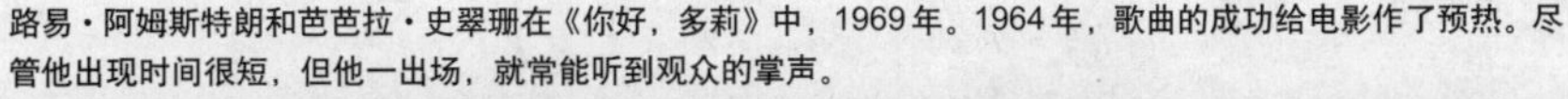

路易·阿姆斯特朗和芭芭拉·史翠珊在《你好，多莉》中，1969 年。1964 年，歌曲的成功给电影作了预热。尽管他出现时间很短，但他一出场，就常能听到观众的掌声。

有趣，尽管布袋嘴和他的乐队是在录音后配的动作——这次 1954 年 3 月的录音十分出色——而部分音乐片段又一次在剪辑过程中被删节。1959 年，路易在爵士乐手里德·尼科尔斯（Red Nichols）的诙谐传记《五枚便士》（*The Five Pennies*）中和丹尼·凯（Danny Kaye）、宾·克劳斯贝重逢。电影原声带中当然有尼科尔斯的独奏，也有克劳斯贝的，但更多的是“老爸”的。

查尔斯·沃尔特（Charles Walters）邀请路易参加了颇有意味的电影《上流社会》（1956）（*High Society*）的拍摄，参与拍摄的还有宾·克劳斯贝、格蕾丝·凯莉（Grace Kelly）、弗兰克·西纳特拉。这是一部在乔治·库克（George Cukor）的电影《费城故事》（*The Philadelphia Story*）基础上，起用新演员重新摄制的音乐电影，电影音乐制作是科尔·波特。之后沃尔特表示后悔道：“在电影中，我们没有让阿姆斯特朗发挥他的丘比特的一面，他不仅是一个天才的音乐家，也是一个同样棒的演员……”《上流社会》是一部非常好的音乐片，发行量也很大，路易在片中演唱了《上流社会的卡利普索》（*The High Society Calypso*）——他曾于1962年翻唱了这首歌，但是《上流社会》不及库克同年发行的另一部电影《女孩》，参与这部影片的有杰纳·凯利和米芝·姬罗（Mitzy Gaynor）。这部娱乐片和鲁宾·马莫利安（Rouben Mamoulian）的《莫斯科美女》，都是美国音乐电影喜剧的黄金年代中的最后几部大音乐片。

1960年，在马丁·瑞特（Martin Ritt）的电影《巴黎布鲁斯》（*Paris Blues*）中，布袋嘴遇见了西德尼·布瓦蒂叶（Sidney Poitier）和保罗·纽曼（ Paul Newman），后者饰演两位旅居巴黎的爵士乐手。出演影片的还有保罗·纽曼的妻子乔安妮·伍德沃德（Joanne Woodward）以及模特儿艾维·尼科尔森（Ivy Nicholson），但最成功的还是艾灵顿公爵为电影专门创作的音乐，为此他在塞纳河边度过了八周。

1969年，百老汇音乐剧《你好，多莉》（*Hello Dolly*）电影版取得了巨大的胜利，导演是吉恩·凯利（Gene Kelly）。最排斥阿姆斯特朗的人在这部大场面的戏面前也不得不缴械投降，演员有芭芭拉·史翠珊和沃尔特·马修（Walter Matthau），还有最乐观的路易，他成功地替代了原定的卡布·卡罗维。布袋嘴特别喜欢他和芭芭拉·史翠珊的一场戏，史翠珊的声音把他镇住了："你们可以有你们的想法，但是她着实给所有人都上了一课！"电影和唱片还没有发行，路易就迫不及待地向他周围的人模仿片中的著名场景，他一个人饰演所有的角色，包括那12个黑人男孩。1963年12月12日，他已经和他的全明星录制过了J. 赫尔曼（J. Herman）为音乐剧所作的乐曲；这是他最大的成功之一。《你好，多莉》也是他的最后一部长片。

50年代中，老爸拍摄了九部长片，同时他每年也参加七八部电视剧的拍摄。在他生命的终点，电视对他而言成为一种新的表达的场所。1970年及1971年，直到他7月份去世，他在众多电视节目中出现，其中有*Ed Sullivan Show*——最受美国家庭青睐的每周电视综艺节目。1962年，他的这种转向成了一部20分钟的记录片的主题，在美国可以看到这部片子。在众多会面和特别节目（specials）中，人们还能记得*Edsel Show*中，他和弗兰克·西纳特拉的《布鲁斯的诞生》（*Birth of the Blues*）以及1952年1月1日还是和西纳特拉一起的令人难忘的*I'm Confessin'*，还有与迪兹·吉莱斯皮一起制作的节目*Umbrella Man*，出乎意料而具有爆发力。

关于阿姆斯特朗的许多记录片中，至少有两部是值得一提的。一部是莫罗（Murrow）和弗兰德利（Friendly）摄制的《伟大的布袋嘴》（*Satchmo the Great*），特别会让人想起他在非洲做的大巡演以及和纽约爱乐乐团的音乐会；另一部是伯尔尼·斯特恩（Bern Stern）的《夏日里的爵士》（*Jazz on a Summer's Day*），记录的是他在1958年的纽波特音乐节的表演。在《伟大的布袋嘴》中有一段，路易出现在一间教室中，一个黑人小男孩问他怎样才能成为"世界上最伟大的小号手"……阿姆斯特朗回答说，成为最好的倒不一定有什么用，但是两件事是成为小号手必需的：碰到一个像乔·奥利弗一样的人，并且练习、再练习……与他自己的表述如出一辙的是，喜爱他的人也这么说："路易使我感动的与其说是他独特的才华，还不如说是他的工作，他整天都在工作。"（艾拉克里·德·戴维切威）

别忘了"音乐录影带"（soundies）。这些在黑人社团中，在昏暗的房间里播放的小电影，这些为路易·阿姆斯特朗拍摄的录影带（黑白的或彩色的），用画面记录了他的成功；尤其是那首代表作和音乐会压轴曲*When it's Sleepy*

*Time down South*（1942），以及*Someday*（*You'll Be Sorry*）。片中路易身着蓝色服装，手拿白手帕，站在地球仪旁边，在他的五重奏前大显身手；还有富于传奇色彩的*C'est si bon*（彩色）和感人的1940年的*Shine*：They Call Me shine（他们叫我“光亮”[小擦鞋匠的绰号]），路易身着双排纽上衣，穿着白色皮鞋（!），皱纹和酒窝都清晰可见。

路易的音乐直到如今也一直不断出现在一些新拍摄的影片中，就好似他的仁慈、他的大度，能挽救带有些许现代幻灭色彩的影片，也好似美国的电影导演们可以从中为备受乱世困扰的美国找到历史与社会的合法性！阿姆斯特朗分别参与了约翰·卡萨维兹（John Cassavettes）的部分影片，如《明妮与莫斯科威兹》（*Minnie and Moskowitz*，1959），施勒辛格（Schlesinger）的影片《蝗虫之日》（*The Day of the Locust*，1974），以及大卫·鲍伊（David Bowie）出演的仅有的两部伟大影片之一：尼古拉斯·罗格（Nicolas Roeg）的《掉在地球上的人》（*The Man who Fell to Earth*，1976）。

1980年伍迪·阿伦（Woody Allen）的《星尘往事》（*Stardust Memories*）中，男主角因为受危机的折磨，自认为将不久于人世，他回忆起一个非常幸福的时刻：翻着书的夏洛特·兰普琳（Charlotte Rampling）抬起头向他微笑，而背景音乐里路易正在唱一首标准曲《星尘》（*Stardust*）。《曼哈顿》（*Manhattan*，也是伍迪·阿伦的电影）的原声带使用了曲子*Potatoe Head Blues*。在罗布·雷恩（Rob Reiner）的喜剧《当哈利遇见莎莉》（*When Harry met Sally*）中，路易和埃拉·菲茨杰拉德的歌曲*Let's Call*

**路易·阿姆斯特朗的小号。“首先是音乐，然后有格拉萨先生，随后是露西尔，”一天阿姆斯特朗对杰克·布拉德利(Jack Bradley)说道。他还说：“我喜欢音符……这就是为什么我很想试着去吹……这也是为什么我结了四次婚。女人们不能忍受小号……”**

*the Whole Thing off* 为两位主角去纽约的汽车旅程伴奏（比利·克里斯特尔[Billy Crystal]和梅格·瑞恩[Meg Ryan]饰男女主角）。在伊文·温克勒（Irving Winkler）和罗伯特·德·尼罗（Robert De Niro）的电影《黑名单》中，原声带中采用了 *Jeepers Creepers*；由于故事发生在50年代，我们因此在片中的黑白电视上看到了路易30秒钟的镜头。1988年，巴里·莱文森（Barry Levinson）的电影，由罗宾·威廉姆斯（Robin Williams）出演的《早安，越南》（*Good Morning Vietnam*），给叙事曲 *What a Wonderful World* 来了一个音乐近景。阿姆斯特朗的幽默、简单的生活乐趣和智慧，驱散了1965年越南和西方世界悲剧的阴影。我们没有在影片中看到路易，但他出现在了电影的预告片中。一组蒙太奇镜头将全明星置于1968年12月的美国军营之中：阿姆斯特朗身着制服站在军乐队之首，整组镜头在牧歌的伴奏下展开。1992年圣诞，这首歌再次成为应景曲目，并被尼克·卡维（Nick Cave）和谢恩·麦克高万（Shane

McGowan）的组成的噪音朋克乐（punk-trash）组合翻唱。

如今，大众无法充分地认识路易·阿姆斯特朗，因为媒体再也不播放爵士乐了，对爵士乐大人物的介绍也不够准确，这使他们的形象都局限于僵化刻板的老套。西方人，尤其是美国人，可能不怎么听路易了，因为他不够时尚，而本应该听得更多些；而一旦他们感受到了这个新奥尔良音乐家—歌手的才能、快乐以及生活的渴望，奇迹就出现了：从圣路易到东京，从莫斯科到塔那那利佛，从生活的一端到另一端，路易感动了所有的人、所有的文化……

## 善意的大使

1968年，法国导演让·克利斯托夫·阿弗蒂（Jean-Christophe Averty）想在纽约推出以阿姆斯特朗为对象的“由音乐和采访交叉组成的简历”的节目，但没有成功，因为“美国电视台认为路易只能转着大眼睛出现在电视频道中。就像在好莱坞，人们把阿姆斯特朗看做一个小丑……”阿弗蒂只能摄制1967年7月路易在安提布（Antibes）的最后两场音乐会。

除了让阿姆斯特朗演他自己或是用小号演奏爵士乐之外，好莱坞制片人没有给他应有的位置。他的戏路非常窄，虽然角色总是完成得非常出色，却阻碍了许多真诚的批评和欣赏。美国电影业完全忽视了爵士乐手的存在，这一点从格里菲斯的《一个民族的诞生》开始就没有改变过。迈尔斯·戴维斯完全有资格谈论种族隔离，他本人也做过几次演员，他不完全支持这种理论化观点："可能白人们希望黑人阿姆斯特朗笑着，跳着，让他们开心。路易达到了人们对他的期待，人们叫他'汤姆'。但是他欺骗了所有的人……他只是做了一个善意的大使！"在电影中，路易·阿姆斯特朗的演绎细腻，有人情味；我们可以想像他如阳光般过强的个性也使很多导演和制片人感到为难。在40年代，他们就向奥逊·韦尔斯（Orson Welles）拒绝了一部关于路易的片子；最近，Universal工作室就无限期搁置了小号手—歌手电影生平的计划，原圈定演员是亚菲特·卡托（Yaphet Kotto）。

当然，布袋嘴肯定和好莱坞黄金时代的几位著名导演都合作过，但是却从未找到过今天可能会遇见的导演。他的音乐、他的歌声、他的喜剧意识、他的超凡魅力，对于当时种族化和带有编码意识的电影来说都太让人束手无策了。尼古拉斯兄弟（Nicolas Brothers）——上世纪最伟大的黑人舞蹈家，40年代年轻黑人的偶像，也遭遇着同样的处境。1939年，尼古拉斯兄弟和卡门·米兰达（Carman Miranda）一起出现，随后出现在1943年《暴风雨天气》（*Stormy Weather*）中；但是，他们在银幕上从来都竞争不过弗雷德·阿斯泰尔（Fred Astaire）。在安德鲁·L·斯通（Andrew L. Stone）的一部音乐电影杰作的海报上，出现了"黑人嘉宝"莲娜·霍恩（Lena Horne）、比尔·"Bojangles"·鲁宾逊（Bill "Bojangles" Robinson）、百老汇及踢踏舞之王（阿姆斯特朗的偶像）以及哈莱姆爵士乐大师法茨·沃勒、卡布·卡罗维。《暴风雨天气》取得了成功，但是和《新奥尔良》一样，一点的好奇心对社会状况、人们的心理根本起不到任何改变的作用。路易不是哈里·巴拉方德（Harry Belafonte）、小萨米·戴维斯，更不是西德尼·布瓦蒂叶，他也不是60年代电影渗透主义的首席黑人男星（带有奥斯卡味道的说法），然而，在极其有限的表现时间里，布袋嘴成功地让人们更好地了解了黑人，重建了黑人的形象，而他没有用任何强制的东西，这一切都是自然而然地成就的。

我家乡的人都爱唱歌，传着酒盅喝水的时候都会哼上一曲。对我来说，那儿是天堂。当我可以跟他们待在一块儿，和他们一起唱歌，喝着小酒的时候，我真的觉得自己还不赖。那时候，我有一个男高音的嗓子，前辈们都让我唱主角。他们已经觉得我有两下子了，觉得我是一个好的拉格泰姆歌手，就是今天我们所谓的“热力”或“摇摆乐”歌手。[路易·阿姆斯特朗：《我在新奥尔良的生活》]

布袋嘴是在教堂开始他作为歌手的公众生活的，随后是和他的“傻子演唱组”的小伙伴们在新奥尔良的街角唱歌，那时他才七岁。这支街头的小组合，甚至时常可以收获1美元50分，这在当时背景下，算是一笔可观的收入了，可见演唱组的实力和影响。克里奥尔单簧管吹奏家西德尼·贝克特在他的传记中，讲述了1910年前后，邦克·约翰逊是怎样让他发现路易·阿姆斯特朗这位歌手的：“西德尼，他对我说，我希望你去听听这个小四重唱，他们唱得真好！他们的乐曲的改编也不错！……路易住在巴尔德诺大街，是这个小四重唱中的一分子。那时候，他有一个男高音的嗓子。我很认真地听他唱，他真棒，我比他大一些。他很尊敬我，因为我和一些大音乐家在乐队里表演。”[《音乐，就是我的生命》]

1947年，萨克斯手鲁迪·杰克逊说，当他到达乔·奥利弗的乐队的时候(1923年)，路易已经是克里奥尔爵士乐队的绝对主力了，他的音乐“几乎震塌整座房子”。他吹奏乐器，并不时地开着玩笑，比如滑了一下，摔了一跤，

"很多爱用'革命'这个词的年轻人，忘记了阿姆斯特朗是爵士乐最大的革命者。可能当他们谈到音乐革命的时候，想到了查理·帕克、塞西尔·泰勒（Cecil Taylor）、约翰·科尔特拉纳。然而，音乐在阿姆斯特朗之前和之后的区别，要大于在帕克、泰勒或科尔特拉那前后的差异。我们可以承认，由阿姆斯特朗所引发的爵士革命是所有的变革中最重要的一场。"（乔奇姆·恩斯特·贝伦特，《爵士乐大史》）

或身体不舒服，特别是……他还唱歌！在当时的情形下（要么就留下来好好干，要么就走人），他很注意不让“爸爸乔”难堪：“我演奏从来不会盖过爸爸乔，除非他对我说‘继续’，否则我从不那样做。”但是，当时的路易已经知道自己“石屑”般的声音是如此与众不同，不管是在南方还是北方，他的歌声和他的小号一样出色。其实，就像很多新奥尔良的爵士乐手一样，路易学着在俱乐部里给舞蹈演员伴奏，且常常被要求在器乐伴奏之余，也来点“伴唱主旋律”以活跃气氛。布袋嘴知道自己的天分，也总是愿意给别人带来快乐，同时也自得其乐，他从不吝啬来一点人声伴奏；这也是“能引起人注意”的好机会呀。

路易在芝加哥的起步极其成功，同时，他还用新奥尔良单簧管手那种连珠炮式的方法表演。和“爸爸乔”的合作启发了他，让他找到了摇摆的规则和节拍。“国王”奥利弗也教他怎样给歌手伴奏。很快，路易对同一种表达的两个方面都产生了兴趣。我们可以说，他唱歌的时候，用的是和吹奏小号一样的方法。但歌唱是他音乐表达的第一种形式，或许，更客观地说，他是在乐器上发展了他本能的歌唱技巧？

当他加入弗莱彻·亨德森的乐队时，他问弗莱彻他是不是可以唱上一曲；弗莱彻很是惊讶——他能用这种声音唱出什么呢？他怎么不安心地吹好他的小号呢？但是路易很自信，他甚至在最初录制的唱片中，就想留下自己的歌声，比如1924年11月，第一次录制的*Everybody Loves My Baby*（弗莱彻·亨德森作曲）。但是，他却从来没有把每周三晚在玫瑰园舞厅表演的完全版本录下来，在那里，狂热的观众不仅渴望听到他的小号表演，也强烈要求他演唱。路易表演了两次，一次没有引子，另一次加入三段破碎音歌唱；他唱道："好啊，来呀，这样不好，那样，那样好些！"这样的歌词，可能带有性的色彩，属于典型的黑人乐手的语言，被禁封了。想要惊世骇俗，休想。这段时间盛行的是用柔软光滑的声音"低声吟唱感伤的流行歌曲"，路易的声音不符合当时的规范，太过出人意料，有伤大雅；弗莱彻的乐队面对的是大众，所以制作人把这段剪辑了。只要路易在说唱中一出现超出公众认可的语言，审查就不会放过他。十年后也是一样，他在巴黎录制的 *Song of the Vipers*，这首"抽大麻人的歌"（他自己也抽过），由于封禁的原因，一直到1942年才出品。

## 贝茜、玛吉和其他著名布鲁斯女歌手

在为弗莱彻·亨德森乐队工作的同时，直到1930年，路易也与其他应时乐队在录音棚吹奏，为诸多女歌手伴奏，其中有很多已为今人所忘却。从1924年10月到1925年10月，他不停地工作。和西德尼·贝克特一样，他加盟了钢琴家兼作曲家克拉伦斯·威廉姆斯的演出乐队。克拉伦斯是个可怕的机会主义者，几乎垄断了所有女歌手在录音室的伴奏。1993年发行的一套六张唱片（6小时16分钟），取名为《路易·阿姆斯特朗和布鲁斯歌手的唱片》（*The Recordings of Louis Armstrong and The Blues Singers*），展现了路易作为伴奏者不为人知的才能，为唱片增色不少。布袋嘴为当时的大明星伴奏，特别是著名的蓝调女歌手，自然为他们伴奏的爵士人风格也很相似；路易总是能找到准确的音符，能够烘托声乐表达的分句，也会给他的同伴们吹上几段他最著名的独奏。在这些女歌手中，特别引人注目的有：格特鲁德·"马"瑞内——南方女歌手、Rabbit Fool Minstrels 的领导者，阿伯塔·亨特——"布鲁斯之母”，常用化名约瑟芬·比蒂（Josephine Beatty），1924年12月22日，路易、丽莲和西德尼在红色洋葱爵士宝贝（Red Onion Jazz Babies）乐队的伴奏下，录制了三首非常棒的曲子——*Nobody Feels the Way I Fell this Morning*、*Early Every Morn'* 和 *Cake Walking Babies*，维多利亚·丝碧薇（Victoria Spivey）以及三个史密斯——贝茜、特里西（Trixie）和克拉拉（Clara），布兰奇·卡罗维（Blanche Calloway）——和卡布·卡罗维是姐妹，贝莎·“奇皮”希尔以及几位需要正名的伟大的女性——伊娃·泰勒（Eva Taylor）、霍西尔·托马斯（Hociel Thomas）和玛吉·琼斯——生前是贝茜·史密斯的有力竞争者，更不用提维吉尼亚·里斯通（Virginia Liston）、马格里特·约翰逊（Margaret Johnson）、希皮·华莱士（Sippie Wallace）、诺兰·威尔士（Nolan Welsh）、丽莉·戴尔克·克里斯琴（Lilie Delk Christian）、西格·埃利斯（Seger Ellis）……

1925年，路易和贝茜·史密斯——布鲁斯和爵士史上第一位著名女歌手——录制了九首曲子，其中有 *Saint Louis Blues*、*Reckless Blues*、*Cold in Hand Blues* 和 *Careless Love*。这些都是难忘的金曲，尤其是路易单独和钢琴与管风琴家弗雷德·朗肖（Fred Longshaw）伴奏的那几首；路易和“布鲁斯女皇”建立了真正的对话。在女歌手作曲的 *Reckless Blues* 中，路易的分句演奏充分展现出了贝茜嗓音的魅力，她在曲中歌唱自己纷乱的生活：

My mother says I'm reckless, my daddy says I'm wild
I ain't good lookin', but I'm somebody angel's child...

（我妈妈说我是个冒失鬼，我爸爸说我是个野蛮人/我是丑八怪，但我是天使的孩子，我应该好好地活着……）

*Saint Louis Blues*（路易吹奏短号）是一首几乎带有宗教音乐强度的杰作；小号伴奏令人陶醉，音符选择、节奏安排都十分合理，同时表演中也满溢出真挚的情感；之后，歌手仅有的几部影片中的一部也以这首歌曲命名，在这部短片中还出现了钢琴家托马斯·"法茨"·沃勒。*Cold in Hand Blues* 歌唱的是布鲁斯音乐偏爱的主题之一——不可分享的爱：Now I don't want that man, because he's got cold hand（现在我不要这个男人了，因为他是胆小鬼！）。无论是独奏，还是为贝茜·史密斯最后一段叠句的伴奏，布袋嘴的表现都是非常出色的。对于她的乐队主钢琴师弗雷德·朗肖发起的这些顶尖级的演出，个性敏感多疑的贝茜从来不大重视；她更愿意和"温和的小号手"乔·史密斯或弗莱彻乐队长号手查理·格林合作。5月21日的那场演出，格林似乎比路易更胜一筹。

阿姆斯特朗从来没有和贝茜一起开过音乐会，也没有说过一句真正刻薄她的话："她性格很不好，但赚了很多钱"，但他也承认从来没有和贝茜·史密斯排练过，和她的话也不多，因为他们"没有共同语言"；路易更喜欢和玛吉·琼斯合作，如 *Anybody Here Wants to Try My Cabbage*? 或者 *Good Time Flat Blues*——歌曲是1924年录制的，由克拉伦斯·威廉姆斯作曲，后来在电影《新奥尔良》中更名为 *Farewell to Storywille*。不管怎么说，和贝茜·史密斯的一系列录音都显示了路易不仅是一个伟大的爵士人，也同样是伟大的布鲁斯乐手。他和管风琴或是钢琴一起伴奏的部分是最成功的，他的表达最贴近歌手，分句演奏也很自由。在伴奏更加丰富的乐曲中，他的和谐感让他努力不"重复"另一位乐手，沿着另一条不同的旋律线表演。

与这些布鲁斯女歌手录制的曲子中，路易低音音区的演奏也相当卓越，在此，即兴表演家布袋嘴显示了他的表达潜力。

## 拟声主旋律

第一次从纽约归来之后（与弗莱彻·亨德森乐队一起），当他与妻子丽莲在芝加哥重逢的时候，路易终于可以随心所欲地歌唱了。当时是热力五人组、七人组时代，唱片的兴盛也促进了爵士乐的流行，而唱片也使路易·阿姆斯特朗的粗嗓门被公众所接受。从1925年起，人们就可以在热力五人组的唱片中听到他的歌声了。*Gut Bucket Blues*，他为数不多的几首作曲之一，震动了哈莱姆，随后是 *Lonesome Blues*——约翰尼·多兹的单簧管伴奏更突出了路易的嗓音。

几个月后，“老爸”创造了一种闻名于世的发声风格——拟声（scat）。传说他可能忘记了 *Heebie Jeebie*（鸡肉）的歌词，于是就用想像的语言，用拟声唱法即兴表演，即“建立在想像的音节上的节奏练声曲”，这是他取得的第一次成功，得到了黑人公众的一致拥护。而埃拉·菲茨杰拉德给出了这则传说的另一个版本，她说，在演绎的某一个关键时刻，歌页或是乐谱掉在了地上，为了不打断录音，必须要即兴创造！当时，拟声被称为 bop singing，意指歌手用人声来完美地模拟器乐音质；路易从童年时代，从和外祖母去教堂开始，就自然而然地掌握了这种技巧：

> 我想，就是在那里，我获得了这种歌唱技术……是的，所有的含有脉动（beat）的音乐，都来自同一个地方——教堂。

渐渐地，路易摆脱了传统的歌唱布鲁斯风格，而这当时还是爵士乐手惟一的声乐表达法。在*Skid-dat-de-dat*——这首丽莲·哈丁为丈夫专门谱写的曲子——中，布袋嘴欢快地拟声歌唱着。十一天以后，还是在芝加哥，他录制了一首令人激奋的曲子*You Made Me Love You*，这首曲子是他和P.维纳布勒（P.Venable）合写的，诸多伴奏中有班卓琴手约翰·圣－西尔，同一天，他还录制了*Irish Black Bottom*，在歌中他声称自己是爱尔兰人！

1929年春，路易在距离百老汇几个街区的哈得逊剧院与热巧克力演出团的乐队一同登台演出。他的*Ain't Misbehavin'*（法茨·沃勒作品）的演唱版本，把毫无准备的观众们的注意力都吸引了过去。相比感情洋溢的沃勒，快活的路易显示出了他娱乐人的本领。演奏之外，他还说说话，调动气氛，他的表演感染了观众——不仅是晚会上的内行爱乐者，或只是来寻点开心的普通观众，更感动了大批美国民众。他们怀着些许惊讶，发现了一个异乎寻常的嘶哑嗓音，发现了出自一个善良淳朴的人几乎是放纵、淫荡的嗓音。这和当时流行的白人歌手那种纯净、开化的风格毫不相干；这种嗓音可能会让人惊愕，但更多的是，它吸引了听众，且令人无法忘怀，就像他小号的音质一样，光芒四射。

1928年6月28日、29日，在第二支热力五人组的演出中，人们在*A Monday Date*这首歌中听到了路易的声音。他的歌唱还不十分突出，但在老式爵士乐杰作*West End Blues*中，他温柔、低沉的嗓音更加丰富了。布袋嘴进行了歌唱方面的训练。拟声是表达幽默感、想像力和即兴创作的工具；同时，对薄弱的文本而言，这也是一贴完美的解药，是掌控歌词和语言、加强节奏的有效途径。在同一时期，路易也录制了一首歌，名为*Squeeze Me*（法茨·沃勒作曲），当歌词的表现力不够时，他就用拟声加强歌曲的情绪和色彩。他学着慢慢地运用玩笑嘲讽式的激情和兴致来“细化”一首曲子——如果一定要和法国艺人作比较的话，那就是莫里斯·雪佛莱（Maurice Chevalier）、布尔维尔（Bourvil）或者费南代尔（Fernandel）的方式了。

在热力五人组、七人组中用器乐表达之后，在1929年，路易隐约地预感到他唱的歌声、他说的故事、他开的玩笑能够带来些什么了。

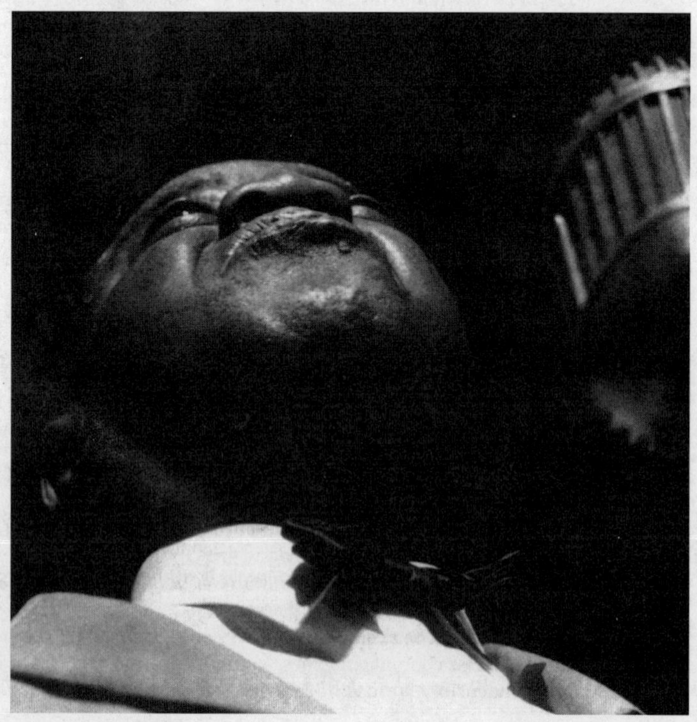

布鲁塞尔，1959年3月23日，特里斯坦·扎拉（Tristan Tzara）称赞阿姆斯特朗：“他的诗意，不带任何的夸张，随着人性中永恒而又感人的真实自然流露，与此同时还有热情和深刻。”

> 我想，当我开始给我的音乐加入些东西——一点表演——的时候，人们是欣赏这种做法的。过去，我们是一首接着一首曲子演奏。我像个疯子般吹着小号，尽一切的努力让其他的乐手感到快乐。而他们总是问我："你是不是吸了毒，处于迷幻状态？"我们总是想要使出浑身解数，表现一切的艺术，而一个蠢材只会让你们感到无聊！我发现其实我们最赖以生存的是公众。我们在舞台上就是要用尽可能最好的方法给人们带来快乐。因为这一刻是属于观众的。

阿姆斯特朗从未想到过要放弃成为最棒的独奏者的追求——一刻也没有过，同时他也看到了第二条职业道路在他面前展开。1900年前后新奥尔良在器乐上发展出的爵士乐，在20年代有了新的语言。比莉·哈乐黛斩钉截铁地说："我总是希望能够兼有老爸的'风格'和贝茜·史密斯的'感觉'……我总是想能像路易·阿姆斯特朗那样即兴表演。"

## 流行歌曲

从1928年开始，特别是1929年，路易放弃了那些传统曲目和民歌，开始演绎新的流行歌曲、叙事曲，特别是常常关注那些音乐剧和百老汇剧的歌曲，他使这些曲子面目一新。1929年3月，歌曲*I Can't Give You Anything but Love*迅速获得成功，在这首和路斯·拉塞尔乐队合作的曲子中，布袋嘴充分展示了他嗓音的表达力。6月，他翻唱了法茨·沃勒作曲的*Ain't Misbehavin'*和*Black and Blue*，以及*Some of these Days*和*When You're Smiling*。其实早在1928年12月，他便已翻唱了利物浦感伤老歌*Saint James Infirmary*，合作演奏的是卡罗尔·迪克森乐队，由厄尔·海因斯表演钢琴。他的歌声非

"路易，这是美国。"（托尼·贝内特）

常热烈，从中可以隐约感受到演绎街头浪漫曲既低沉又轻巧的唱法。在 *Black and Blue* 中，他怀着无尽的忧伤，吟唱出种族主义和黑人文化：*My only sin is in my skin*，*what did I do to be so black and blue*？（我所有的罪孽就是，我的皮肤，而我又做过什么，让我如此黑如此忧愁呢？）而在公众前表演的时候，如果他心情不错，就会把歌词改成各种不同的版本——My only sin is drinkin' gin'（我所有的罪孽就是喝杜松子酒），因为这唱起来很上口。挑战世俗的布袋嘴会根据自己的心情和境况，毫不迟疑地改变歌词，他总是习惯性地把歌词转向对他有利的方面。他会将平庸愚蠢的歌词替换。在为清教徒、种族主义的白人观众表演时，他甚至会唱出另一个*Black and Blue*的版本，他会唱道：My only sin is in my jeans（我所有的罪孽就在我的牛仔裤里）。

这个变化并不奇怪，因为可怕的1929年危机摧毁了如此多的职业，而布袋嘴却毫发无伤地度过了危机。“路易有理解美国音乐贸易的资格，当时是这样地艰难，又没有补贴。”（弗兰克·德诺）人们越来越多地在第一批投币自动电唱机中听到歌手路易，特别是哈莱姆的那些，其中的音乐几乎被路易垄断了。在那萧条的岁月里，阿姆斯特朗与西方的标准背道而驰，他以其独具魅力的嗓音重拾了非洲或是海岛的自然，并使所有的西方歌曲都受到了冲撞。

从此，公众听到了一个小号手背后的歌手，或者反之，歌手背后的小号手。路易用他的声音来迎合哪怕是最小的成为杰出音乐人的愿望，他的声乐摇摆和器乐摇摆的才情出自同一根血管。钟爱自然的他，在声带中找到了最直接的乐器。就像布鲁斯或者是弗拉门戈的大家一样，他按照他的心意改变歌词的结构，缩短或拉长音节，置那些重音规则于不顾，保留歌词在音乐和表现力上的特质，并使用分句的方法，完全和他在小号上的表演一样。不管是什么旋律，他都能做出一首震惊四座的曲子，或是一首混合着歌唱和小号

### 分句演奏法

阿姆斯特朗的分句演奏法？没有什么比这个更加容易领会的了，只要你知道一点威尔第，或者至少他的几首曲子。你在心里默想一首威尔第的知名曲，并想像演奏的人是阿姆斯特朗（或者是他在唱）；行了，你已经抓住了阿姆斯特朗的风格了，这种看来显而易见的风格：我们甚至觉得可以马上重复我们所听到的；那么……

——盖伊·隆尼翁（Guy Longnon），《热力爵士》，第481期

的爵士乐作品。路易总是说："世界上没有难听的歌曲。"他流利的口才，结合了他的喜剧感，使他成为爵士乐历史上第一位也是最伟大的歌手，这已经是公认的了。如果说，在女歌手方面，偏爱总是集中在贝茜·史密斯、比莉·哈乐黛、埃拉·菲茨杰拉德或萨拉·沃恩身上，那么在男歌手方面，人们总是把路易看做先锋和大师。

两年后，另两位小号手表现出了不起的声乐家的资质：奥朗·佩奇（Oran Page）和与我们更加相关的切特·贝克。路易多年的合作伙伴长号手杰克·蒂伽尔登和钢琴巨子法茨·沃勒也都是器乐和声乐的高手，但是，只有法茨和路易是同时代人，其他的都是他的继承者，包括匹兹堡和罗伊·埃尔德瑞奇。

## 演绎者，即兴创作人

路易表现出的即兴创作感，已经超越了"丁乓胡同"——获得巨大商业成功的纽约流行歌曲工厂——所炮制的那些无往不胜的歌曲。1930 年 1 月录制的 *Song of the Islands*，从这个角度来看就取得了辉煌的成功，其中，拟声表达出了歌词所无法呈现的内涵。路易非常喜欢这支曲子，在生命的最后阶段，在他的音乐自传中，他又重新演绎了一次。同年，他的歌曲 *Peanut Vendor*（《卖花生的人》）问世，路易将卡里普索和伦巴音乐元素吸收其中，使曲子散发着浓郁的异国情调。

1931 年 3 月，路易演奏并演唱了 *Shine*（I take troubles all with a smile...That's why they call me Shine——我用微笑来面对

宾·克劳斯贝和路易·阿姆斯特朗。一个是音质光滑的"低吟歌王"，一个是声音沙哑的"反低吟歌手"，在他们的职业生涯中，有很多次机会合作。康特·巴斯回忆起一次和克劳斯贝录音的场景，他说："那时，宾可能并没有意识到如果他能够同时拥有他的烟斗和'老爸'，这就是他的全部……他们相处得那样好。这是那次在录音棚工作的三天中，我所想到的。只要老路易一进来，一下子，不管哪首曲子都能够立马上手。什么都不用改，什么都不缺。宾和'老爸'在一起，这可算得上大事！"（阿尔伯特·默里与康特·巴斯，《早上好，布鲁斯》）

困难……这就是为什么人们都叫我"光亮"）。4月，*Blue Again*造就了阿姆斯特朗的又一个奇迹，虽然之后艾灵顿公爵和里德·尼科尔斯（Red Nichols）也表演过这首曲子，但是没有什么出彩之处。在歌曲最精彩的那几段中，路易的演绎非常贴切，成了这首曲子的标准版本。因此，爵士乐史上最优秀的节奏吉他演奏家埃迪·康登说："路易唱得比任何人都好，将来也可能是这样。"

一直到30年代末，在美国录音发行的歌曲中，甚至包括在英国发行的那些，大部分都有些矫情或是商业化的音乐剧歌曲，如科尔·波特、豪吉·卡米歇尔、洛伦茨·哈特（Lorenz Hart）的作品，都是像乔治·格什温那样试图涉足流行歌曲的古典作曲家所创作。路易毫不迟疑地去接触这些曲目，因为这可以帮助他被演艺界和美国大众接受。那些久唱不衰的老歌，只要出自他的口中，都超越了原先的版本，更为迷人，成了许多乐师、歌手和编曲人灵感的源泉；其中大部分曲目都收入了经典爵士乐的保留曲目单。

1932年，从欧洲凯旋之后，阿姆斯特朗换了唱片公司。胜利唱片公司（Victor）意识到他成为红星的潜力，让他录制了唱片 *A Medley of Armstrong Hits*。这张精选集实际上是他作为歌手的第一张真正的唱片，而在 *You Rascal You* 和 *When You're Smiling* 这两首歌中，人们听不到他的歌声。1933年4月，路易和兹内·伦道夫的乐队一起表演，他给出了 *Sweet Sue* 的一个令人惊异而又了不起的版本；曲中，他用毒品贩子的语言来演唱，这首曲子是表现他即兴歌唱表演才能的典范。

30年代，亨利姆·"宾"·克劳斯贝是演唱美国的现代叙事曲的典范。凭借其柔韧的男高音、隐约的低吟、少许的诙谐和大众化的魅力，并通过一种扩音技术，他创造了"轻声低吟"（crooning）风格！在电子扬声器时代到来之前，为了能使歌手的声音盖过乐队让观众们听到，使用扩音器是必要的。但扩音器使歌手的歌声听起来较为生硬，没有立体感；在引入麦克风和电子音响系统之后，使用电子技术的歌手，其表达效果也存在同样的问题。克劳斯贝和性情温和的惠特曼合作，1932年后，他的男中音在爵士乐和初见端倪的通俗音乐之间自由转换。曾经是"韵律男孩"（Rhythm Boys）成员的他，成了美国20世纪最耀眼的明星之一。爵士灵歌和说唱音乐之父詹姆斯·布朗在80年代末说："宾·克劳斯贝很有独创性，但他从路易·阿姆斯特朗那儿学了不少东西。"在他的自传中，他向我们透露了第一批引起他注意的唱片是阿姆斯特朗的。宾·克劳斯贝的话也早已确认了这段分析："就像20年代末，比克斯·贝德贝克曾经在芝加哥的'南边'阿姆斯特朗那里找到灵感，我也是一样，是的，我很骄傲我从尊敬的‘布袋嘴’身上学到了很多，他是美国音乐的开始和终结……”

30年代末，大乐队的狂热改变了美国流行音乐的图景。

> 今天我们在广播中听到的令人惊异的音乐，很久以前我们就在老教堂里听到了，嬷嬷们大声歌唱，唱到她们的衬裙滑落为止。布袋嘴发现新音乐中其实没有什么新的东西，只不过是炒冷饭罢了。

歌手们渐渐在组合中找到了一个真正的位置。乐队指挥会逐渐把主角给他的声乐手。弗兰克·西纳特拉和汤米·多尔赛、哈里·詹姆斯的乐队合作，是大势所趋，是他第一个引发了年轻人的歇斯底里般的狂热。那些轻声低吟派歌手的喁喁私语，缓和了战争的紧张气氛。感伤的、情节剧般的叙事曲成为时代的呼唤。艾灵顿公爵，总是想给其音乐注入更广阔更深刻的含义，而他从1943年——西纳特拉替代了宾·克劳斯贝那年——开始，就再也不愿意听到别人提起“爵士”一词了。

三、四十年代的歌手们既不作词，也不作曲，他们表演的歌曲都不是自己谱写的。他们的价值在于演绎，在于用他们的方式贴切或是再创造性地表现一首标准曲目——这就是作为歌手—演绎者的路易·阿姆斯特朗在20世纪流行音乐中承担的主要角色。“他是当下歌曲的创造者、他的分句法（即使是莫里斯·雪佛莱也从中汲取过灵感）、他的剪切……歌手路易比小号手路易有更广泛的影响。”（弗兰克·德诺）阿姆斯特朗在歌词和音乐处理上与生俱来的才智，启发了一代人——不仅是一代美国歌手，更是一代西方歌手：比莉·哈乐黛、比利·埃克斯蒂纳、法茨·沃勒、埃拉·菲茨杰拉德、佩吉·李、萨拉·沃恩、宾·克劳斯贝、弗兰克·西纳特拉。阿姆斯特朗的风格也同样影响了爵士乐和通俗歌曲的大人物，如艾灵顿公爵、托尼·贝内特、伍迪·赫尔曼、康特·巴斯、小号手兼歌手比利·埃克斯蒂纳，以及其他许多人。埃克斯蒂纳直率地说："即便是只会抓起小号吹上几个音符的傻子，都一定会吹起来源于阿姆斯特朗的乐句；而他们中的大多数人都没有意识到这点……今天为什么会有这么多活跃着的小号手，就是因为阿姆斯特朗教会了他们怎样去开辟自己的道路。我是多么爱他唱歌的方式啊。"

## "布袋嘴大叔"的摇篮曲

三、四十年代，路易·阿姆斯特朗享有令人艳羡的地位，爵士乐界承认了他的贡献，美国民众也认可他，无论是作为歌手还是小号手。然而，yellow brick road——通向胜利的康庄大道——还尚未向他开启。阿姆斯特朗身边的人，特别是乔·格拉泽意识到了其中的障碍，他试图最大限度地挖掘他作为艺术家的全方面才能——充满魅力的歌手、江湖艺人、"音乐厅里唱歌或讲故事的艺人"或是演员。

30年代中期，路易与路斯·拉塞尔乐队录制的唱片使人们注意到了他作为歌手的才华，其中他与兹内·伦道夫合写的声乐终曲 *Old Man Mose* 取得了巨大的成功。1935年，由于在小字三组do上的过度吹奏，伤了嘴唇，布袋嘴不得不停吹小号一年；而意外的收获是，这样他正好有时间思索一下他的歌唱艺术。他预感到，如果有一天他不再能担当乐器演奏奇才的角色时，还有歌唱留在他的身边。从此，在他的大乐队的支持下，几当人们觉得应该像迈尔斯·戴维斯那样转向嬉皮（hip）或冷爵士（cool）的时候，当爵士乐人竭尽全力远离“娱乐人”的标签的时候，路易·阿姆斯特朗的行为在年轻乐手的眼中是值得怀疑的。而背对观众表演的戴维斯本人，却是路易·阿姆斯特朗热情的崇拜者。当同时代的爵士乐者都在争取能够作为艺术家被人尊重时，布袋嘴——最受尊重的人，却在妨碍他们的事业，隔阂就此加深。扮着鬼脸、移着大步、转着眼珠、绽放灿烂笑容的他，也许不是个艺术家，但是他看来乐在其中，而且也完全不介意这样的评价。

乎在他所有的曲子中，他都落实了这样一种几乎永恒不变的程式：主旋律合奏/声乐叠句/小号独奏。各部分环环相扣、互相依赖，这种互动是非常吸引人的。时间的流逝对每种艺术都提出了一系列的挑战：如果你已经在几年中展现出了一切的才能，怎样才能“延续”艺术生命？如果你没有英年早逝，怎样才能继续生存？在媒体、演艺业、唱片业险恶的独裁控制下，怎样应对？怎样继续做聚光灯的聚焦点？进军流行歌曲的路易，用自己的方式对此做出了回答。

布袋嘴扩大了他的曲目范围。1935年10月，他重唱了*La Cucaracha*；12月，在纽约的一次录音中，他表演了*Thanks a Million*和感人的*Shoe Shine Boy*（《擦皮鞋的男孩》），同时他也唱了*I Hope Gabriel Likes my Music*（《我希望加百利天使会喜欢我的音乐》），以及*Rhythm Saved the World*（《节奏拯救了世界》）。1936年4月17日，他和宾·克劳斯贝、弗朗斯·朗福德（Frances Longford）

一起，为电影《意外收获》（*Pennies from Heaven*）录制了二重唱；克劳斯贝、阿姆斯特朗相互的好感、共同的生活情趣和互补的风格，使他们成为完美的合作典范，他们的性格也体现了美国的民族特征。第二天，在洛杉矶，“老爸”和玻利尼西亚乐手一起表演（和莱昂内尔·汉普顿一起），几个月后，又和一支夏威夷乐队表演了 *Hawaiian Hospitality*、*On a Little Bamboo Bridge*（《在一座小竹桥上》）……路易仍然选择了充满异域情调的曲子，选择了明信片和阳光，实际上，他也从中得到了很多的乐趣。有一次他说道：“不要听歌，听我演奏的音符。”出于同样的灵感和才情，1937年4月，他和米勒兄弟——一支“理发店”风格的迷人声乐组合，录制了四首游吟诗人的歌曲：*Carry Me back to Old Virginny*、*Darling Nelly Gray*、*the Old Folks at Home*、*In the Shade of the Old Apple Tree*，抒发了对南部种植园的怀念。最后，两首曲子展现了路易和这支四人爵士乐队是多么地和谐。这支四人乐队曾在1931年只用一把吉他，在路易的小号的配合下震惊了美国，这些无伴奏“摇摆”乐受到了广泛的好评。他的这些经历，他灵巧的避重就轻，这些他自己称为 *Uncle Satchmo's Lullabies*（布袋嘴大叔的摇篮曲）的歌曲，并没有让美国民众惊讶，因为和法国民众不同，他们从来不区分爵士乐和通俗歌曲。相反，这样的大众音乐正酝酿着战后的大获成功。

1938年，路易甚至没有碰他的小号，而是作为纯粹的歌手录音。他开始尝试墨西哥摇摆乐（mexican swing），用一种宏大的方式重新演绎了四首传统灵歌：*Shadrack*、*Nobody Knows the*

**路易·阿姆斯特朗巴黎之行的花絮**

在奥林匹亚（Olympia）的一次晚会之后，路易·阿姆斯特朗在剧院的后台听到科劳德·保林（Claude Bolling）弹奏钢琴。他很是惊叹。在一次广播采访中，他把科劳德·保林归为听到过的最好的钢琴家之列。

能与法国老友阿利克斯·龚贝尔（Alix Combelle）重逢，路易·阿姆斯特朗非常高兴。路易把他看做欧洲最好的爵士乐手之一。当龚贝尔到奥林匹亚来听路易演奏的时候，路易坚持要将一首曲子献给他。

有一天晚上，路易·阿姆斯特朗和梅兹以及乐队中大部分乐手一起去“三木捶”（Trois Maillets）。打击乐手克里斯蒂安·加罗（Christian Garros）、钢琴手佩西安尼（Persiany）和吉他手萨松（Sasson）的表演，给他留下了很深刻的印象；他饶有兴致地听比尔·科尔曼（Bill Coleman）的余下节目，比尔出色地演绎了*Saint James Infirmary*、*Old Maid Blues*以及其他的几首曲子。晚会在“即兴演奏会”中结束，其中特拉米·扬、阿尔维勒·肖以及匹内兹·霍兰德（Peanuts Holland）的表现尤为突出。

美国电视台拍摄了路易在“老鸽棚”（Vieux Colombier）和克劳德·路德的乐队在“即兴演奏会”上的表演，另外特拉米·扬和埃德蒙·霍尔也加入了表演。克劳德·路德乐队，尤其是克劳德本人的表现让路易非常欣喜。

路易·阿姆斯特朗受到朋友们的邀请，去他们家中品尝什锦沙锅（cassoulet，他最喜欢的菜之一）；在接下来的一场音乐会中，他献给了他们一首*Struttin' with some...Cassoulet*［他将原曲*Struttin' with Some Barbecue*（和着摇篮曲阔步向前），即兴改成了 *Struttin' with Some*……*Cassoulet*（和着什锦沙锅阔步向前）。——译者注]。

参加路易在奥林匹亚最后几场音乐会的听众，能够有幸听到他对 *On the Sunny Side of the Street* 和 *Confessin'* 这两首曲子的出色演绎，这是"老爸"在几个 HCF 成员的要求下表演的。最后两天，他把 *Tenderly* 和 *You'll Never Walk Alone* 糅合在一起，他的创新表演令奥林匹亚的观众大为惊愕，久久难以忘怀。

很难说哪几场是他一系列奥林匹亚音乐会中最好的，但可以肯定的是，12 月 3 日周六早晨，以及 12 月 5 日周一晚上那两场音乐会的听众，能有这份优先权欣赏到巅峰状态的"老爸"的表演。

在和维尔玛 · 米德尔顿二重唱 *That's my Desire* 中，刚开始学习法语的"老爸"，常常把"*yours chops wrapped up against min*"（"你的嘴唇紧贴于我的"）中的"*chops*"（英语，字面含义"排骨"，俚语意为"嘴唇"），改为法语单词"*côtes de porc*"（猪肋骨），听众们都不相信自己的耳朵，以为自己听错了。

在奥林匹亚的最后一场晚会的压轴歌曲 *Sleepy Time down South* 表演结束了，在和往常一样感谢完观众之后（"感谢你们对我的热情招待"），他又说："Thanks to the Hot Club"（谢谢热力俱乐部），他想以此方法来展示他了解他的朋友在哪里。

在奥林匹亚的一场音乐会后，皮埃尔·福艾赞美说："在他的小号中，翻滚的音符好似熔融的金子。"

一个爵士乐爱好者问路易·阿姆斯特朗，他是否不能接受在法国逗留期间与西德尼·贝克特录唱片，路易回答道："假如我录音的话，将会是和弥尔顿·梅兹罗。"这个爱好者就再没有来过。

在奥林匹亚的三周之后，一些爱好者说："可惜的是，路易·阿姆斯特朗再也不表演独奏了。"这些爱好者发现，在《路易·阿姆斯特朗演奏汉迪》（*Louis Armstrong plays Handy*）这整个专辑中，"老爸"只表演了两首独奏，且时间很短（*Old Miss*和*Saint Louis Blues*）。或许，他们觉得没有路易独奏的汉迪专辑逊色不少，实际上，路易·阿姆斯特朗在奥林匹亚音乐会上的独奏表演要比在汉迪唱片中多。

——法国热力俱乐部简报

在欧洲一台转播的节目Musicorama中，路易·阿姆斯特朗和他的歌手维尔玛·米德尔顿。

*Trouble I've Seen*、*Going to Shout*和*Bye Bye*。他在这些美国黑人最早的老歌中，倾注了自己所有的才华。*Shadrack*，讲述了一段巴比伦历史，被看成是他纽约时代（New York Age）的"凯旋"。同年，当时的红星本尼·古德曼邀请路易与林恩·默里（Lynn Murray）的歌唱团在圣诞晚会上演唱这些灵歌。

无线电转播了这赞美圣宠的时刻，美国人把阿姆斯特朗看做朝拜耶稣诞生的圣人。1942 年，*Going to Shout* 和苦楚、内敛的 *Nobody Knows* 被杂志 *Down Beat* 列为黑人灵歌中声乐演绎得最为出色的作品——远远超过了保罗 · 罗伯逊的版本。这些表现耶稣升天的声乐歌曲丝毫不影响路易继续做一位杰出的音乐家。1938 年 1 月，他录制了 *Struttin' with Some Barbecue*——在查理 · 霍尔姆斯（Charlie Holmes）高音萨克斯演奏之后的即兴表演，被认为"可能是他唱片中最伟大的独奏！"

1940 年，布袋嘴出现在戏剧舞台上。他在百老汇的中心剧院莎士比亚《仲夏夜之梦》的音乐剧版本《摇摆梦想》(*Swinging that Dream*) 中，担纲博顿（Bottom）这个角色。1946 年 4 月 26 日，他为 RCA 公司录制了五首曲子，其中那首著名的 *Back O'Town Blues* 将一直出现在他的保留曲目单中，直至生命的最后。二重唱 *Variety Blues* 是阿姆斯特朗和维尔玛 · 米德尔顿的第一次合作。(直到 1960 年，) 米德尔顿一直是路易不可或缺的搭档歌手，她有和路易一样的好脾气，两人的配合可以发挥出他们幽默诙谐的性情。

## 这是多么美好

作为阿姆斯特朗最成功的曲目之一，*C'est si bon*（《这是多么美好》）本是法国的经典歌曲，由安德烈 · 奥列（André Hornez）和亨利 · 贝蒂（Henry Betty）写于 1947 年，约瑟芬 · 贝克（Joséphine Baker）原唱，之后其他歌手也翻唱过，尤其出名的有伊韦·蒙丹（Yves Montand）和芭芭拉·史翠珊。1948年，布袋嘴在尼斯演出。在蔚蓝海岸，乐队指挥艾梅·巴雷利（Aimé Barelli）让一个女演员——一位未来的歌手排练这首曲子。她糟糕的演绎让艾梅非常恼火；排练时候在场的路易大概主动提出了录制这首曲子的请求。听他发“C'est-si-bon”绝对是一种享受。原版本中的“yes, yes”变成了热烈的“oui, oui”[法语“oui”，“是，是的”，相当于英语的“yes”。——译者注]。在唱片的另一面中，阿姆斯特朗也同样成功地翻唱了一曲路易盖（Louiguy）的*La Vie en rose*（《玫瑰色的人生》）。他可能在伊迪斯·皮阿弗（Edith Piaf，1915—1963，法国著名歌手，代表曲目《玫瑰色的人生》为世界听众所熟悉）于奥林匹亚的一场演出中听到了这首歌——他非常赞赏埃迪特，也有好几盘她的磁带。在路易·阿姆斯特朗的嗓音下，*C'est si bon*和*La Vie en rose*呈现出新的生气，一份任何音乐厅的歌手都无可比拟的“重量”。这个乐天随和的人比任何人都更理解他所唱的歌词，从“c'est-si-bon”到“la-vie-en-rose”，再到之后“what-a-wonderful-world”（多么美妙的世界），他的乐观主义，他对快乐人生的信念，他对美食的贪恋，都成就了这位理想的演绎者。路易的声乐和器乐都运用着同一种技巧：精致、沉稳，且自然本真。他把每一个字、每一个音节都细化了，用变调和颤音赋予它们生命和色彩，有时两者并用（变调之后颤音）。他塑造歌词，伸长、缩短、强调或弱化，所有的词仿佛都能够翩然起舞。每一个乐句都经过精心的塑造，但是却闪耀着一种罕见的轻松、流畅和丰满的光芒。在他的*C'est si bon*中，布袋嘴对以下每一个乐句中的最后几个词都作了润饰（装饰性颤音/程度不同的变调、声调、三度音程、四度音程）：C'est si bon/lovers say that in France/When they thrill the romance/It means that it's so good/Oh c'est si bon/So I say it to you/Like the french people do/Because，it's all so good... ba-bo-do-dou-dep（下琶音）。琶音灵活地突出了乐句的和谐，小结了整个段落，却毫不枯燥。

这两首歌曲的演绎，尤为通俗化，让大众欣喜不已。在家用的灯式无线电或大西洋两岸的拾音器中，路易的声音在回响。小号手该让位于歌手了，乐队的质量再也不是成功的决定性因素，从此新的一页翻开了。

## 普遍的标准旋律

五、六十年代，路易震惊了几百万不喜爱黑人音乐的白人。他的经纪人负责合同和签约，保障他可以获得定期的收入，这样他可以从所有的麻烦事中脱身，不用操心那些社交活动，他只给朋友写信或是打电话——依然是那种不拘小节的风格，就像他说话、唱歌或是演唱一样。

直到1970年事业终结，他都会唱那些美国或是欧洲民歌保留曲目中一些有名的曲子，并在这些标准旋律上撒上奥尔良黑人或是个人色彩的沙司。确切地说，阿姆斯特朗将再也不是一个爵士乐人——他也从来没有觉得自己是，相比以往，他更是一个娱乐人。这种明显的趋势符合继续“称王”的个人愿望，也符合时代的特点，当时的流行明星都不再是器乐家，而是歌手。在很长一段时间内，路易没有体力演奏小号，他就坚决地回归到他的第一种表达方式：歌唱。他谨慎地选择曲目，在带给人快乐的同时也把自己灿烂的形象输入美国民众的内心。在战后的那几年中，美国人认可的黑人歌手还有纳特·金·科尔（同时也是钢琴手，厄尔·海因斯的学生）和哈里·巴拉丰德。

路易带着他惯常的魅力，唱了一首探戈 *Kiss of Fire*，单簧管手哈里·巴拉丰德的表现很出众，还有这一乐句：Ramona! Gimme a Kiss to Build a Dream on。这首1951年由奥斯卡·哈默斯坦（Oscar Hammerstein）和伯特·卡尔曼（Bert Kalman）以及哈里·鲁比（Harry Ruby）共同创作的曲子并没有带给他期望的成功。同年，他和朋友宾·克劳斯贝演唱了二重唱，讲述了一次有趣的钓鱼比赛（*Gone Fishing*）。在一首令人心碎的 *Basin' Street Blues*（1954）之后，路易在1956年两次出现在“最流行歌曲榜单”上。同年，*Blueberry Hill* 因为另一位新奥尔良的小胖墩法茨·多米诺（Fats Domino）而走红，他是摇摆舞（rock' n' roll）天王之一；而“老爸”重新修改了曲子，他在歌词和辅音处理上用了比以往更多的“拟声”，并混合了所有的风格。贝托尔特·布莱希（Bertolt Brecht）和库尔特·韦尔所作歌剧 *Opéra de quat' sous* 中的曲子 *Mack the Knife*，1955年9月28日录制了三个版本：一个是器乐版本，一个是库尔特·韦尔遗孀洛特·兰雅（Lotte Lenya）的版本，更为罕见的是第三个版本——布袋嘴的版本。“让他感兴趣的是展现他的竞争对手，不是指爵士乐手，而是美国歌曲领域的，如西纳特拉、宾·克劳斯贝。我们可以从路易的翻唱曲目中，明显感觉到他的选择并非偶然，如 *Mack the Knife*，在埃拉·菲茨杰拉德之前他就唱了这首歌，*Blueberry Hill* 也是……路易说过，我

一位女士问路易·阿姆斯特朗："阿姆斯特朗先生，什么是摇摆？"路易回答说："如果你一定要问，那么你就永远不会知道答案！"

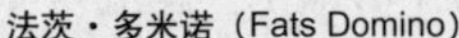

法茨·多米诺（Fats Domino）

必须选择已经获得成功的曲目，我要用我的方式来演唱。咱们的'老爸'真是无所不能！"（弗兰克·德诺）对此，路易·阿姆斯特朗是这样说的：

> 我从来没有想要证明过什么，不管是什么，我只是想做一场好的演出。但是所有的曲子都多少反映出我的生活，当我们读谱、当我们分句演奏的时候，必须要想、要感受一些东西，必须看到*Blueberry Hill*中蕴藏的生命，可能是一位我二十年未见的女孩吧……*Mack the Knife*？我看到不止一个新奥尔良小伙带着小刀，准备插入你的后背，拿走你的钱。哪怕是一首非常商业的曲子，我也会想像这些。

同期，因为录制歌曲*Now You Have Jazz*，路易又和他的老搭档宾·克劳斯贝重逢。

## 埃拉和路易

1955年，美国艺术史声乐篇章又翻开了新的一页，黑人低音女歌唱家玛利亚·安德森（Marian Anderson）是托斯卡尼尼［托斯卡尼尼，阿尔图洛（Toscanini Arturo）（1867—1957），意大利指挥家，曾任大都会剧院（1908—1921年）和纽约爱乐乐团（1928—1936年）和世界其他乐团的指挥。——译者注］眼中20世纪最美丽的嗓音，她被纽约大都会歌剧院聘用，扮演威尔第《假面舞会》中女巫的角色。她是踏上美国最负盛名的剧院舞台的第一个黑人女歌唱家。

第二年，诺曼·格兰兹——“格兰兹将军”，埃拉·菲茨杰拉德的经纪人，把埃拉和路易聚集在一起；伴奏是：钢琴能手奥斯卡·皮特森——他有着无可抗拒的驱动力、布迪·里奇（Buddy Ric，打击手）、赫比·埃利斯（Herb

**爵士之父**

就像很多年轻乐手一样，我在晚些时候发现了他，因为那时我被一些更为当代的乐手所吸引，我想这也是自然的。我16岁的时候，听迈尔斯、科尔曼、韦斯·蒙哥马利（Wes Montgomery），一个朋友对我说起了路易·阿姆斯特朗。对我来说，他演奏迪克西兰、*Hello Dolly*，这就是所有我关于他的了解。这个朋友给了我一些他的唱片，建议我仔细地听，他对我说：“我们今天所运用的一切都源于此。”我发现这确实是一切的来源，旋律、和谐、节奏语汇，一切都在同一个人身上得以体现。而且，从那一刻开始，只要一有机会听，有机会从他的音乐中学习很多东西，我就会这样做，因为他显然就是这种音乐之父！

——帕特·马塞尼

Ellis，吉他手），以及雷·布朗（Ray Brown，低音）。“老爸”并不在他最好的状态中，他劳累过度了。尽管如此，Ella and Louis（埃拉和路易）还是排入了经典之列，而且成为爵士乐史以及美国歌曲的一个参照。1949年9月，埃拉·菲茨杰拉德惟妙惟肖地模仿了路易·阿姆斯特朗，录制了歌曲*Basin' Street Blues*。一些不敏锐的耳朵还以为埃拉是和布袋嘴一起录音的；其他的人则在音乐会上，抗议她模仿路易。1952年，埃拉动了手术，因为声带过于使劲！这两位“拟声”高手的相会是非常了不起的，无论是分句演奏法还是对音乐的感觉，两位充满激情的艺术家表现得相当协调，达到了完美的平衡（实际上，1951年11月，在洛杉矶Decca的录音棚里，他们已经表演过二重唱，没有经过排练，他们就录制了四首曲子：*Necessary Evil*、*Oops*！、*Would You Like to Take a Walk* 和 *Who Walks in when I Walk out*?）

在才华横溢的编曲家奥斯卡·皮特森的促成下，1956年的合作孕育了一系列融合了柔情与幽默的艺术珍品：*Cheek to*

1961年1月30日到达尼斯。在提到青春的吸引力时，布袋嘴习惯于回答说：“是啊，我也很年轻！”

*Cheek*、*A Foggy Day*、*April in Paris*、*They Can't Take that away from Me*，它们仿佛是令人青春焕发的源泉，被一版再版。路易深沉、沙哑的音色和埃拉亮丽的音色相结合，令人迷醉。这张唱片中的叙事曲，算是他与贝茜·史密斯合作之后，布袋嘴经常表演的叙事曲的延续。无论唱歌、表演还是伴奏，他都给叙事曲注入了一份明亮的浪漫主义色彩。*Moonlight in Vermont*闪耀着真正的音乐美感。"一切都很顺利，录音师汉克·约翰斯（Hank Johns）说……不需要彩排，一下子就成了……"

1957年，埃拉和路易再次携手录制了《波吉与佩斯》（*Porgy and Bess*）——一部宽容的白人资产阶级和黑人新资产阶级在礼拜日的参考戏剧。这部歌剧创作于1935年10月，乔治·格什温把它构思为"黑人的山鲁佐德"［山鲁佐德，Schéhérazade，《一千零一夜》中的人物，苏丹王的妻子。这位充满诱惑力、神秘而又贞洁的女子，在西方是东方魔力的化身。——译者注］。《波吉与佩斯》描绘了查尔斯顿的鲶鱼镇黑人们贫穷的生活，它成为美国历史上第一部正宗的黑人歌剧，并留下一系列流行的歌谣：*Summertime*、*I Got Plenty o'Nuttin'*、*It Ain't Necessarily so*……为路易和埃拉伴奏的是由拉塞尔·加西亚（Russell Garcia）指挥的五十多人的乐队。制作人诺曼·格兰兹决定只录制这部格什温真实主义歌剧中那些最负盛名的曲子。老爸负责所有的男声部，埃拉女声部，包括*The Buzzard Song*。这张唱片也成为经典，但比起之前的二重唱，有些令人失望。由两个人来担任这部乐谱中所有的角色是一件不可思议的事情。当然，没有歌剧嗓音的阿姆斯特朗，却赋予了他的演绎以非同寻常的强度。只有*Summertime*（尤其是以下这段：Hush，little baby，don't yo' cry，Mother an' fadder born to die，埃拉歌唱，路易吹小号）和令人心碎的*Bess*，*oh Where's my Bess*（路易歌唱），也许还有*It Ain't Necessarily so*取得了真正的成功。

1957年7月，路易和埃拉本应该在纽波特爵士节上同台表演，但是路易决定一个人演唱商业上获得成功的曲子——他是对《波吉与佩斯》感到失望了吗？或者面对和埃拉小姐的顶峰较量而过于疲劳？埃拉继续经常性地模仿布袋嘴（*Frim Fram Sauce*，1953年，东京尼奇格克剧院（Nichigeki）的唱片集，二十年后发表）。

1968年，马丁·路德·金被谋杀之后，阿姆斯特朗拒绝在奥斯卡电视典礼上表演，与他同一战线的还有：西德尼·波蒂叶(Sidney Poitier)、萨米·戴维维、迪安·卡罗尔(Diahann Carroll)。

## 《圣经》

1957年，阿姆斯特朗与奥斯卡·皮特森联手在录音棚灌制了一张引人注目的唱片集——*Louis Armstrong meets Peterson*，皮特森非常受古典钢琴家萨姆森·弗朗索瓦（Samson Francois）的欣赏。无论从声乐角度还是器乐角度，路易在此又一次展示了鲜明的创造力和宽宏的气度；他的*Sweet Lorraine*、*Makin' Whoopee*、*oht*（包括其他的曲子）都展示了他的音域，展示了他如何用热情的摇摆来坦露他忧郁的心声。

1958年2月4日、6日、7日，路易·阿姆斯特朗在纽约录制了他最重要的唱片之一——《圣经》（*The Good Book*）。"教士大人布袋嘴"这张福音音乐汇编是他在唱片上取得的最重要的成功之一，也是美国黑人灵歌的主要参照之一。阿姆斯特朗重新演绎了12首美国黑人教堂歌曲和宗教仪式曲。他让对神的崇拜也摇摆了起来，这自然让那些习惯于克制、内敛的礼拜歌曲的西方人大为惊讶。美国黑人发明了四种主要的表达形式：劳动歌曲（work song）、布鲁斯、灵歌、爵士，*The Good Book*是对这种表达的了不起的阐释。在这张专辑中，所有想像的过渡都放置在声乐和音乐形式之间，路易根据他的心情，把音乐部分安排给六重奏组和管风琴手尼科·塔格（Nickie Tagg）。西·奥利弗（Sy Oliver）的十人合唱歌手的作用是极其重要的；在老爸和他的唱诗班之间，经常有问一答的形式。*Nobody Knows*听起来比以往的版本更为坦率。*Motherless Child*的旋律是一曲真正的布鲁斯。埃塞奇尔的幻影（*Esekiel Saw the Wheel*）、挪亚在方舟中的等待（*Didn't it Rain*）、死亡的芬芳之车的抬升（*Swing Low*，*Swing Chariot*），对布袋嘴而言都意味着在他的唱片史上的最美好的篇章。

歌手阿姆斯特朗表演时越来越得心应手，轻松自如。加里·吉丁斯在他

唱片

的书《布袋嘴》中甚至说，在1940年的几场表演中（由打击乐手西德尼·卡特莱特伴奏），他发明了一种风格——介于歌唱和述说之间，可能是说唱音乐的祖先，这在歌曲 *You've Got Me Voodoo'd* 很典型，其韵脚非常容易记住：potion/emotion、Venus/between us 以及 Circe/mercy。

## 《你好，多莉》、《多么美妙的世界》

路易作为全球性的流行歌手，其事业的顶峰随着《你好，多莉》（*Hello Dolly*）一起到来。1963年12月，同名音乐剧击败了连续五周的冠军——甲壳虫乐队的 *Can't buy Me Love*。

我想我已经把 *Hello Dolly* 唱了100万次了。可是，这首

**路易·阿姆斯特朗写了不少东西：他的回忆录、文章（给不同的杂志：*Ebony*、*Holiday*、*The New York Times Book Review*……）、许多的信件。所有这些都是用一种个人的、形象化的、生动的风格写就的，即富有节奏感的风格，这与他的音乐风格一脉相承。**

歌在世界上也受到了同样多的欢迎。就在我说“*Hello Dolly*”的时候，总是有人对着我“Yaaaaaah”地叫！如果人们不感到疲倦，那么我也不会……这是一种乐趣。当我扮着鬼脸，或是让人们拍手的时候，都很有趣。这就是人们对我的期待。他们知道我在那儿就是为了带给他们快乐。我从来不担心一些人会怎么想，我永远也不会成为老“东西”。

1964年4月，弗兰克·西纳特拉也录制了这首歌，伴奏的是康特·巴斯的乐队，用的是昆西·琼斯的配器法。最后一段叠句变成了“你好，‘布袋嘴’，你好，路易”（Hello “Satch”， Hello Louis）。那时的西纳特拉模仿着路易，并希望他能够不朽。

1968年2月，另一次巨大的成功也动摇了甲壳虫在美国音乐榜单上的地位——《多么美妙的世界》（*What a Wonderful World*）。当他的同名者成为第

唱片
《多么美妙的世界》
路易·
阿姆斯特朗

一个登上月球的人时，阿姆斯特朗在他典范般的事业上又加上了延长号。在法国，收录这首曲子和*Cabaret*的EMI45转唱片，经常在家庭舞会和《美国一刻》中播放。《多么美妙的世界》的创作者之一鲍勃·西勒从路易的《伦敦西区布鲁斯》开始就是他的忠实拥护者，他也是小商标Signature的拥有者，之前他就曾经录制过艾灵顿公爵和路易·阿姆斯特朗的二重唱。在*Hello Dolly*成功后不久，他把《多么美妙的世界》的小样带给路易。布袋嘴当即答应他："好，我们去录音。"西勒在制作执行的时候遇到了困难，因为ABC唱片公司没有足够多的预算可以支付60人的乐队。这张由汤米·古德曼编剧兼指挥的唱片在美国失败了，却在英国和整个欧洲大陆取得了成功。

而在欧洲的成功，又会反过来带动美国，这就像是飞去来器的效果一般，西勒立即去了拉斯维加斯，录制了33转唱片。路易的乐手就是当时他乐队中的成员：泰瑞·格伦（Tyree Glenn，长号）、乔·莫兰伊（Joe Muranyi，单簧管）、马蒂·拿破仑（Marty Napoleon，钢琴）、巴迪·卡特莱特（Buddy Catlett，低音）和丹尼·巴塞罗那（Danny Barcelona，打击乐器）。专辑的发行量相当可观，除了其他的好歌之外，专辑中还包括独奏版的*Dream a Little Dream of Me*——这首与埃拉·菲茨杰拉德的二重唱于1950年8月25日已经录制完成，另外，还有*I Guess I' ll Get the Papers*——米尔斯兄弟的成功之作。专辑还同时包括了*Hello Brother*和*Cabaret*，这两首曲子都是西勒参与合作撰写的成果。《多么美好的世界》和一系列英国音乐会（约克夏、巴德力的梵热蒂俱乐部，随后去了伦敦）的成功，促使路易再次去了欧洲。他在*in the Satchmo way*中录制了迪斯尼大片中的歌曲。他充满幽默感地演绎了*Davy Crockett*、*Bibbidi bobbidi boo*以及《白雪公主和七个小矮人》中的*Heigh ho*，这些歌曲是给孩子们听的，就好像他在*When You Wish upon a Star*中，讲述了自己的童年，讲述他在星夜下的祈祷如何成为现实。

## 路易和他的朋友们

1968年9月，路易在纽约Beth Israel医院住院。病愈后他回到了家里，他在科伦娜的家中每一间房间都放了乐器。后来，他再也没有离开过美国。第二年的6月6日，他的经纪人乔·格拉泽去世了，他在生前从未和路易签过专有合同。电视不停地播放阿姆斯特朗的特写镜头。他的大眼睛、他的粗嗓门、他的灿烂笑容、他的善良、他的生活情趣、他的白手帕，都让美国民众感到欣慰。当时灾难性的越南战争正折磨着美国人，在音乐上，惊世骇俗的摇摆乐的出现也使美国人的价值观陷入紊乱。路易·阿姆斯特朗从来没有这么流行过，他在全世界眼里成了那个世纪的伟大歌手，尽管从50年代末起，雷·查尔斯——The Genius——占据了很重要的位置。

老爸录制了一部詹姆斯·邦德系列电影（007）的主题歌*On Her Majesty's Secret Service*。1970年5月，他又找到制片人鲍勃·西勒，提议录制他的最后一张唱片，全歌唱的，名为*Louis & his friends*（路易和他的朋友们）。“我到他Queen街区的家中去了，我带着样片，上面录着我建议他唱的歌。路易把这些都录到磁带上了，他对于磁带有种狂热的爱好。他大概有500盒吧。他所有的生活故事都录在了磁带上。这就是他现在的休闲方式。”（鲍勃·西勒）

布袋嘴刚刚庆祝了他的70岁生日——比正式生日稍稍提前了一些——便开始着手录制工作了。他的这张唱片由一个大乐队伴奏，指挥奥利弗·纳尔逊（Oliver Nelson）同时也是编曲

Queen街区，科伦娜家门前的台阶，位于Queen。布袋嘴喜欢自己在邻里之中的感觉；经常如此，当他巡回演出完回家的时候，孩子们都跑去他家看电视上播放的电影。“我们看到了三代人的成长……有白人，也有黑人，还有这些孩子，当他们长大结婚的时候，孩子们会到他家，看望他们的朋友路易和露西尔。”（路易·阿姆斯特朗，1970）

"阿姆斯特朗对同时代美国人的生存条件，留下了不可消除的重要信息。"（温顿·马萨利斯）

人。迈尔斯·戴维斯、奥尔内特·科尔曼、博比·哈克特、奇克·汉密尔顿、埃迪·康登、托尼·贝内特以及其他一些著名乐手都加入了；他们每个人都代表着爵士乐史的一个章节，但是每个人都总有这样或那样的曲子可以放心地交给路易演绎。奥尔内特·科尔曼说："路易是最受白人社会喜爱的黑人。"迈尔斯悄悄地移到了铜管乐器组，问"弦乐器是否能听得清楚"……阿姆斯特朗歌唱的曲目比往常更加宽泛：*We Shall Overcome*——美国持不同政见者的赞歌［"当我和他谈到这个想法的时候，"鲍伯·西勒说，"他的眼睛放光了。他让我听了在马丁·路德·金的葬礼上录的磁带，并对我说他非常喜欢丧葬仪式上和声歌唱的方式。我们谈论了很长时间马丁·路德·金和宗教……我觉得路易是非常信教的。他对我说，希望看到上帝帮助可怜的黑人，他补充道：'当然，不是那些懒惰的黑人！'"］，电影 *Macadam Cowboy* 中的 *Everybody' Talking*，鲍伯·西勒所写的曲子 *Boy from New Orleans*——总结了布袋嘴的一生，围绕着主题 *When the Saints*，"自由"萨克斯手菲洛·桑德斯（Pharoah Sanders）的 *The Creator Has a Plan for Me*——歌手莱昂·托马斯（Leon Thomas）和路易表演了二重唱，甲壳虫乐队的*Give Peace a Chance*——路易是这样结束最后一段叠句的：Give peace，give peace a chance，give a big peace for Pops，艾灵顿公爵的*Mood Indigo*、*My one and only Love*——分句演奏非常感人、His Father Wore Long Hair——半宗教的社会证明……这张唱片于7月4日，即路易·阿姆斯特朗正式生日那天出版。前夜，在洛杉矶的圣地礼堂(Shrine Auditorium)，也有专门为他组织的音乐会庆祝他的生日。一周后，他在纽波特爵士音乐节上唱歌，音乐节上安排了一个Salute to Satch。医生建议他不要再吹小号了，他记起这番话，接受了医生的意见：

奥尔内特·科尔曼(Ornette Coleman)。"他的音乐仿佛被一些人彻底地接受，或被另一些人彻底地抛弃——那些曲调轻松、流畅，带着种怪异的欢乐。"

> 每次在游行队伍或是葬礼上遇到乔·佩迪特(Joe Petit)——一个克里奥尔音乐家，他总是说：我不会让这件乐器害了我，我要把它杀了。

接着，路易留下了他为唱片业作的最后贡献——*Country and western album*，其方式固然有些惊人，但是很值得回味。人

> 从来没有人——将来也不会有人——在小号的爵士风格上有和他同样大的影响。路易的音质、分句演奏法、力度，从没有任何人能与他相提并论。路易是爵士乐中的第一位现代乐手。
>
> ——罗伊·埃尔德瑞奇，1943

们问他这个属于“红脖子乡巴佬”的 *Country and western* 对他来说是否并不算一个太大的变化时，他回答道：“对我来说没有变化，我的老朋友，四十年来我一直在做同样的东西！”严格地来说，这的确是完全正确的，因为在1930年夏天，他在洛杉矶第一次录音的时候，就带着一种可以理解的谨慎为乡村明星吉米·罗杰斯（Jimmie Rodgers）伴奏。

1970年，艾灵顿公爵为路易塑造了一个音乐肖像，收录在他的《新奥尔良组曲》（*New Orleans Suite*）中，他同时也为西德尼·贝克特做了一个。1971年2月10日，布袋嘴和他的老搭档宾·克劳斯贝最后一次在电视上演唱。医生Zucker禁止他吹小号，路易为此与之争执，他每天晚上都偷偷地吹：

> 医生，您不能理解我。我的整个生命、整个灵魂、所有的精力，就是吹这只小号。

他的妻子露西尔也没有什么办法：“这个人从来没有学过要休息。”

1971年3月，在沃尔多夫·阿斯托里亚的最后一系列全明星演唱会后，路易因为心脏病和肺病，又一次住院了。两个月后，他回到家里，却没有痊愈。6月6日，5点30分，被美国人称为“爵士爱因斯坦”的他，离开了人生的舞台。全世界的音乐爱好者，来自不同阶层、不同文化的人们都沉浸在悲痛之中；20世纪的一页翻过了。人们在电视上看到了棺材中的阿姆斯特朗——他被正式运到了曼哈顿七团的兵工厂，就像美国总统那样！25 000人排起长队为他的遗体送行。

“老爸，”迈尔斯·戴维斯写道，“他希望的或许是一个新奥尔良式的葬礼。”但是露西尔选择了最大可能的简化——人们只是唱着天主的赞美歌。6

月9日，在圣会教堂，只有埃拉·菲茨杰拉德——他们夫妇非常亲近的朋友，才被允许在葬礼时搬运棺材。后一个周日，新奥尔良以大型游行阅兵这种路易生前喜爱的方式来纪念他。1972年，埃拉到尼斯参加了布袋嘴纪念音乐会（录音是1983年出的）。11月，她在纽约爱乐大厅，即兴演唱了《你好，路易》（*Hello Louis*）——改编自原来的《你好，多莉》（*Hello Dolly*），而在舞台深处挂出了一张巨幅的阿姆斯特朗的照片。

路易·阿姆斯特朗，献身于这第一种真正的美国本土音乐

**一位可信赖的人**

今天，我们刚刚失去了一位最勇敢的创新者……我是一个年轻的打击乐手，属于“摇滚爵士”的……刚才我来回听了20遍“老爸”的*Ain't Misbehavin'*，是他1947年音乐会的录音唱片……最近三年来，我满脑都装满了“自由”男高音和摇滚吉他手，我忘记了阿姆斯特朗是多么地勇敢无畏……我不知道我是不是词不达意？……我忘记了他是一个多么彻底的创新者……我特别遗憾的是那么多和我同代的年轻人……从来就没有理解“老爸”的信息，或者说理解的人却从来不听。你们能够理解这样一个愚蠢的评注，关于哪些30岁以上的人，是不能够信任的吗？“老爸”是我所信任的少数人之一。

——鲍勃·梅尔登（Bob Melton），节选自他给《下击》杂志总编辑的一封信

1971年7月9日，纽约，路易·阿姆斯特朗的葬礼。“如果出现过一位爵士先生，那么这就是路易·阿姆斯特朗。他曾经是，将来也是爵士乐的精华。所有选择采用美国方言的小号手都受到了他的影响……这就是我所称的美国‘标准’……我爱他。上帝保佑他。”（艾灵顿公爵）

的黑人，成就了一段传奇，而此时的美国和平主义者正急着结束越南战争。二十年后，在*Last Action Hero*——可口可乐公司健尼可乐的广告中出现了他的合成图像，同时作为主角的还有汉弗莱·鲍伽(Humphrey Bogart)、詹姆斯·卡格内(James Cagney)和埃尔顿·约翰 (Elton John)。

> 我得到过热烈的喝彩，也有过美好的时光。但在我看来，最幸福、最放松的时光，还是我在新奥尔良成长时和那些“不入流的人”一起表演的时候。

在这个动荡的千年末，无论对乐手，还是对大众而言，路易·阿姆斯特朗就像是一阵快乐的龙卷风，带给人们安慰。他幸福的爵士乐，呈现出的是一种声响的活力，重振了流行音乐和西方文化。

对路易而言，一切都是相互联系的：节日和努力、头脑和心灵、灵魂和身体。他热爱生命，无视神经质或是破坏，而人们却以为后者滋养了现代艺布袋嘴坚持他与政治没有任何关系，但是他给我们带来了爵士乐的普适信息，他的做法可以间接地使他成为“政治信息”：“一个音符就是一个音符，无论在哪种语言里都一样。”

术。他创造，并再创造，他充满了大地意识，而不是一个乌托邦者；阿姆斯特朗印证了黑格尔在《美学导论》中的判断：“美好的灵魂在现实中行动和生活。”

他的艺术和人格向全世界打开了通向布鲁斯、爵士、美国歌曲、摇滚、灵歌、说唱乐的大门……伟大的阿姆斯特朗滋养了公众，让这个不断变化的观众群体更快乐、更坚强——并非通过直接阐释现代恐惧，而是将它们超越和升华，仅此而已。

路易在自传《我在新奥尔良的生活》上写给Maurice Cullaz（记者，曾担任爵士乐学院的院长）及其夫人Vonette的赠辞，其中特别对后者的厨艺表示了感谢。

My very best wishs
To Mr + Mrs M. Cullaz
Oh that Good food
VMP
Louis Armstrong

# 附录一：使用术语



Beat：节拍，指节奏律动。

Blue note：蓝调，大调音阶降半调的第三或第七音级（之后有第五音级）。

Break：破碎，置于乐句最后，（旋律或节奏上的）自由创作。

Chorus：主旋律（叠句），在爵士的即兴创作中起到基础作用。"取一段主旋律"意为在相关主题上的变化（即兴创造），常常建立在12小节或32小节上。

Crescendo：渐强，声音的逐渐增强。

Drive：动力，指音乐家、乐器组、乐队的能量和活力。

Entertainer：娱乐人。给人以消遣、逗乐的人，音乐厅里演唱或讲故事的艺人，主持人，即带有喜剧色彩的艺术家。

Glissando：滑音，从一个音符向另一个音符的快速转移，通过向高音部或低音部滑动音符。

Hot：热力，热情、燃烧。一种紧张、震颤的表达，从20年代开始，指带着火焰般的热情表演的爵士。

Inflexion：转调，小的滑音，范围不超过一个音级。

Jam Session：摇滚爵士音乐的即席演奏会，在非正式场合，爵士乐手一起创作。

Mainstream：主流，一种潮流，主要有忠实于30年代至40年代传统的比波普和迪克西兰音乐人。

Minstrel：游吟诗人，起源于法语词ménestrel，引入路易安那，成为美语。

Riff：即兴重复段，使用重复的方式表现的旋律一节奏形式。

Shakes：颤音，将（乐器）吹口在嘴唇上振动得到的效果。

Stomp：顿足爵士乐，乐曲热烈精彩，节奏快速，趋向"热力"。

Swing：摇摆。爵士乐的节奏常数，结合了灵活性和平衡，有规则的节奏却从不呆板机械。这同时也指大乐队时代（摇摆时代：1935—1945）。

Syncope：切分。音符前移，使之在两种节奏（强拍或拍中强部为休止符的切分音）之上表演。

Vaudeville：轻歌舞剧。来源于英国的音乐形式，指18世纪、19世纪的通俗歌剧或音乐厅剧目，为小酒馆活跃气氛，并提供大众的消遣，与音乐厅相对。

Vibrato：颤音，装饰音，在一个音高附近表演，在音符周围造成一种变音效果。

# 附录二：人名索引

## A

| | |
|---|---|
| André, Maurice | 莫里斯·安德烈 |
| Allen, Red | 里德·阿伦 |
| Ansermet, Ernest | 欧内斯特·安泽尔梅特 |
| Averty, J.-C | J-C.阿维尔第 |

## B

| | |
|---|---|
| Bach, J.-S | J.S.贝奇 |
| Bailey, Buster | 布斯特·贝利 |
| Baker, Chet | 切特·贝克 |
| Baker, Joséphine | 约瑟芬·贝克 |
| Basie, Count | 康特·巴斯 |
| Beatles | 披头士 |
| Bechet, Sidney | 西德尼·贝克特 |
| Beiderbecke, Bix | 比克斯·贝德贝克 |
| Belafonte, Harry | 哈里·巴拉丰德 |
| Bennett, Tony | 托尼·贝内特 |
| Bernstein, Leonard | 伦纳德·伯恩斯坦 |
| Bigard, Barney | 巴尼·比伽德 |
| Bolden, Buddy | 巴迪·博尔登 |
| Brown, James | 詹姆斯·布朗 |
| Brubeck, Dave | 大卫·布鲁贝克 |

## C

| | |
|---|---|
| Calloway, Cab | 卡布·卡罗维 |
| Canetti, Jacques | 雅克·卡内第 |
| Cara, Mancy | 曼西·卡拉 |
| Carmichael, Hoagy | 豪吉·卡米歇尔 |
| Catlett, Sidney | 西德尼·卡特莱特 |
| Chaplin, Charlie | 查理·查普林 |
| Charles, Ray | 雷·查尔斯 |
| Christian, Charlie | 查理·克里斯琴 |
| Clarke, Kenny | 肯尼·克拉克 |
| Cole, Cozy | 科兹·科尔 |
| Cole, Nat «King» | 纳特·金·科尔 |

Coleman, Bill 比尔·科尔曼
Coleman, Ornette 奥尔内特·科尔曼
Collins, John 约翰·科林斯
Coltrane, John 约翰·科尔特拉纳
Condon, Eddie 埃迪·康登
Connick junior, Harry 哈里·小康尼克
Creole Jazz Band 克里奥尔爵士乐队
Crosby, Bing 宾·克劳斯贝
Cullaz, Maurice 莫里斯·库拉兹

D

Davichewy, Irakli de 艾拉克里·德·戴维切威
Davis, Miles 迈尔斯·戴维斯
Davis, Sammy Jr 萨梅吉·戴维
Deems, Barrett 巴瑞特·蒂姆斯
Dickerson, Carroll 卡罗尔·迪克森
Dodds, Baby 巴比·多兹
Dodds, Johnny 约翰尼·多兹
Dorsey, Jimmy 吉米·多尔赛
Dorsey, Tommy 汤米·多尔赛
Du Congé, Peter 皮特·都冈热

E

Eckstine, Billy 比利·埃克斯蒂纳
Eldridge, Roy 罗伊·埃尔德瑞奇
Ellington, Duk 艾灵顿公爵
Evans, Gil 吉尔·埃文斯

F

Fitzgerald, Ella 埃拉·菲茨杰拉德
Freeman, Bud 布德·弗里曼

G

Gerber, Alain 阿兰·戈尔贝
Gershwin, George 乔治·格什温
Giddins, Gary 加里·吉丁斯
Gillespie, Dizzy 迪兹·吉莱斯皮
Glaser, Joe 乔·格拉泽
Goodman, Benny 本尼·古德曼
Gordon, Dexter 德克斯特·戈登
Granz, Norman 诺曼·格兰兹
Grappelli, stéphane 斯蒂凡尼·格拉皮利

## H



## J



## K

L



M



N



O



P

| | |
|---|---|
| Waters, Ethel | 埃塞尔·沃特斯 |
| Webb, Chick | 奇克·韦伯 |
| Weill, Kurt | 库尔特·韦尔 |
| Welles, Orson | 奥尔森·韦尔斯 |
| Whiteman, Paul | 保罗·惠特曼 |
| Williams, Clarence | 克拉伦斯·威廉姆斯 |
| Wilson, Teddy | 特迪·威尔逊 |

Y

| | |
|---|---|
| Young, Lester | 莱斯特·扬 |
| Young, Trummy | 特拉米·扬 |

# 附录三：参考文献



1 Armstrong Louis, *Swing that Music*, New York, Longman-Green and C°., 1937
2 Armstrong Louis, *Ma vie à la Nouvelle Orléans*, Paris, Julliard, 1952
3 Austin W., *Music in the 20 th Century*, New York, 1966
4 Bechet Sidney, *La Musique c'est ma vie*, Paris, La Table Ronde, 1977
5 Bigard Barney, *With Louis and the Duke*, New York, Oxford, 1986
6 Billard François, *La Vie quotidienne des jazzmen américains jusqu'aux années 50*, Paris, Hachette, 1989
7 Boujut Michel, *Pour Louis*, Paris, Filipacchi, 1976
8 Collier James Lincoln, *Louis Armstrong*, Paris, Denoël, 1986
9 Eaton Janet, *Trumpeter's Tale*, *the Strory of Young Louis Armstrong*, New York, Morrow, 1956
10 Giddins Gary, *Satchmo*, New York, Dolphin Book-Doubleday, 1988
11 Goffin Robert, *Louis Amstrong*, le roi du jazz, Paris, Seghers, 1947
12 Hadlock Richard, *Jazz Masters of the Twenties*, New York, MacMillan, 1965
13 Hodeir André, *Hommes et Problèmes du jazz*, Paris, Flammarion, 1955
14 Jones Max, Chilton John, *Louis* (*The Louis Armstrong Story*, 1900—1970), Londres, Mayflower, 1971
15 Levallet Didier, Martin Denis-Constant, *L'Amérique de Mingus*, Paris, P.O.L, 1991
16 Lomax Alan, *Mister Jelly Roll*, Presses universitaires de Grenoble
17 Malson Lucien, *Les maîtres du jazz*, Paris, PUF, coll. «Que sais-je?», 1952
18 McCarthy Albert, *Louis Armstrong*, Londres, Cassell, 1960
19 Mezzrow Milton, Wolfe Bernard, *La Rage de vivre*, Paris, Livre de Poche, 1982
20 Murray Albert, Basie Count, *Good Morning Blues*, Paris, Filipacchi, 1988
21 Panassié Hughes, *Louis Armstrong*, Paris, Belvédère, 1947
22 Panassié Hughes, *Louis Armstrong*, Paris, Nouvelles Éditions latines, 1968
23 Pleasants H., *The Great American Popular Singers*, New York, 1939
24 Ramsey E, Smith C.E., *Jazzmen*, New York, 1939
25 Schuller Gunther, *Early jazz*: *Roots and Musical Development*, New York, Oxford, 1968
26 Shapiro Nat, Hentoff Nat, *Hear Me Talkin' to Ya*, Londres, Penguin Books, 1962
27 Slawe Jan, *Louis Armstrong*, *étude monographique*, Bale, Papillon, 1953
28 Vian Boris, *Chroniques de jazz*, Paris, Christian Bourgois coll.10/18, 1962
29 Williams Martin, *Jazz Masters of New Orleans*, New York, Mac Millan, 1967

**路易·阿姆斯特朗的文章**

1 «Stroyville-where the blues were born», *True*, novembre 1947
2 «Europe with Kicks», *Holiday*, Juin 1950
3 «Jazz on a high note», *Esquire*, décembre 1951
4 «Why I like dark women», *Ebony*, août 1956
5 «It is tough to top a million», *Our World*, août 1956
6 «Good bye to all of you from...», *Esquire*, décembre 1969
7 «Scanning the history of jazz», *Esquire*, décembre 1971

图书在版编目(CIP)数据

路易·阿姆斯特朗画传/[法]勒迪克等著;张华,牛竞凡译.
北京:中国人民大学出版社,2005
(朗朗书房·音乐坊)
ISBN 7-300-06739-5

Ⅰ.路…
Ⅱ.①勒…②张…③牛…
Ⅲ.阿姆斯特朗,L.—传记—画册
Ⅳ.K837.125.76-64

中国版本图书馆 CIP 数据核字(2005)第 089443 号

朗朗書房

朗朗书房·音乐坊
**路易·阿姆斯特朗画传**
[法]让-马里·勒迪克 等 著
张华 牛竞凡 译

---

| | | | |
|---|---|---|---|
| 出版发行 | 中国人民大学出版社 | | |
| 社　　址 | 北京中关村大街 31 号 | 邮政编码 | 100080 |
| 电　　话 | 发行热线:010-82503022 | | |
| | 编辑热线:010-82503013 | | |
| 网　　址 | http://www.longlongbook.com(朗朗书房网) | | |
| | http://www.crup.com.cn(人大出版社网) | | |
| | http://www.ttrnet.com(人大教研网) | | |
| 经　　销 | 新华书店 | | |
| 印　　刷 | 北京高岭印刷有限公司 | | |
| 开　　本 | 965×635 毫米 1/16 | 版　　次 | 2005 年 9 月第 1 版 |
| 印　　张 | 18.375　插页 2 | 印　　次 | 2005 年 9 月第 1 次印刷 |
| 字　　数 | 154 000 | 定　　价 | 22.80 元 |

---